高校教育与教学管理研究

张龙梅　杨培灵　倪　萍◎著

线装书局

图书在版编目（CIP）数据

高校教育与教学管理研究 / 张龙梅，杨培灵，倪萍
著. -- 北京：线装书局，2023.7
ISBN 978-7-5120-5473-8

Ⅰ. ①高… Ⅱ. ①张… ②杨… ③倪… Ⅲ. ①高等学
校－教育管理－研究②高等学校－教学管理－研究 Ⅳ.
① G640②G647.3

中国国家版本馆CIP数据核字(2023)第086366号

高校教育与教学管理研究
GAOXIAO JIAOYU YU JIAOXUE GUANLI YANJIU

作　　者：张龙梅　杨培灵　倪　萍
责任编辑：白　晨
出版发行：线装書局
　　　　　地　　址：北京市丰台区方庄日月天地大厦 B 座 17 层 （100078）
　　　　　电　　话：010-58077126（发行部）010-58076938（总编室）
　　　　　网　　址：www.zgxzsj.com
经　　销：新华书店
印　　制：三河市腾飞印务有限公司
开　　本：787mm×1092mm　　　　　1/16
印　　张：12
字　　数：275 千字
印　　次：2024 年 7 月第 1 版第 1 次印刷

线装书局官方微信

定　　价：68.00 元

前　言

　　目前我国的高校教学管理没有相应的机制。关键在于现行的教学管理机制是否足够的好或足够的有效。所谓足够的好或足够的有效，是指它能够实现高校教学管理的目标，并且能够有效地促进高校学生创新精神和实践能力的培养。如果高校教学管理机制不能够实现这样的目标，那么教学管理机制的有效性就是一个问题。而如果能够实现这样的目标，却违反了被管理者的自然本性，那么教学管理机制就不是足够的好。

　　从好的教学管理的角度来看，就不能够单纯从投入与产出的关系比来看问题，而必须考虑高校教学管理过程本身的适切性问题。一个好的教学管理机制，应该具有两个方面的适切性。第一，它符合人的本性或人的自然性，即符合高校教职员工作为人的存在同时也是作为职业者的存在的本性。一种教学管理机制违反教职员工的本性，便不能算是好的教学管理机制。符合人的本性包含两个方面的含义。一方面，高校教学管理遵循人的本性，而不是扭曲人性，违反人性；另一方面，好的高校教学管理不仅应该能够促进学生的发展，同时它也能够促进教师的发展。高校教职员工有发展，为高校教学管理提供了可持续发展的基础。没有人的发展，任何可持续发展都是不现实的。高校教学管理符合人的本性，也实现了人是目的的期求。只有这样，高校教职员工才不至于沦为被操控的工具和手段。第二，好的高校教学管理机制应该符合教学规律和教学管理规律，即符合事物进程的自然性。权力意志或许可以暂时地实现某种预期的管理目标，但却不能够长期地维持目标实现不变。权力可以控制意志，并使权力意志得以变成他人的行动。但是由于它违反了基本的教学规律及教学管理规律，所以它可能在暂时的好结果之后带来更为严重的问题。为此，高校教学管理机制本身必须要以教学及其管理的规律为依据。在这两个适切性中，第一个适切性乃具有优先的地位。因为，无论是对于教学及其管理规律的认识也好，还是对于教学及管理规律的遵循也好，都是需要个体的主观能动性的作用，都是以人的存在为条件和前提的。

　　研究高校教学管理机制，既要考虑机制的有效性问题，也要考虑机制的好的问题。好的且有效的机制，才是高校教学管理真正需要的机制。

　　期望我们的理性思考能够为建立足够好的和有效的高校教学管理机制提供些许参考！

编委会

目　录

第一章　当代高校教育教学管理的理论研究

教育教学管理作为一种教育现象，是教育发展的重要组成部分，同时也是教育发展的动力。教育教学管理的理论研究即教育教学管理作为一门学科来研究，并去指导教育教学管理实践，开始于20世纪中叶。我国对大学教育教学管理的理论研究开始于改革开放以后。目前，我国大学教育教学管理的理论研究取得了一定的成果，并且随着教育改革的不断深入，我国大学教育教学管理改革也正逐步实现，尤其是素质教育的推行，为大学教育教学管理理论研究提出了新的挑战。

第一节　当代高校教育教学管理的概述

近年来，随着大学办学规模的扩大和教学内容的丰富，教育教学管理活动日益复杂。在大学里，教育教学管理活动不再局限于维持教学秩序、确定几门学科、编排学校课表等活动，而逐渐趋向于对教学内容、教学组织、教学过程等进行全方位统筹并实施系统化管理。理解现代大学教育教学管理活动的内涵及其特点，对于研究当代大学教育教学管理及其改革趋向具有重要意义。

一、教育活动和教育教学管理活动的概念

大学教育实践活动，包括教师对学生的教育活动、教育教学管理人员对学校和教育事业的管理活动。教育和教育教学管理相互紧密联系，但却是不同的两种活动，因为它们的对象不同、目的不同、过程不同。

从概念范畴来说，教育是培养人的社会实践活动。其对象是受教育者；其目的是使受教育者的身心得到发展，并按照一定的社会要求，培养社会所需要的人；其过程是"学生在教师有目的、有计划的指导下，积极主动地掌握系统的文化科学基础知识和基本技能，发展能力，增强体质，并形成一定的思想品德的过程"。此外，大学里的科学研究活动也属于此范畴。

与之相较，教育教学管理的对象是教育资源、学校和一个国家或地区的教育事业。教育资源包括人、财、物、时间、空间、信息等形成的系统，其核心是人：主要是教师，也包括学生。教育教学管理的目的是合理配置和协调有限的教育资源，以满足教育培养人和发展科学技术文化的目的。其过程是为实现管理目标执行计划、组织、指挥、协调、控制等管理职能的动态过程和环节。"教育教学管理活动不同于教育、教学、生产、科研活动的根本点就在于管理活动是对这些活动的组织、协调、控制和指导的活动，是为这些活动的开展和正常运转创造良好的外部环境，提供各种资源条件和'人和'氛围，并使各种资源条件、内外部环境成为有效结合、充分发挥效能的动态过程。"

通过上述的比较可知，在大学里，存在着三种活动，即教育活动、科研活动和组织教育科研活动的管理活动，与之相对应的是三种过程，即教育过程、科研过程和管理过程。就三者的关系来看，管理过程与教育过程、科研过程是不同的，但却是紧密联系的。教育过程居于大学工作的中心地位；科研过程与教育过程是相辅相成的，有时科研过程就是教育过程的组成部分。管理的职能是组织教育、科研过程并为其服务，以促进和保证教育、科研顺利地实现目标。

大学教育教学管理要遵循教育规律，反映教育规律的教育理论对大学教育教学管理实践有重要指导作用。因此，就理论来讲，高校教育教学是大学教育教学管理学的理论基础。其实，管理本身也是一种社会实践活动。它与三大社会实践共存，并且各种管理职能对三大社会实践产生影响，促使其达到目标。脱离了三大社会实践的管理没有任何意义；三大社会实践脱离了管理，也不可能科学有序，并取得成效。与其他社会实践活动的管理一样，大学教育的管理也是有自身规律可循的，不能用教育规律完全代替大学教育教学管理的规律。这就是说，不仅要掌握教育规律，而且要研究大学教育教学管理的规律，不能把教育理论与教育教学管理理论混为一谈。而且我们平常所说要按教育规律办事的"事"，除了教师直接面对学生的教育实践活动以外，更多的是指大学教育事业的管理活动。

二、当代高校教育教学管理的特点

一般来说，管理所要解决的特殊矛盾是"把有限的资源分配给难以满足的目的"。这里说的资源和目的的矛盾，着重强调的是合理配置资源以取得最大的效益，这是管理这一社会现象区别于其他事物的特殊属性即本质特征。大学教育教学管理的任务是要合理调配和使用有限的教育资源，以达到为国家培养更多更好的人才和创造更多更好的科研成果的目的。但这只是说明了它作为一般管理所具有的共性，而大学教育教学管理的本质，即大学教育教学管理过程中各类矛盾的特殊性，才是大学教育事业宏观管理的基础和条件。因此，大学教育教学管理理论的研究，应着眼于大学管理活动的特点分析。

（一）大学教育教学的主要任务是培养人才和取得科研成果，因此工作性质有很强的学术性和精神因素

1.高校教育教学管理的目标之——培养高素质的专业人才

大学教育的主要任务是培养高级人才和研究高深学问，学术性都很强。保证和提高培养人才的数量、质量和学术水平，这是大学教育的目标。而大学教育教学管理目标是充分利用一定的人、财、物等教育资源，培养出更多更好的专门人才，创造更多更好的科研成果，取得较好的效益。所以，大学教育教学管理目标以高等学校的教育目标为主要依据。这是大学教育教学管理目标最主要的特点。大学的各级领导和管理人员在制定管理目标时，必须首先考虑通过有效的管理来组织教育活动以实现教育目标。当然，科学的明确的管理目标又是搞好大学教育教学管理、实现教育目标的保证。

2.大学教育教学管理目标有很强的方向性，并且受传统文化的深层影响

方向性是各项管理的共性。大学教育的主要任务是培养人才。一方面，培养人才是有意识的活动，是受一定的政治观念、价值取向支配的。大学教育价值观的形成，教育目标的确立，教育内容的选择，教学方法的采用等，都与人的思想意识和价值观念有着密切关系，并受传统文化的深层影响。所以，具有政治方向性是大学教育教学管理的一个特点。因此，"要保证教育目标服从于全面目标。要从全面的政治政策所准许的目的推演出实际的教育目标。要使教育目标和国家其他部门所采取的目标协调一致。"另一方面，大学教育要为经济和社会发展服务。由于教育有周期长的特点，为了适应经济和社会发展的需要，人才培养计划必须超前安排。在我国，大学教育教学管理要坚持社会主义方向。

3.大学教育教学管理的社会效益性特点

与一般管理一样，大学教育教学管理的目的，也需要提高效率和取得更好的效益。而衡量大学教育教学管理的效率，必须充分考虑大学教育培养人才和进行研究工作的特点，教学和研究活动只有依靠这些活动过程的参加者才能有效的管理。因此，要提高大学教育教学管理的工作效率，必须全面调动教师和学生内在的积极性和主动性。

（二）大学教育教学管理的主要对象是教师和学生，有其自身的特点

作为管理对象的核心，高校教育教学管理者面对的是教师和学生。教师既是管理对象（被管理者），又是管理者，因为他们所面对的是学生是有意识的个体，有主观能动性；学生的主动性对于教育过程和管理过程产生很大的影响。学生既是被教师塑造，又参与自身的塑造，参与自身学习和研究活动的操作，从这个意义上说，他们是教师和学校的管理对象。而且，在学生群体中，提倡加强学生的

自我管理，从这个意义上说，学生也是管理者。

作为管理对象的教师和学生，都是主要从事学术性工作和学习的脑力劳动者，这种工作性质决定了他们的工作方式个体化程度很高，需要进行创造性思维。大学教育教学管理对财力、物质资源的配置是否合理，也无不与教师和学生及他们的工作和学习相联系。因而大学教育教学管理的一个十分重要的任务，就是要调动教师和学生自身的积极性和主动性，并为他们创造有利于独立思考、自由发挥的环境和条件。

（三）大学教育教学管理过程是以知识为中介的人际关系活动过程，存在着大量的学术管理

1.大学教学、科研是分专业、学科进行的，其管理过程有很强的学术性

大学教育基本职能是传授知识、创造知识和应用知识。不论教学活动还是科研活动，都是以知识为媒介的。即"知识材料，尤其是高深的知识材料，处于任何高校教育系统的目的和实质的核心。"在大学教育教学管理活动中有行政管理，更有大量的学术性管理。学术管理有其不同于行政管理的特点和规律，而且学术管理和行政管理往往又交织在一起，很难划分。

2.大学教育教学管理过程是管理者、教师、学生之间相互交流的活动过程，人的因素起着重要作用

大学教育教学管理是管理者、教师、学生之间相互交流的活动过程。大学培养人才的教育过程本身，是教师与学生之间双向交流的活动过程。要取得好的教育效果，教师必须了解学生，启发学生思维、主动学习；师生之间要经常交流，才能教学相长。大学教育教学管理由于有大量的学术管理，要取得好的成效，管理人员必须与各专业、学科的教师加强双边交流；管理人员与学生之间也要加强交流，取得相互理解和支持。这种三者相互交流的活动，说明在大学教育教学管理过程中要十分重视人的因素。

3.大学教育教学管理过程是一种复杂的过程，具有难以控制和评估的特点

大学教育是培养专门人才的工作，具有多种专业。不论什么专业，又都要使培养目标中德、智、体、美多方面的要求综合地体现在一个学生身上。除了培养人才这一根本任务以外，还有开展科学研究，直接为社会服务，传播社会主义精神文明等多种社会职能、多方面的工作，而且各种职能、各方面工作之间又相互联系、相互制约，其运行过程交织在一起。因此，大学教育教学管理过程是很复杂的，具有综合性的特点。这要求领导者在管理工作中善于调动各方面人员的积极性，依靠集体的力量来推动学校管理过程的有效运转。而且要注意综合地从整体上分析问题，处理问题，防止顾此失彼。

大学教育教学管理过程具有难以控制的特点。一是由于大学教育工作的周期

性长，管理效能滞后，管理工作的失误难以及时反馈。二是教师的工作性质决定工作方式具有很大的独立性，对工作的具体过程很难控制。三是学生培养虽然也有一定的规格和质量标准，但较之物质产品，则很难定型化、标准化，培养学生的质量不易检验，受社会供需变化和社会环境条件的影响很大，要经过相当长的时间才能得到真实的反映。而且学生还有很大的可塑性，学生的性格、思想、智能也各有差别，在管理过程中要注意因人、因时制宜，因材施教，这也增加了控制的难度。

（四）大学教育教学管理受到内外环境的影响和制约

大学教育教学管理要受到社会系统中各种因素的影响和制约。因为教育是受一定社会的经济、政治、文化、科学技术制约的，又反作用于一定社会的经济、政治、文化、科学技术，并为其服务。大学教育教学管理必然要受社会生产力和生产关系、经济基础和上层建筑的发展变化的影响。而且高校教育教学管理所受到的内外环境的影响要复杂得多，包括经济、政治、文化、科学以及人口、地理条件和自然环境等的影响和制约。除了物质环境之外，人文环境对于大学教育教学管理的影响尤其重要。创造良好的人文环境是大学教育教学管理的一项十分重要的任务。因此，我们必须把大学教育事业放在整个社会大系统中，作为其中的一个子系统来认识它的种种现象，并进行管理，而不能把它孤立于社会大系统之外，大学教育教学管理必须充分重视各种环境因素的影响。

第二节　当代大学生教学管理改革

随着改革开放的深入发展，大学致力于应试教育向素质教育的转轨，弘扬了现代人本主义的管理理念。当代大学生教学管理为适应这一教育改革趋向，也致力于自身理论的大胆探索与实践。针对大学教育教学管理的现实问题，要着力分析当代高校教学管理改革的必要性和改革途径，给予高校教学实践有益的理论指导。

一、当代大学生教学管理改革的必要性

教学工作是大学的中心工作，教学质量是其发展的生命线。在高校教育迅速发展的今天，经济、社会等不断变化对于保证和提高大学教育教学质量都提出了新的挑战。因此，高校教学管理改革就显得十分必要。具体来说，有以下几方面的要求：

（一）指导思想的与时俱进对更新教学管理观念的要求

我国大学教学管理理念滞后，在教学管理上没有真正做到以人为本，体现教

学的核心地位，而更多的是集中式的行政管理，导致了在教学管理中人际关系淡漠和紧张，缺乏凝聚力。大学教学管理强调的是对师生的考勤，而教学质量却不注重。因此，需要通过教学管理改革来真正实现教学管理的宗旨——通过提高教学质量来育人，充分调动全体师生的教学积极性。

（二）经济、科技的发展对大学教育教学的更高要求

随着我国市场经济体制的逐步完善，科技的迅速发展，以及经济全球化的发展趋势，我国教育教学思想、教学内容、教学手段受到极大挑战。大学教育教学管理改革要转变传统教育观念，吸收新的教育教学思想，建立健全学科体系，优化专业结构和课程设置，努力培养出高规格的复合型人才。

（三）教育投资体制的改革增强了大众对大学教学质量的要求

随着高校教育的大众化发展，我国高校教育经费转变成由国家、社会和家庭等共同承担的形式。这种教育投资形式使得大众更加关心教育的质量和教育所产生的效果，特别关注子女学成后的创业持家、贡献社会的能力。因此，必须通过教育教学管理改革提高教学质量，提高大学生拥有专业技能和适应社会的能力，以及大学生顺利就业和创业的能力。

（四）高校教育大众化与教学环境的矛盾对教学质置的影响要求大学教学管理改革

目前，我国高校教育在校总人数超过了3900万人，规模位居世界首位，在一个较短的时间内实现了历史性跨越。大学教育教学改革不断深化，人才培养质量稳步提高，大学教育的发展翻开了历史崭新的一页，进入了国际公认的大众化发展阶段。但是，这种趋势在传统高校教育发展框架和体制内将面临着巨大的挑战和多方面的问题。一方面，这种趋势必将对我国经济建设产生极大的促进作用；另一方面，如果知识粗放地规模扩大而不增加投入，改善教学设施条件，提高师资队伍水平，加强教学管理，会导致这种趋势与大学教学环境的不适应性发展。因此，通过大学教学管理改革充分考虑和解决影响教学质量的问题，提高教学质量就成为当前大学教育的重要任务。

二、当代大学生教学管理改革的途径

教学管理的目标就是提高教学质量，而教学质量是一个综合性指标，其决定性因素有多种，包括：师资队伍、教学实验设备条件、现代化教育手段的应用、办学思想、教学管理、专业建设、课程和教材建设等。因此，我国大学教学管理的全方位的改革应从以下几方面着手：

（一）明确教学管理的职能本质

在新形势下，大学教学管理部门的职能要由"管"转变到服务上来。对于这种职能的转变，大学教学管理必须处理好管理与服务、惩罚与奖励、制度化与人性化的关系，教育观念也要与时俱进，不断的创新。大学教学管理的实质就是服务。所以，要确立教师和学生是教育、管理对象和服务对象的思想。从管理学的角度来讲，管理就是为学生服务，为其提供相应的条件与充足的资源。

大学教学管理是依法治校的一个重要方面，制定出的一些规章制度具有法规性，在具体的贯彻执行中需要赏罚分明。教学管理者最大限度地保障和维护师生的合法权益是教学管理的出发点和归宿点。在教学管理中，积极引进激励机制，做到在处理人的问题上慎重，多一些劝告，少一些警告；多一些开导，少一些开除。

高效率的教学管理活动需要各种规章制度的约束而有序进行，所以教学管理的制度化建设十分重要。现代化的管理强调人性化的管理，即确立学生自我管理的主人翁地位，在教学管理中，制度化的基础也是人性化。所以，大学教学管理制度建设，应按照时代对创新型人才的需求，以人为本，创造宽松、自由、和谐的校园文化氛围，调动全体师生的创造活力，实现教育目标。

（二）教学资源的合理配置

教学资源主要包括课程内容、师资力量以及实验设备。课程内容即学什么，是教学过程的首要问题，也是教学管理的基础。传统课程内容已经不能适应现代人全面发展的要求和社会创新型人才培养的需要。优秀的课程内容的实现需要优秀教师来传授。大学里实施"名师工程"，需要培养和造就一批教学能手和大师，再辅之以现代科技的教学手段和实验设备，以满足优质的教学需要。因此，在大学教学管理中，教学资源的合理配置就是注重课程内容的改革，师资队伍建设的加强，先进教学仪器、设备配备的协调。

（三）注重教师队伍建设，提高教师综合素质

在教学管理中，教师是教学质量提高和教学目标实现的主体，所以应积极引导教师运用先进的教育思想指导教学，充分调动广大教师的教学积极性。在新形势下，指导教师传授知识的同时，注重培养学生创新精神和实践能力。所以，对教师队伍的管理包括：努力改善教师工作、生活条件，提高工资待遇；加大高学历、高职称人才以及名师的引进力度；重点培养中青年学术带头人和中青年骨干教师；努力形成鼓励广大教师的良性运行机制。

（四）建立科学合理的教学评估体系

大学教学管理改革坚持质量、规模、结构、效益"四统一"的原则，而提高

教学质量是各项改革的核心。所以，应建立严格的教学管理监督机制，提高教育教学质量的有效评价机制。而教学评估体系是个复杂的问题，评估体系不同，评估结论也就完全不同，甚至相反。所以，建立科学的教学评估体系，是教学管理一个极其重要的科研课题。教学质量多采用指标量化、考核打分的方法，具有一定的客观性和公正性。而教学质量指标的量化很难做到精确，绩效的反映也不是很及时。但教学评估体系的基本要素是存在的，师资水平和毕业生的社会认可度就是两个最重要的要素，为科学教学评估体系的建立提供参考。

（五）加强大学学风建设

学风是学生思想品质、学习精神和综合素质的体现，直接关系到学生的培养质量与成长成才，是推进素质教育、培养高素质人才的关键。就教学管理而言，学风是大学教育教学管理水平的重要标志，是办学理念的重要体现，是学校建设工作的重要内容，也是大学的立校之本。

在大学管理中，良好学风的养成，需要加强思想建设、组织建设、制度建设和环境建设，在学生日常生活中，开展生动活泼、丰富多彩的文体活动，形成校院（系）齐抓共管、教师以身作则、学生努力进取的良好的教与学的环境。

（六）传统教学管理模式与现代教育技术的结合

计算机网络技术的发展和普及，促进了教学管理信息系统的开发和运用。计算机网络技术便捷性、重复性、覆盖面大的特点，实现了教学管理的高效率和技术的创新，大大提高了教学管理人员的业务能力和管理水平。由于现代的教学管理系统自身存在缺陷，如人机对话代替不了人际交流，给人们带来了较多的隔膜，导致管理者的亲和感和人格魅力无法发挥作用，难以做到以人为本、以师生为本。所以，现代教育技术与传统教学管理相结合是最好的选择。在教学管理中形成互动交流，更能营造宽松、愉快的教学环境。

第三节　当代高校教育教学管理的改革

随着教育改革的不断深入与发展，现代教育理念也随之不断变化与更新，而现行教育的新理念包括：素质教育理念、终身教育理念和创新教育理念，高校教育是素质教育和创新教育理念实践的主体，而终身教育是针对现代的知识性社会性质而言的，无法在学校教育阶段实践。现代教育的新理念适应了现代教育培养复合型人才的要求。但是，对于现代教育的管理模式不利于这种理念的实施。因此，针对现代教育新理念的实施，探寻现代教育教学管理的适应模式具有重要意义。

一、针对素质教育的教育教学管理改革分析

（一）转变思想观念，将素质教育的理念渗入教育教学管理改革之中

素质教育是教育事业发展到一定阶段的产物，是教育改革与发展的必然趋势。当代世界各国综合国力的竞争，依赖于一个国家的经济发展和科技进步，而经济的发展、科技的进步，取决于人才的培养，而人才的培养要靠教育。可见，素质教育是立国之本，关系到国家的兴衰，必须加强素质教育。我国教育改革的目标也是实行素质教育，但是在传统教育思想和教育模式的影响下，素质教育未能得到深入开展。在大学教育教学管理中，管理者素质教育的意识还不够强，所以教育教学管理改革应转变思想，树立素质教育的意识，加强实施素质教育的紧迫感。

（二）建立完善的教育教学管理体制，加强素质教育实施力度

随着社会的转型和教育的转轨，当前高校办学、分级管理过程出现了两个问题：一是大学部分领导缺乏先进教育思想观念，学校的教育行为受到领导个人意志的制约与影响；二是依照政策法规，确保对教育的资金投入。教育经费的严重不足，实施素质教育只能是"心有余而力不足"，学校办学条件无法改善，实施素质教育所必需的硬件建设也化为泡影，素质教育只能纸上谈兵，无法实际操作。

对于上述两个问题的解决，一是要提高学校领导自身素质，正确领导办学方向；二是加强完善高校办学、分级管理体制，增强校级管理者的宏观调控能力，使院（系）级有充分的教学、管理自主权，真正为提高学生的素质而负责；三是建立和健全校长权力的监督制约机制，健全学校的工作制度和工作程序，实现学校重大问题决策的制度化、科学化和民主化。这是学校实施素质教育的制度保障。

（三）加大教育投入，提高办学条件

改革开放以来，我国教育教学条件已获得了明显的改善。但是，进入21世纪后，随着教育的高度发展，从全力推进素质教育的角度来看，今天的学校教育装备，问题还很多，其中最主要的问题：一是体现教育公平的原则薄弱等学校改造问题；二是优化资源配置，提高办学效益的学校布局调整问题；三是教育设施建设的标准问题。这三个问题集中反映在教育投入上。改造薄弱学校，加强薄弱学校的建设需要资金；资源的优化配置需要资金；学校教育设施的标准化，同样也需要资金。加大教育投入，改善办学条件是实施素质教育的物质基础。缺乏这个物质基础，实施素质教育只是一纸空文。

（四）建立素质教育运行机制

广泛宣传素质教育，转变人们思想观念，树立素质教育意识，建立切实可行

的素质教育运行机制。建立素质教育运行机制应着眼于以下几个方面：

构建目标体系，保证素质教育的正确方向。素质教育目标体系的内容：一是提高全体学生的素质。这要求教育者要向全体学生负责，而不是某些学生个体。二是全面提高学生的个体素质。打破以分数为唯一标准、急功近利的短期行为，立足学生发展的长期效益，对他们终身负责，实施整体培养，保证每个学生的素质都得到全面发展与提高。三是全面发挥学生的个性特长。素质教育要求全体学生的素质都得到发展的同时，也不能忽视学生个体差异，在保证整体和全面提高学生素质的基础上，开发学生的天赋和特长。

加大课程改革力度，建立与素质教育目标相对应的内容体系、保证素质教育步入正轨。改革课程是实施素质教育的核心问题，把课程改革作为突破口，全面贯彻素质教育的课程标准，改变长期以来教学内容脱离实际的现象。首先，确立德育为先，德、智、体、美、劳并举的教学体制；打破课堂教学的唯一形式和以传授书本知识为唯一内容的单一课程结构，构建以社会需要、学生发展和学科体系为基点，必修课、选修课、活动课、生活课并存的立体化课程模式。其次，改革德育模式，增强德育实效，打好做人的道德素质基础。在德育工作中，以重实效为标准，教育学生以教其学会做人为核心，强化文明行为训练和学生道德意志的培养。第三，改革教学模式，提高教学质量，切实打好大学生就业最基本的业务素质基础。第四，改革体育，探索心育，健全学生作为现代人的精神和体魄。一方面加强体育教学，锻炼学生的身体，另一方面还要对学生普及生理卫生、生活卫生、学习卫生、运动卫生、防止疾病等方面的知识教育，使学生养好良好的习惯，形成自我保健能力。最后，要向学生开展心理教育，实施心理辅导，进行心理训练，提高学生的心理素质。

构建素质教育的教育评价体系。为了保障素质教育的实施，必须建立起具有导向、激励、强化作用的教育评价体系。构建素质教育评价体系，主要有两个方面：一是以素质教育内容为标准，建立学生素质发展水平的评价指标体系，主要包括身体素质、心理素质和社会素质三个方面的评价指标。二是建立能促进教师优化素质教育、教学行为的综合素质评价体系。

（五）优化教师素质

教师队伍的素质是制约实施素质教育的重要因素之一。在各级各类学校中，虽然大学是素质教育的典范，但是其素质教育的推行也存在诸多弊端。例如，某些选修课教师应付学生，搪塞教学，导致因教师本身素质低下而素质教育流于形式，对素质教育不能真正理会，素质教育的推行也就难以付诸实践。正如邓小平同志所说："一个学校能不能为社会主义建设培养合格人才，培养德、智、体全面发展，有社会主义觉悟、有文化的劳动者，关键在教师。"因此，提高教师素质，是实施素质教育的根本保障。要提高教师的素质，需要学校教育行政部门加强教师队伍的建设，帮助教师转变教育观念，组织教师学习教育理论，使他们加深对素质教育的认识，树立正确的教育观、人才观，提高教师素质，以培养一批适应素质教育的教师队伍。

（六）改革考试制度与教育评价体系以适应素质教育的需要

造成"应试教育"难以向素质教育转轨的重要因素之一就是考试制度与教育评价体系的错误导向。考试制度影响教育改革方向，严重影响学生身心素质的全面提高。而考试分数又是评价教育质量的根本标准，这种教育评价体系导致了"应试教育"。要改变这种状况，就要改革考试制度和教育评价体系。

二、针对创新教育的教育教学管理改革

实施创新教育是历史的必然，而创新教育在实践中的落实存在着许多困难也是客观事实。通过教育教学管理改革推进创新教育的全面实施，主要有以下几种措施：

加大宣传力度，树立创新教育意识，走出"高分高能"的认识误区。创新教育是对人的个性潜力的全面开发，我国的创新教育还处于起步阶段。我国大学集教授知识与科学研究于一体的综合性教育机构，创新教育的兴起有利于我国高校科研机构的发展。但是，目前许多高校教育者还没有认识到创新教育的重要性。因此，实施创新教育，必须加大宣传力度，提高人们对创新教育的认识。另外，需要纠正"高分高能"的认识偏差，因为知识与能力也是辩证统一的，"高分高能"只看到了知识与能力的统一性，没有看到知识与能力的差异性和发展的不同步性。因此，需要在理论上澄清这些问题，用科学的理论正确地指导创新教育的实施。

转变教育观念，树立"以学生发展为本"的教育教学观。实施创新教育要从转变教育观念人手。现代社会知识更新的速度加快，教师不可能给予学生终身所需的知识，因此，教给学生一种基本的知识结构，培养学生理解、掌握知识的能力是至关重要的。教师教学过程也是学生的学习过程，充分发挥学习者的主体作用，让学生主动学习，独立思考，并把以学科为中心的教学模式转变为以学生为中心的教学模式。"以学生发展为本"的教育思想是学生发展与社会发展的需要在根本利益和价值体现上的统一。这种发展观是适应社会需要的全体学生的发展，是学生人格的全面发展，是学生个性的发展，是学生的终身发展。

优化课程结构，注重课程设置的综合化、多样化。当代教育改革的核心问题是课程的设置，它解决教什么、学什么的根本问题。现代社会是一个综合性的时代，学科既高度分化又高度综合，而以综合为主导趋势。为了适应这个趋势，加

强相关学科之间的联系和渗透，培养学生的综合能力和创新能力，开设综合课程就成为创新教育理念下的一种趋势。同时，为了适应学生的个性化发展，选修课的开设也是一种必要的形式，在课程设置上，加强"三级"课程开发，既强调国家统一设置的核心课程、必修课程，又注重地方课程的开发与设置，最后加强以学校为核心，以校长、教师为主，学生、家长共同参与的课程开发与设置，使学校课程的设置呈现多样化，以利于学生创造个性和创新能力的养成。

丰富课堂教学，这是实施创新教育的主渠道。课堂教学不仅是传授知识的主要阵地，而且也是开发学生智力和培养学生创新能力的主要渠道。杜威曾说，科学家的知识与教师的学科知识是不一样的，教师必须把学科知识"心理学化"，以便学生理解。所以教师要学习心理学，课堂是一个应用心理学的实验室。在课堂教学中，教师首先要考虑的问题不是"我应该怎么讲好这堂课"，而是"学生乐于用什么方式接受这堂课的内容"，从而使传授的知识在学生的头脑里高度"智能化"，转化为极具弹性和张力的"认识工具"。这样的教学方法不仅有利于学生知识的掌握，而且也有利于学生创新能力的发展。

改变教学组织形式和方法，鼓励学生创新思维，发展学生的创新个性。实施创新教育要改变单一的教学组织形式，彻底改变传统的"填鸭式"的教学方法。在教学组织形式上，以课堂教学为基础，同时结合现场教学、个别教学、分组教学等多种教学组织形式，满足不同层次学生发展的需要；在教学方法上，以讲授法、实验法、练习法为基础，兼用讨论、启发等多种方式和方法，引导学生积极投入教学过程，发挥学生的主体作用，鼓励学生大胆设想、勇于创新，敢于标新立异，逐步培养学生主动探索、发现的学习习惯，最终为学生自觉进行创造性学习和创新实践活动奠定基础。

实行开放教育，通过各种活动，培养和开发学生的创新能力。实践证明：开放教育，如讨论课、辩论课、自学课等，有利于培养学生的创新能力和想象能力。课堂教学是开发学生创新能力的一个基本途径，但丰富多彩的课外活动也是形成学生创新能力的必要手段。"课内打基础，课外出人才。"让学生参加一定的社会政治活动、群众性文化生活、公益劳动、体育运动等，使他们广泛接触社会，了解社会，投身实践，开阔眼界，有利于学生"学会做人，学会求知，学会劳动，学会生活，学会健身，学会审美"，同时也有利于培养和开发学生的创新能力。

改变重知识和智育的单一评价模式，树立弹性、多元的教学评价观。教学评价观是教育改革的导向，有什么样的教学评价观，就有什么样的教学行为。传统的教学评价重知识和智育，导致教学行为以传授知识为主。实施创新教育，教学评价观必须改变，要由原来的单一模式变为弹性、多元的模式。首先，变学业评价为学生整体发展评价。以学生发展为基础，扩大评价领域，包括认知的、技能的和情感的，建立兼顾态度、方法、心智以及人格发展等方面的多元评价模式。

其次，接受性评价与主动性自我评价相结合。改变单一的学生被动评价形式，建立既来自教师又来自自我的新评价制度，以增加评价的丰富度。最后，变终结性评价为全程性评价，建立旨在促进教学发展的评价体系。着眼于学生的发展，实施对学生学习过程的跟踪评价，并及时开展评价信息的双向交流，周期性地对教学方案执行的情况、教学实施中的问题进行分析评估，调整教学内容，改进教学管理，发挥好评价的预测、诊断、反馈、导向、激励等功能，形成教学不断革新的机制。

第二章　当代大学生教育教学管理模式

随着我国教育事业的发展和高校教育的普及，计划经济条件下的集中式管理模式已经不再适应当代大学生教育教学的发展。所以，当代大学生教育教学管理模式的变革与创新就成了一种必然趋势。当代大学生教育教学管理模式的变革与创新，首先要求转变管理观念，探索适合大学生教育教学管理的新模式。当今时代，高校教育向着培养复合型人才的方向发展，多校区高校办学已经成为一种世界趋势，借鉴国外教育教学管理经验，探索我国多校区大学教育教学管理的新模式已经成为教育研究领域一个十分重要的课题。

第一节　当代高校教育教学管理模式的变革与创新

随着知识经济时代的到来，高校教育已经成为科技和经济生产的原动力。因此，科技的进步，经济的发展要靠教育源源不断的创新型人才的支持。高校教育培养创造性人才是一项涉及高校教育教学工作全局性的、战略性的系统工程。目前，我国大学教育教学管理模式存在一定的弊端，所以科技创新型人才的培养需要从变革与创新大学生教育教学管理模式人手，开展以培养学生创新精神和自主学习能力为目的的创新教育，从而对现行的以单纯传授知识为目的的教育观念、管理体制、运行机制、教学方式等提出了一系列改革的要求，使之适应全面推进的素质教育、培养创新型人才的需要。

一、当代大学生教育教学管理观念的变革

在大学教育教学管理工作中，"以人为本"既是一种价值观，又是一种方法论。在指导教育教学管理方面具有以下内涵：教育的产生与发展是社会发展的需要，也是人自身发展的需要，所以社会和人都是教育的主体。教育工作的最终目的是推动人类社会延续与发展，而这一过程是通过培养社会所需求的人来实现的，

从而决定了人是一切教育活动的中心。培养社会所需求的人，要全面提高他的综合素质，所以大学教育的职能就是把学生培养成为具有主体精神与创造力的人。

（一）由"以事为本"转变为"以人为本"

当代大学生教学管理贯彻的"以人为本"的思想应以面向基层、教学活动与服务对象为原则。因此任何一项教学管理政策、制度、措施的实施都要以此为前提，以促进教师教学活动的自主性与创造性、学生学习的主动性与积极性，从而有利于培养学生的创新精神与实践能力，最大限度地发挥人的主动性与创造性。因此，当代大学教育教学管理的观念应转变为以"人"为中心的民主型管理，改变被管理者、教师和学生的被动地位，从而树立他们既是管理对象，又是管理主体的观念。采取参与式、民主式的管理方式，切实保障教师参加教学管理工作，参与审议学校的重大管理措施的权利，从而为学校的教学管理提出批评和建议，有利于学校教育教学管理工作的顺利开展，保证教学质量。管理者与被管理者之间存在着双重关系：即工作关系与人际关系，前者强调责任，后者强调感情交流。在学校教学管理过程中，管理者应注意使这两重关系保持适度的平衡，对被管理者既要强调工作关系，坚持原则、严格要求，又不能忽视人际关系，要关心人、爱护人，增进感情。

（二）坚持"教师主导，学生主体"的教学原则

"教师主导，学生主体"的教学原则中，以学生为主体强调的是在学习过程中，学生应当作为认识的主体，以学生的思维活动为主体，以学生的认知过程为主体。因此，教学活动的最终成效或评价体系不是以教师教了什么，而是以学生学了什么和对其素质提高产生了什么影响为主。这一教育思想的重大转变，实质上也是"以人为本"的思想在教学管理过程中的重要体现。以学生为主体，还要求开发学生自主性、创造性学习的动力；教学的形式由组织传授灌输式教学转变为组织参与式教学；教学活动的评价标准由以传授、接收知识的效果评价转变为以培养创新精神与实践能力的效果评价；考试考核的目的由单纯检验知识的掌握转变为注重实践与思维能力、创新意识的检验与培育；大学生毕业的就业与创业教育，更多地体现在促进新的经济增长点，自主创业的开拓精神上。

二、当代大学生教育教学管理模式的变革

当代大学生教育教学管理模式的变革要求严格与宽松并存，即严格、规范，按规章制度办事，不能因人而异；培养创造型人才又要求柔性的、弹性的管理模式，为挖掘学生潜力、发展个性创造条件。因此，在教学管理中，应处理好严格、规范与灵活性之间的关系，为学生的个性发展提供充足的时间与空间，从而为学生创造性思维的形成与发展营造宽松的环境氛围。与工业经济时代"标准化"教

育的"刚"性管理相比，当下知识经济时代的教育是一种建立在鼓励创新教育基础上的有较高理论水平的"柔"性管理。因此，现行的教学管理模式的变革，尤其要对"刚"性教学管理制度进行改革。在深化教学改革中，教师需要发挥很大的作用，必须鼓励教师积极参与教学管理改革。现行的管理制度已经成为推进改革的障碍，例如，目前各大学实行的教学工作量制度，主要以承担教学任务的量来计算，调控教师的工资与奖金。但是，在教学管理改革的过程中，往往需要教师再投入大量的精力，如制定改革方案、编写新教材等，会远远超过原有教学任务的工作量，但在现行的教学工作量标准中，大多得不到体现。这就出现了教学管理改革动力不足的问题。因此，需要出台一些政策，保证或鼓励教师从事教学改革的积极性，这是当前教学管理需要深入研究，加以解决的一个问题。

目前，各大学纷纷实施加大选修课的开设力度、攻读第二学位、实行主辅修制、学分制等措施，为培养人才模式的多样化创造了条件。但是，存在的矛盾是现有的学时不减少，使得学生根本没有精力或时间选修自己感兴趣的课程。学分制的实施表面上为学生提供更多的学习条件，而满满的课程，时间上的冲突，使学生根本没有超前修课的可能。目前国家已淡化了专业类别，拓宽了专业方向，但在具体人才培养计划中依然"专业性"很强，学科交叉的目标还是可望而不可即。因此，改革现有的教学管理制度与方法是教学管理改革的突破口，使之既严格、规范，又有一定的弹性；既体现对学生的基本要求和标准，又发展学生个性。

三、规范与创新交叉，促进管理系统更新

先进的教学思想观念应用到人才培养模式中，离不开大学教学管理部门的有效组织、协调与实施。例如，大学教学管理部门的一项重要任务就是制定人才培养计划，其遵循的原则是否符合培养创造性人才的要求、是否协调了各方面的关系，对深化教育教学改革有着举足轻重的作用。在教学内容改革的同时，教学方式的改革也不容忽视。就课堂教学评价来说，传统的把讲解清楚、重点突出、逻辑性强、课堂上能解决问题等作为课上得好的基本标准是以传授知识为主的教育模式服务的标准。从培养学生创新精神的高度来讲，传统的方式是不可能做到的。因为培养创新精神与实践能力的课堂教育，是运用启发性与讨论式的教学方法，让学生"动"起来，让课堂"活"起来的学生动脑、动手的学习。这个过程是学习交流和自主探索的过程，着重培养学生的好奇心与求知欲，发掘学生自主学习、独立思考、发现问题、提出问题和解决问题的潜力。因此，大学教学管理部门首先要重新制定对教师教学的评价标准，运用现代教育观念进行教学诊断，激发教师教改积极性。再者大学教学改革的各项目经费投入应服务于创新教育。本着加强学生创新意识与实践能力培养的要求，建设现代教育技术基地，为提高学生的综合素质、创新意识与实践能力服务。例如，积极推进CAI、多媒体、网络教学

等现代教育技术的采用。传统人才培养模式重点在"教"的方面，而创造性人才培养模式的构建最终要落实到学生身上。因此，教学管理模式的更新，不仅要搞好教的管理，而且要加强学习管理，即在教育学生学会学习上加大管理的力度，主要包括：关注学生的学习态度、学习方法、学习习惯、学习风气和学习效果等。在人才评价标准方面，历来把学习成绩好、服从组织安排、守纪律作为评定好学生的重要内容，标准单一机械。这往往压制了学生的个性发展，扼杀了其创新精神。因此，大学教学管理应能正确对待学生，正确支持学生个性发展，因为大学教学管理的责任就是为学生发展个性、开发潜能、培养个人的兴趣和爱好、培养创新精神与创造能力提供条件。因此，大学应建立有利于学生和教师创造性发挥的科学评价体系和评价方法。

第二节　当代高校教育教学管理的创新模式

研究适合我国国情的大学教育教学管理新模式，探索培养高素质人才的问题，对全面提高我国的科技教育水平具有重要意义。关于这个问题，我国教育工作中的有关专家进行了多年深入的探索，就目前来说取得了较大成就。但是，随着教育改革的推进和社会人才需求，当前的大学教育教学管理还存在较大差距。这一直是我国高校教育系统教学管理人员、科技管理人员面对的急需努力解决的现实问题。

随着高校办学的多样化，其管理模式也呈现出多样化的特点。而针对我国教育国情的素质化教学管理模式，即我们所谓"新型教学管理模式"一直是探索的焦点。在一定理论研究成果基础之上，我国大学教学管理模式在实践中也有一定的突破。在这里，以大学多校区教学管理模式为例，对大学教学管理的新模式进行分析说明。

一、大学新型教育教学管理模式

（一）新型教育教学管理模式的目标

新型教学管理模式的建立，其目标就是为了追求科学发展观，提高教学质量水平，促进大学生的全面发展。因此，判断一个教学管理模式是否符合高校教育，关键是看它能否代表先进文化的发展前进方向，代表先进生产力，代表广大人民群众的根本利益，而这要看它追求的目标。大学新型教学管理模式追求的目标，理论上讲，主要有：

给学生自主选择教师、专业课程的机会，增强学生学习的灵活性，提高他们的学习兴趣与学习质量。

对于教师教学水平的评估，应遵循从量化上来说由学生自由选择教师的听课人数的多少对其进行客观评估的标准。从根本上引入教学竞争机制，把教师的课时费与学生听课人数相联系，以此实现大学教学对教师队伍的优化，从而激发与促进教师的教学积极性，优化大学的课程教学。

实行有效的学分制管理。实行学分制管理可以给学生更多的选课自由和更大的自主学习的空间，以适应社会、新时代教育市场的需求与发展。

建立良性教学竞争机制，树立良好的学风与教风。大学里的教学活动可以实行教师挂牌上岗，从而推出学生心目中的明星教师、

教授，激发学生的学习兴趣和教师的教学积极性与创造性，同时也为推出真正的名牌学校创造有利条件。

在教学的管理上，在某些方面实行目标化管理，要用量化的指标考核，尽量避免人为因素的干预，实现公平、公正。但是大学教学活动不是量化就能全部概括的，同时还应注意采用适当的模糊化的管理与评估。

教学方法按学生、社会需求方式确立，即以学生是否能高效地接受所传授的知识，并会较好地应用知识和创新型思路方向正确与否和社会人才的需求作为判定的标准。

（二）新型教育教学管理模式的管理政策

对于大学课程的设置与管理，应尽可能实行基础课按年级而不分班级，对专业课按系不分年级的教学管理办法进行。这样可以保证学生具有自由选择课程的条件与机会，扩大了学生自由选择教师与自由听课学习的权利，有利于提高学生学习的灵活性，也为实现真正意义上的学分制管理奠定基础。

实施同课程的同步教学的管理办法，以利于学生对教师进行比较而作出更好的选择，同时为教师发挥个性和教学创造力，以及面向市场需求进行知识的整合、创新，传授技能的提高、竞争机制的建立创造有利条件。

大学教学管理部门进行以课室为目标的管理，实行教学现场管理的办法，通过量化统计，如每个课室学生自由听课人数、学生学习情况、课堂秩序以及相关信息，实现数字化的目标管理。

对于考试制度，成立各专业、各门课程考试命题委员会，专门负责考试命题与各项有关的管理工作，考试时，实行四分开制度。四分开制度是指：在进行统一考试中，实行任课教师、命题教师、监考教师以及阅卷教师由不同的教师负责，彼此间互不知情，以确保考试成绩的公证性、合理性的一种考试管理制度。

关于教师的量化考核与报酬分配。通过上述各课室学生听课总人数对教师实行记分制考核结果进行每学期的统计总结，从而制定和实行课时费浮动制，并按阶梯形式奖罚结合，体现教师不同层次的教学水平，以此促进教师适应市场经济

规律发展的变化，改变教学方法，提高教学的针对性和教学质量，从根本上转变教学管理理念，建立起真正有效的教育教学竞争机制。

实施教师滚动竞争上岗制。它是指每学年对教师进行一次听课人数统计结果的客观评定，同时成立教师招聘委员会，把排名在后的教师岗位指标拿出，在全校，或更大范围内竞争招聘，以实现滚动竞争上岗制，给学生更大的选择教师的空间，给教师更多的竞争上岗的机会，实现以学生为本，充分发挥教师特长。

对于教学内容的安排，实行分两步走的原则。这样有助于提高学生的记忆力、知识的运用能力和创造发明能力。例如，四年制的理工科本科，前两年学习各门课程的基础内容，而专业课则只学习基本知识和原理，即入门教学。第三学年上各门课程的提高篇内容与学习先进技术，即巩固与提高。最后一年的上学期着重于培养学生的创造能力，可以讲解各门课程的世界前沿科学问题与科学界疑难的有争议的问题，并阐发当今学术界发展的有关设想，正确引导学生的思路方向，培养和提高专业知识灵活运用能力、科技创造发明能力。

对于课程的课时与课量，学校管理部门应根据人才市场需求和学生学习能力重新分配，调整课时和教学内容。将教学计划变为指导性计划。如：对逻辑思维含量少，适合学生自学的课程应适当减少课时，留给学生充分的自由学习的时间与空间，体现现代大学生学习理念。而对于逻辑思维含量成分多的课程，应增加课时量，顺应市场变化而改变，提高教学的针对性。

毕业证书颁发分步、分档进行。分步进行是指：第四学年下半年开学初实行准毕业制度，即全校实行统一发放准毕业证书，以便让同学们找工作，走向工作岗位，在工作中根据实际，自选课题，实习、锻炼，或学校为他们提供真题真做的实践机会，实现真正的毕业实习，以此培养学生的创造发明能力和适应能力。

毕业证书颁发分档进行是指：将毕业证书分成若干档次发放。如：分为A、B、C三档，以实现高分高能的合理性，而不是好坏都是同一个版本的毕业证书。这对学生来说很公平，同时给国家用人部门也提供了学生毕业时水平的正确参考，也可防止出现学习差的毕业生走向社会而影响学校的声誉，有利于打造学校的品牌，提高学校在社会上的竞争力。

大学应注重对学术刊物的管理，要多办刊物，多出期刊，增加学生优秀论文在有关学术刊物或增刊上的发表，对学生取得的成果给予一定的鼓励，为调动学生学习的主观能动性和发现优秀人才创造有利条件。

二、多校区综合性大学教育教学管理模式

随着我国高校教育的普及，一校多区是当代高校发展的一种趋势。多校区办学拓宽了新的教育发展空间，有效弥补了教育资源的不足，也增加了高校的竞争优势。但是，多校区也带来了管理上一系列的新问题。因此，多校区办学的教学

管理模式的探索与研究是目前我国有关学术界与教育界一个非常重要的课题。

多校区大学是指具有一个独立法人地位，却有两个或两个以上的在地理位置上不相连的校园的大学。多校区办学改善了办学条件，提高了高校的竞争优势，解决了一些问题。但在构建有效的多校区办学管理模式上，却没有既定的统一模式可套用，各大学只能根据自身实际情况，积极探索适合自身发展的新模式。

（一）国内外多校区大学教学管理模式

多校区教学是高校教育发展过程中一个现象，一种趋势，国外也很常见。其管理模式主要有：

1.国外高校多校区教学管理的主要模式

（1）事业部型管理模式

这种管理模式的组织机构包括总校（评议会或董事会）、分校（校长、校务委员会等）、学院、系（所）四层机构。董事会为最高权力机构，负责重要决策和战略性决策，在全校范围的资源分配，任命总校长等。总校长提名副校长、分校长、图书馆长等重要官员，负责全校性事务，对董事会负责。分校长是各自分校区的首席执行长官，在处理分校内的事务时具有相当大的自主权。事业部型管理模式特别适用于巨型大学组织，这种模式在管理上具有联邦分权的特点，学校重大事件的决策由总校进行，日常管理各个分校相对独立。这种"集中决策，分权管理"的管理方式，既便于保证战略决策的正确，又有利于调动下属各单位的积极性。但事业部管理模式亦有不足之处，由于各个事业部自主经营、独立核算，考虑问题往往从本校区出发，忽视整个学校的整体利益，不利于校区间的协调，不利于学科的交叉融合。

（2）一校多制型管理模式

这种管理模式的最高决策机构为董事会。其下是由董事会推荐的，由本校的多位著名教授及社会知名人士组成的议事会，其实就是智囊团。校长是全校的最高行政领导，下属有16位校级行政官员——分管教学、科研、规划、财务、法律、投资、大学关系、校园事务信息技术、学术方案、公共事务等。一校多制型管理模式常用于投资模式多元化的高校，由于不同的管理体制，为学校的管理提供了便利，使其充满了发展的活力。

美国、德国、法国、日本等国家的很多名牌大学都进行了多校区的教学管理实践。例如，美国的加州大学有9个校区，它们是各自独立的，没有层级与隶属关系。在学科设置上都有多学科性的特点。这个巨型大学通过发达的信息网络系统把多学科联为一体，而且图书馆、办公室甚至学生宿舍处处相通，还与全美的信息网络系统相连接。加州大学的这种管理模式最大特点就是采用了事业部型管理模式，这种模式的管理结构包括了总校、分校、学院和系所四个层次，采用

"集中决策，分权管理"的方式，从而保证了战略决策的正确性，也有利于调动各分校区的积极性。而日本的东京大学由3个校区组成，其中主校区设立了绝大部分机构，是研究生教学、本科高年级教学与科研主要基地。另外一个校区以基础教学为特色，建立了综合性的学科教学体系，统一的教学环境为保证高质量的基础教学提供了有利条件。最后一个校区是以应用型科研为主的校区，教授主要承担重大科研课题及研究生培养。3个校区的定位非常合理，而且有互补性。

从上述两所大学教学管理实践来看，多校区大学为社会提供了高质量的教学、科研和公共服务。校区扩展，扩大了接受高校教育的大学生数量，科研成绩也斐然。它也促进了各校区的专业化、多样化发展，有效保证了教学质量。多校区大学办学一方面满足了时代社会的需要，适应了大学相互竞争以及知识、学科不断分化或综合的内在需要，所以当前多校区办学迅速发展。但院校间或多或少存在重复办学、职能冲突，办学成本较高等问题。

2.我国多校区大学教育教学管理的基本模式

在我国，由于多校区大学主校区与分校区的教学管理职能不同，所以管理权限的分配也不同。由此来讲，我国目前多校区办学可以分为三种模式。

（1）相对集中模式

即在总部的统一管理下，分校区作为其下属学院，其教学组织与管理由总部统一安排。这种模式有校级领导层统一制定发展规划，统一统筹学科建设，对教育资源、教育教学管理等也进行统一规划。学院作为二级管理机构，管理具体教学和科研的运作。它具体实行的是一个校教务处、一套管理机构的教育教学管理运行机制，其优势是管理职责分明，集中与分散管理互补，从而保证大学学术水平及政策、计划的有效实施，实现校区之间学术和研究资源分配上的协调。但是由于地理区间较大，信息交通不畅，也存在管理困难、配合不协调和效率不高的现象。

（2）相对独立模式

即在总部的统一协调下，各校区相对独立，有各自独立的体系。在管理上，每个校区也有各自的一套教学管理体系，相对比较独立，而总部只是在大政方针上给予指导。该种模式一般应用于学科门类多、统一管理比较困难的高等学校。多校区相对独立的管理有利于增强高校的活力，也为分校校区内各学科的交叉融合创造良好的环境条件和学术氛围，从而促进教学科研的发展。这种模式可以显著减少各级教学管理的时间和成本，缩短管理环节，加快决策速度。但是，此管理模式由于加大了各校区的教学管理自主权，难免造成教学管理权力腐化分散，可能会影响整体学科交叉的统一规划和指挥。

（3）混合模式

它是一种介于相对集中和相对独立之间的模式，其理论基础是，既有利于大学的统一管理，又有利于各校区管理工作的主动性和活力的发挥。其优点在于有利于全校总体规划，加强校区的协调管理。需要注意的是，此模式在实际运行中要做到责权明确，反之，可能会因为责权不清导致某管理环节的脱节或失控，降低管理效率，影响教学质量与学校的发展。

（二）多校区大学教育教学管理中存在的问题

1.专业建设不能协调发展

专业方向是大学的基本组成细胞，大学的资源也主要以专业为载体。所以，专业是大学教学管理的重要因素。在单一校区的大学里，学校的专业结构稳定，其教育教学管理复杂程度低，便于管理与协调。而在多校区的大学里，其专业门类齐全，而且有一定的分散性，容易造成各校区同一专业的结构分布太散，难以融合，给教师教学管理带来了较大困难。例如，济宁医学院建立新校区后由一校区变为多校区，而且增设了计算机、信息和人力资源管理等专业，与原来的医学类专业难以融合。

2.教学管理权力过于集中

大学教育教学管理中存在着权力的集中与分散的矛盾。我国传统的大学教育教学通常采用的是集权式管理。随着大学教育教学管理的发展，集权式管理的弊端日益暴露，分权式管理的要求越来越强烈。在多校区大学办学形势下，面对庞大的规模和集权式的管理，更是严重阻碍了高校的进一步快速发展。

3.教育教学管理成本的增加

多校区大学往往由于校区间地理位置的因素，给师生员工在校区之间的教学活动带来了很大的不便。浪费了时间和精力；交通的不方便也带来较多的麻烦，甚至影响正常的教学和管理。另外，由于校区的空间距离，也增加了校区之间通信联络的成本，加大了非教学活动的支出。

4.教育教学管理效率降低

大学教育教学管理效率降低主要体现在：（1）许多大学原本是单一校区，其管理经过若干年的发展处于相对稳定的状态，新校区的增加就无意识地打破了原有的稳定，增加了教学管理的复杂程度，降低了教学管理效率。（2）对于校级管理机构而言，大部分校级管理部门都坐落在主校区，而分校区与主校区的距离过大，增加了教学管理的难度。

（三）多校区大学教学管理模式应遵循的基本原则

在多校区大学的教学管理系统的构建过程中，不仅要考虑实现管理的基本功能，而且还应考虑适合学校的运行机制。具体来说，应遵从以下基本原则：

1.整体性

多校区大学，在管理者的思想观念上必须做到真正融合，做到真正实现专业结构调整、教育资源的配置等方面统一协调。这样有利于大学的整体发展和提高整体的办学效益。

2.多样性

虽然是一所学校，但是各个校区都有自己的历史与特点，也形成了各自不同的校园文化。因而在制定教学管理规划时，应在相对统一的前提下，构建适合各校区自身特点、灵活多样、充满活力的管理机制。

3.高效性

大学教学管理模式的选择，很重要的一点是它的管理工作效率。只有实现高效管理，才能提高办学效益。

（四）多校区大学教育教学管理模式的构建

多校区大学教育教学管理模式主要是合理利用、优化配置各校区有限的教学资源，在有限投入的条件下，教学管理的目标尽可能高质量、高效益地顺利实现。

1.优化学科结构，促进学科的融合

学科的布局整合是多校区大学教育教学管理的重点工作，更是校区协调的难点。因为不同校区都有自身的发展背景，已经形成了各自不同的优势学科。加上不同校区学科发展水平参差不齐，即使统一学科，研究方向也不完全相同。只有优化学科布局，实现学科的协调发展，才能实现学科的相互融合。要优化学科结构，首先需要教师思想的融合，不同校区的教师，在学科管理中强化一校意识；使学科之间互相尊重，强势学科和弱势学科之间进行平等的学术探讨，营造和谐团结的气氛，形成合力，才能促进学科的互动、交叉与渗透。其次是加强跨学院、学系、教研室的横向联系，为此，教学管理要提供一个平台，让不同的学科之间、学术思想之间相互碰撞，激发出研究人员的创造潜力，形成新的课题点，从而促进新的学科生长点的诞生。

2.注重管理层次扁平化，明确工作职责

多校区大学涉及到的教学管理部门、人员较多，容易出现相互扯皮、推倭现象。为此，在教学管理设计中，要坚持管理层次扁平化原则，做到事实求是、精简高效、按岗设职、明确工作职责，要建立目标责任制和责任追究制度。加强协调机制建设，加强各校区之间的配合，做到协调一致，高效运转。

3.提高教学管理人员的思想意识与管理水平

多校区教学管理模式的稳步运行，是一个思想认识碰撞、更新与提高的过程，同时也是一个被实践不断检验与完善的过程。但是教育教学管理人员素质的高低决定着这个过程的时间长短与效率高低。目前我国大学教育教学管理人员的文化素质参差不齐，所以必须根据不同岗位的需要，加大管理队伍建设力度，使之成为一支专兼职结合、结构合理、综合素质较强和职业道德高尚的团队。这需要教育教学管理人员以全新的理念与思想、积极的态度投身到教育教学管理中来，努力提高自身的学识与管理水平，敢于应对新的挑战，顺利实现高效能运转的管理。管理人员要适应从使用原始的管理手段转向使用现代化的管理手段，所以要努力学习现代管理科学知识，加强校际或校区间的交流，提高教育教学管理水平。

4.实现教育教学管理信息化

多校区办学的大学，其管理模式教学运行主要包括教学活动的组织实施、教学进程安排、教师配备、编制课表、教室管理等，涉及教学计划、教师、学生、教室资源等多个方面。多校区大学的教师要在多个校区上课，学生也在多个校区分散学习，所以存在教学资源分散，教学运行中的可变性大等负面因素。而要实现上述目标，又减少负面影响，应注重信息的畅通和普及，建立一个高水平的信息化管理系统。充分利用计算机与网络技术，利用现代化的教学管理系统、图书查阅系统以及会议视频系统等，使各类教育教学管理信息能够得到及时收集、处理与传递，真正实现大学办公自动化、教学远程化、会议视频化，彻底打破传统意义上教育教学管理的物理距离与界限。

第三章　高校教育教学相关理论

　　高校教育教学是高校教育实现教育目的、培养专门人才、体现社会价值的各种具体活动表现方式之一，是高校教育最主要的组织活动。高校教育的其他活动都是围绕教学而展开、为教学服务的。任何教学活动都是一个历时性的过程，是一个目标差异大、参与要素多、各种影响复杂的教育实践体系。这个教育实践体系的各个构成要素经过多种形式组合、为实现各个目标而发挥作用，不同要素组合在不同环境下运行又使高校教育教学形式丰富多彩。

第一节　高校教育教学本质及其特征

一、高校教育教学的作用与功能

　　高校教育教学作用与功能就是教学活动的基本目标与任务，它主要源于三个方面：教师的需求目标、学生的需求目标、社会的需求目标。以前，受高校教育教学活动的社会本位思想影响，一些国家特别是实施集权式管理的国家，其高校教育教学活动的作用与功能被"国家化"甚至"政党化"，教师就是国家对学生实施教育驯化的工具，而学生则是被教育驯化的对象。但在高校教育逐步发展、受教育人群日益扩大的形势下，社会本位的教学功能不断弱化，"以人为本"的教育思想越来越占重要地位。所以，教学活动的目标必须同时考虑教学活动主体，即教师和学生的个人需求，教师通过教学传播知识，促进自我的进一步探究，同时引导学生获得专业技能的训练，从而获得满足与成就感。学生通过对社会愿望、个人兴趣以及基本能力的综合考虑，主动接受高校教育、参与教学活动，以达到身心和智力的全面发展。社会对教学活动的需求可能是具体而分层次的，教师和学生对教学活动的需求可能是抽象而含糊的。对这种矛盾冲突的认识和化解有利于教学方法创新。

二、高校教育教学的主体与环境

高校教育教学的主体与环境是教学活动赖以开展的基本条件。教学主体就是有目的、有意识地进行教学实践活动和认识活动，并在教学活动中确立和体现主体地位的现实的人。这里的人包括三层含义：现实的人、动态发展的人、个体与群体相统一的人。因此，学生也是教学活动的主体之一。教学环境是相对于教学主体而言的，它包括教学活动中除主体之外的一切物质的、时空的、媒介的关系等方面，尽管环境在教学活动中处于从属地位，但对其实现教学目标有极其重要的影响。

三、高校教育教学的形式与内容

高校教育教学的形式与内容往往表现得最为具体、生动，既反映内容与形式的对应关系，也反映形式与环境的协调关系，还反映教学活动直接主体（教师与学生）与间接主体（教学管理者）协商一致管理的特征。单从教学活动形式来看，就是内容、环境、主体的统一，如课堂教学、课外练习、社会实践就是三者关系的不同组合结果。如果从教学活动主体的作为来看，则有讲授活动、听课活动、师生研讨活动等，每一种活动，各自主体地位的表现是不同的。高校教育教学内容是与教学目标紧密相连的，尽管目前我国高校教育教学的计划性正在减弱，但总体上依然比较强，也就是说从国家或社会本位出发对专门人才的知识、技能体系有一个制度设计和进程安排，教学内容按照这些制度和进程逐步展开。现在，我国开始注意发挥教师和学生的主动性，对教学内容的选择权有所放开，但与教师自主裁量教学内容和学生在完全学分制下自由选择教学内容还有相当距离，至少学生的职业规划与学校的学业指导工作短时间内难以跟上。

四、高校教育教学的特点与过程

高校教育教学的特点与过程是联系在一起的，教育与教学是一个循序渐进的过程，世界上没有任何一种瞬时性的教学活动，过程性本身就是教学活动的普遍特点，因此很多学者用"教学过程"代替"教学活动"，专注于研究高等学校教学过程而不刻意研究高校教育教学活动也是可以理解的，只是过程性特点不为高校教育教学所特有。所以，将两者混淆是不合理的，无论是对高校教育教学活动的瞬时考察还是从教学效果的分析，高校教育教学活动的特点都是十分明显的，具体有如下一些特点。

其一，专业性教学与综合性认知相结合。高校教育与基础教育的最大不同就在于知识的专业系统性，属于建立在基础教育之上的专业教育：教学目标和内容按照不同学科专业领域的知识体系进行设计，教学组织形式也分专业进行。同时，高校教育教学活动的综合性认知也十分明显：在专业性教学内容与教学情景中，学生的知识、能力、素质得到全面的培育，即使是一门十分专业的课程，教学活动对学生的影响也是综合性的，在课程设置、活动设计中，安排有一定分量的基本素质和能力训练的内容和项目，对学生的培养是多方位的。其二，隐性教学与显性教学相结合。高校教育教学活动对人才培养的影响作用趋于多样化，传统课堂的直接影响、作业与练习的直观影响等属于显性活动部分，还有许多潜移默化的教学活动，比如一次学术报告会、一次参观学习、一次社会调查、教师对学生的一次得体的表扬或批评等，这些看似不像规范的教学活动属于隐性教学活动，它的教育意义和对学生的影响绝不只是现场表现出来的结果，而要比现场深远得多、广泛得多。教育中的所谓"启发""养成"，其实就是对这种隐性教学活动功能的表述。其三，教学活动与科研活动相结合。科学研究活动是人类有意识地探究世界的实践活动，我们说高校教育教学活动是一种接近于人类认识世界实践活动的有效组织方式，本意就在于表明高校教育的教学活动不是纯粹的知识传授活动，也不纯粹是师生交往与情景感悟活动，而是有目的地引导学生学会认知和探究世界的方法、训练基本的认知能力的活动。如果说本科生教学对这方面的要求只是初步的，那么研究生的教学则是典型的认识已知与探求未知的统一，就是教学活动与科研活动的统一，教师和学生在各自的教学活动任务中都可以实现认识已知与探索未知的结合。

高校教育教学是一个以动词为主的、内涵比较宽泛的偏正词组，它可以指由学校为实现人才培养目标所组织的任何行动。由于各校、各学科专业的人才培养目标、质量规格、层次要求不同，高校教育教学活动也表现出较大的差异性。但就每一个具体教学活动单元的结构来说，它们又有许多相似性，即都是由若干基本相同的要素所构成的开放性系统，不同教学情景就由这个系统的要素的不同组合产生。

关于高校教育教学活动构成要素的研究，历来有不同的争论。有的从共时性角度而有的从历时性角度分析，有的从关系角度而有的从表象角度分析，有的从深层结构而有的从表层结构分析，不同的分析角度决定了不同的分析结果，以至于出现从"三要素说"（教师、学生、教材）到"七要素说"（学生、教学目的、教学内容、教学方法、教学环境、教学反馈、教师）的巨大差异。客观地看，这种差异是正常的，特别是更加精细的结构要素划分，只要在逻辑上没有包含或遗漏，精细的分析应该得到提倡。联系高校教育教学活动的几个特点，我们认为一个比较完整的具体教学活动应该由教学主体、教学目的、教学信息、教学媒介、教学组织、教学环境六个要素构成。

关于教学主体。以前往往以机械认识论为理论基础从施教与被教角度考虑，认为教育参与者包括作为教育者的教师和受教育者的学生两个方面，即教学主体是教师，教学对象是学生。这实际上忽视了高校教育教学的特殊性，因为隐性的教学效果、探究性的教学活动都依赖于学生主体性作用的发挥，所以教师与学生是高校教育教学活动的共同主体。关于教学目的。这是任何教学活动的基本要素，只是不同目的有层次上的高低差别。即使是高校教育的教学活动，其目的也有层次之分，比如一个专业培养方案中的教学目的，一门课程的教学目的，一节课堂的教学目的等等。就教学方法研究需要而言，这里的教育目的主要指一个课堂之类的教学活动的目的，其中有比较抽象的一般要求，也有比较具体的内容、技能目标。关于教学信息。以前通常用教材以及教学内容来表示。但实际上，教学内容有一部分应该包含在教学目的之中，作为目标性任务加以明确。同时，教材是教学内容的传统载体，而鉴于现在高校教育可供使用的教学材料日益丰富，来源途径远多于教材，故教材在高校教育教学活动中的地位越来越微不足道。关于教学媒介。教学媒介就是教学方法及实施方法的手段，由于现代教学技术在飞速发展，传统的方法归纳已经不能准确反映教学活动实际，很多现代教学设施、技术被应用到高校教育教学活动中，其究竟属于什么方法，尚未明确界定。因此，我们称其为教学媒介，即包含了传统意义上的教学方法，又包含了现代教学技术，它是传递教学知识、信息，增强教学信息刺激强度，提高教学影响效果的途径。关于教学组织。没有组织就没有活动，就一个教学活动来讲，教学组织不可缺少。在什么样的时间和空间、由哪些教师和学生参与、参与人员的规模以及教师或者学生在教学时间内的教学秩序维护等，都是教学组织的内容。还有教学评价，但它属于教学过程与质量管理范畴，不属于一个教学活动的内容。关于教学环境。高校教育教学环境对教学活动的影响越来越大，根据教学活动的需要，不断对教学环境进行必要的调节和控制，有利于教学活动的顺利进行。经过选择、净化、提炼和加工处理的教学环境有利于教学主体实现追求真理、掌握知识、发展身心等目标。

六、高校教育教学模式

（一）"集中式学习"的教学模式

相对来说，集中式学习是一种较为传统的教学模式，集中式学习是以教师为中心，即由教师根据教学计划中统一规定的课程内容和教学时数，把学生集中到一起按照学校的课程表进行分科教学的一种组织形式。该教学模式强调教师的主导作用。集中式学习当教学规模不是很大时，这种组织形式相对来说是比较经济、有效的。

教师的主导作用易于发挥，便于教师组织、监控整个教学活动的进程，这是其一；其二是有利于教学管理，使教学有目的、有计划、有组织地进行；其三是有利于自然学科的学习，自然学科中许多内容需要进行演示、分解和剖析，有些内容需学生亲自去感触等；其四是有利于学生之间以及师生之间的情感交流，充分体现情感因素在学习过程中的重要作用。尽管集中式学习有上述优点，但它在高校教育教学活动中存在的弊端又是十分明显的，首先，这种教学模式无法解决学生参加学习时存在的工作与学习的矛盾、家庭与学习的矛盾以及分散居住与集中学习的矛盾；其次，它忽视了成人学生不同于其他学生在学习活动中的自主性和独特性；再次，集中式学习方式过分强调标准化、同步化、模式化，整齐划一是这种学习方式的目标追求，对成人学生知识的扩展会产生不利的影响。针对学生在学习过程中凸显的矛盾和问题，要真正保证教学效果、提高教学质量就必须对现有的单一的教学模式进行改革。

（二）"分布式学习"的教学模式

随着经济形势和信息技术的不断发展，社会总体人力资源的需求形势也发生了巨大变化，对各类高素质、高学历的专业技术人员的需求提高到了一个新的层次，对各类高校教育提出了更高的要求，并使得传统的教学模式受到了极大的挑战。

新的信息技术在教学活动中的应用，计算机网络的发展能够使教学内容得到有效的远距离传递，学生可以不必像以往那样，全体集中到一个地点，由教师面对面地传授知识。电子邮件可以支持学生之间、师生之间的交流与合作，解决学习中的问题，开展各种讨论，教学模式不再单一，因此，"分布式学习"的教学模式便应运而生，并迅速以自上而下的政策推广形式，借助国家高校教育政策手段投入各地办学实践。"分布式学习"是远程教育的建构主义，采用建构主义的学习环境的设计思想，将传统的以教师为中心改变为以学习者为主体，着重于为学习者提供丰富的资源建立自己的认识和理解。我们将这种新的远程教育形式称之为分布式的学习。

目前对"分布式学习"的教学模式的理解有几种观点，如：在美国及很多国家的学者认为"分布式学习"和远程教育是一样的，指的是各种不同于面对面教学的教育；另外还有的认为，"分布式学习"是指开放和远程教育在传输课程时逐渐向使用新信息技术的转变；另有观点认为，"分布式学习"可作为人机交互工作的一个整体。尽管对"分布式学习"有各种不同的描述，但"分布式学习"实际是一种教学模式，它强调的是"分布"，强调为学习者提供灵活的、突破时空限制的教育，适应社会经济发展以及对人才的需求。"分布式学习"教学模式的出现，使面对面教育和开放远程教育之间的边界逐渐消失而趋于融合；加强了以学习者为中心，更有效地促进学习者的学习；使我们认识到要根据时空分布方式的变化调整学习和教学策略；"分布式学习"强调的是学习环境，学习者分处在不同环境中，有着共同的任务，在"分布式学习"环境中共同合作完成学习任务，学习是不同环境的分布，不一定受限于正式的机构设置。

随着教育的全球化"分布式学习"环境也要具有国际化思维，适应来自不同文化背景的学习者。可以说"分布式学习"是未来学习方式发展的一个新趋势。也有人认为"分布式学习"模式可以结合传统课堂教学应用，结合远程教学应用或可用于创建有效的教学课堂。学生可能是身处远方，参加远程教育，也可能是集中式学习中的一员，但他们在索取资源，吸取知识时，所利用的资源不仅仅局限于教师或者某个机构，而是充分利用现代信息技术，利用分布在各个不同地方的资源，使学习资源远比以往的单纯的传统课堂授课方式要丰富得多，"分布式学习"所强调的是资源的非集中化。另外，"分布式学习"的教学模式除了可以使学习者获得丰富的资源外，还可以是传统课堂授课方式的补充和灵活，如可通过电子邮件交作业、答疑，通过网络与教师、学生，甚至专家进行交流和讨论等等。这一教学模式在成人教育教学活动中的优势十分明显，首先它解决了成入学生在学习中存在的工作与学习、家庭与学习、分散居住与集中学习的诸多矛盾，同时丰富了学习资源，学生获取知识的渠道更加宽广，教与学的方式变得更加灵活，学生学习的自主性也得到了加强，对于学生的发现性学习和研究性学习能力的培养也起到了很好的促进作用。

（三）"双元制"教学模式

"双元制"的教学模式也可称为"双轨制"教学模式，是德国在100多年来传统的学徒培训制度基础上发展而形成的，"双元制"中的"一元"指职业学校；另"一元"则指企业，学校承担学习文化和基础技术理论，企业承担职业技能培训，两元结合完成教育任务，故称之为"双元制"。"双元制"是学校与企业分工协作，以企业为主；理论与实践紧密结合，以实践为主的一种成功的教育模式。学生在企业里接受职业技能培训的同时又在学校里接受专业理论和普通文化知识的教育。这样，既能够使学生具备毕业后立即上岗的能力，又通过学校教育使之基本素质得到提高，从而具备继续学习和终身学习的基础。

"双元制"教学模式具有以下特征。职业培训在两个完全不同的地点进行—企业和学校；受训者兼有双重身份——学生、学徒；培训者由两部分人承担—实训技师（师傅）、理论教师；教学内容原则上分两部分——企业培训按政府的培训条例和大纲进行，学校教育按国家和省级教育主管部门公布的教学大纲进行；教学管理——企业培训由政府管理，受政府法规、条例等约束，学校教学由教育主管部门管理，受教育类法规约束；经费来源的两个渠道——企业培训的费用由企业承担，学校教学的费用由政府和学生承担；以职业能力为本位的培训模式；以市场和社会需求为导向的运行机制。

　　"双元制"在20世纪90年代引入我国的高校教育，应用到成人高职教育和成人高校教育的教学实践中，成为一种特点鲜明同时富有成效的人才培养模式。经过多年的发展，已经取得了一些成就。已经有许多实践性较强的专业采取了这种教学模式，例如：汽车维修、炼钢和乳钢、保险、物业管理、机械制造和医疗等。"双元制"教学模式的应用在我国成人高校教育发展中提供了宝贵的案例资源，从中可以看到"双元制"教学模式的以下一些优势。

　　第一，改革专业课的课堂教学模式，促进学生技能的提高。"双元制"教学以职业能力为本位，各院校在实践中都突出了实践性的原则，使学生在学习的同时获得职业工作的经验，与传统的课堂型职业教育形式相比存在明显的优势。第二，加强了学校与社会和企业的联系。"双元制"教学模式打破了传统的封闭的办学方式，由学校和企业共同承担培养学生的责任。因此，办学中学校增强了与外界的沟通，更多地了解了社会和企业对人才的需求情况，克服了以往办学的盲目性。第三，加快了师资队伍的建设，教师的理论水平和实际水平都有所提高。在"双元制"办学过程中，提高了专业教师的实践能力，改变了以往的教师基本上是学科型的，实践能力不高，动手能力不强的状况。第四，各院校借鉴德国双元制教学模式，改革了课程结构，丰富了教学内容，使教学方法灵活多样，促进了教学模式的改革。

第二节　高校教育教学观念及其发展变化

一、高校教育教学思想观念及其核心内容

（一）高校教育教学活动主体

　　教师主体论源于以赫尔巴特为代表的"教师中心说"，是长期统治教育研究与指导教学活动的主导流派。该派观点认为，在教学活动中教师是唯一的主体，学生是用来供教师加工、改造的，与教学内容一起构成教师教学活动的对象，属于教学客体。学生主体论源于以杜威为代表的"学生中心说"，其基本观点与教师主体论相反，认为教学活动的唯一主体是学生而不是教师，教师和教学内容都是被用来塑造和加工学生的，是其成材的工具性对象，是教学客体。而教师学生双主体论则改造了前述单一主体论的思路，提出教师和学生都是教学活动的主体，在一个完整的教学活动内，就对教学效果的最后影响来说，分不清教师的能动作用大还是学生的能动作用大，只能是两个主体并存，共同协调的结果。这时，教学内容、教学设施、教学环境等就基本上属于辅助性的东西，属于教学客体。

　　其实，对教学主客体的辨析有一个基本的逻辑起点，这就是从哲学引用过来

的主体概念是基于什么哲学观点的，是本体论的观点还是认识论的观点，显然，从本体论出发，只能有一个主体，而从认识论出发，选择的认识活动角度不同，就会得出不同的主体结果。教学本身就是一个复杂的系统，从教学作为社会活动实践关系出发，毫无疑问教师是主体，学生是客体；从教学活动的价值关系出发，很明显，学生必然是主体，教师是客体；从认识活动的全面关系出发，则教师与学生都属于主体，客体只是那些主体之外的教学活动要素。提高对教学活动主体的认识，有利于调动教学活动要素的积极性。那些单方面强调教师主体地位的观点，对教师工作积极性、主动性与责任心有极大的激发作用，但很多情况下，教师的一厢情愿往往达不到教学效果，久而久之，教师的这种积极性也会消解。那些单方面强调学生主体地位的，有利于激发学生的自我教育、自我学习、自我塑造，也有利于教师在教学中贯彻促进学生全面发展的理念，但如果缺乏教师的正确引导，往往也不能得其门而入，最后效果并不如意；教师和学生的双主体地位，可以比较全面地调动教师和学生在任何教学活动中的积极性，根据实际需要各自发挥应有的作用，共同完成教学任务，实现教育目标。按照高校教育的教学活动特点来看，这种双主体观念更符合教学实际。教师和学生在教学活动中主体地位的认可，不是什么权益之争，而主要在于责任的归属。教师和学生对于那些作为客体的已知知识、未知知识的认识与探求是共同的，因此在这种"既认识已知又探索未知"的高校教育教学活动中，教师和学生属于共同的主体是不应该有疑问的。

（二）高校教育教学活动主体关系

一般来说，任何活动都存在主体与客体的关系，如果按照两种单一教学主体的观点，无论谁为主体谁为客体，都是主客体关系。但是，高校教育教学活动主体是双重的，不同主体之间必然构成一定的关系，因此，很有必要探讨教学活动的主体关系。至于高校教育教学活动的客体，在双重教学活动主体前提下，它与主体之间的关系比较简单，一方面服从于主体的需要，另一方面充当连接两个主体的纽带。

高校教育的教师。高校教育的教师是教学活动任务的具体组织者、承担者。教师群体是高等学校履行人才培养职能的直接人员，他们还在自己的专业领域肩负着科学研究和社会服务的使命。高校教育教师作为一个群体概念，包含所有在高校教育从事与教学活动相关的专业人员，既有教学第一线的任课教师，也有以科学研究为主要任务的研究人员，还有实验、实践教学以及教学活动组织管理第一线的教学辅助人员。高等学校教师作为一种社会职业者，具有较高的社会地位和重要的教学主导地位。人们常常把高校教育的人才培养和学术水平看成一个国家文明进步的标志，对履行这两项职责的高校教育教师寄予厚望。另一方面，在高校教育教学活动中，教师对教育内容的选择、对教学活动的调节、对教学进程的把握、对教学手段的改造等起着主导作用，因而，是教学活动的主体。

总之，高校教育教师肩负着比较多的教学职责。第一，要肩负传授知识，引导学生掌握学科专业基础知识、基本理论和基本技巧，培养和发展学生智力和专业能力的职能。第二，要在教学活动之中通过隐性手段启发和培植学生良好的道德、情操、意志与美感，关心学生的全面成长。第三，要精心组织和设计教学活动，不仅注意课堂教学活动的组织，还有由课堂延伸到课外的答疑辅导、作业评判以及相应的实验和实习、实践。第四，为了更好地服务和改进教学，必须不断地开展专业领域的科学研究和教学研究，以引领学生及时了解科学前沿，改善教学方法，丰富教学内容。在这些基本职责中，最基本的两项是教学和科研。能否成为比较合格甚至优秀的教师，关键就在于这两项职责的履行情况。这两项职责任务完成得好，不仅可以相互促进，还可以带动其他职责的更好完成。实际上，中外高校教育都有不少教师并不能比较好的兼顾两者，相当多的教师把自己的教学目标定为传授课程知识、介绍本领域的概念和方法，很少关心学生的一般智力发展和个性发展。他们作为教学内容方面的专家，与本领域的其他人共同具有专门化的知识、概念、话语、方法，但作为教师，尤其是本科生的教师，他们则难以与学生形成共同认可并乐意接受的训练方法，丰富教学活动的知识和理论。

高校教育教师肩负的职责决定了他们的劳动特点。这就是教学手段的自主性与教学活动的示范性、教育对象的能动性与教学情景的复杂性、教学过程的长期性与教育影响的滞后性、教学方式的个体性与教育成果的集成性。面对这些特点，有的教师可能会表现的无可奈何，有的则从积极方面进行力所能及的改进，甚至形成个人教学风格。比如以教学内容为中心的，以尊重学科为特点，重在教给学生系统的知识、原理：以教师自我为中心的，则相信自我的榜样作用，让学生陷入角色模拟的境地：以智力为中心的，则以训练学生的智能为目的，一切的知识、环境都只是用来训练的道具，知识、技能本身不是追求的结果。这些都是有特点的教师，还不是"全能的教师"，比较良好而全面的教学活动，应该是教师的知识、师生现实的探究、教师引人入胜的个性、人格和激励学生学习动机能力的高度复合。可见，当好一名高校教育教师实属不易。

高校教育的学生。高校教育教学活动的主要参与者除了教师就是学生，不仅高校教育的教学如此，任何学校教学活动都离不开教师和学生，二者缺一不可。学生的积极参与不仅丰富了教学活动的内容与形式，也在很大程度上决定着教学活动的最后效果。高校教育学生的构成是十分复杂的，而且随着高校教育大众化的推行、终身教育观念的深化和学习化社会的建立，到高校教育接受教育的人群越来越多，学生构成也越来越复杂。一般来说，高校教育的学生不分种族、地域、性别，在年龄上处于青年中期，个体的生理发展接近完成、心理变化趋于稳定，自我意识日益增强，已经接受了基本的基础教育。但这只是高校教育学生的基本规定性，实际上，世界各国高校教育的学生要比这复杂得多。就我国来说，目前本专科学生在主体上大致符合以上的规定性，随着新世纪以来高校教育政策的调整和大众化教育的发展，以及更多少年的提前入学，使得高校教育学生在年龄、心理、生理等方面均已突破原有规定和认识。如果将硕士、博士研究生考虑在内，则这种基本界定就显得更加局限和狭隘。

为什么参加高校教育的学习，是解决和了解学生的学习目的和动机的重要依据。高等学校学生的学习目的、动机又是高校教育教学活动的重要影响因素，也是学生作为教学活动主体的重要标志。只有那些目的明确、动机纯正的学生才能在高等学校教学活动中发挥积极的主体作用。无论高校教育关于人才培养目标的理想设计如何，学生的实际学习目的与动机不一定与之完全合拍，但学生的要求只要是合理而可行的，就应该得到满足。研究表明，多数高校教育学生认为，他们到高校教育学习是为了取得职业的或专业的训练，获得发展自己和个人兴趣的机会，最终能够获得较高的收入。学生学习的态度与方式倾向是什么，这个问题的回答涉及学生的多个方面。首先是目标决定态度，基础决定方法、情感决定倾向。目标明确的学生其基本态度是积极的。知识基础、能力基础强的学生其学习方法、参与程度必然得当；依赖性、独立性、表现型、沉默型等不同情感类型的学生，其对教学活动的态度与影响也不完全相同。

（三）高校教育教学活动主体关系模式

教学活动也被理解为教学主体之间的人际交往活动。高校教育教学活动拥有多个主体，每一个教学环节都包含了各教学主体交往的关系，每一对主体关系动力的平衡与消长，都影响着教学活动。高校教育教学活动具有明显的个体性与综合性特点。这就是说，教师的教学既是个人的劳动表现，也是群体的劳动表现，一个教师不可能教好一个班级，培养出一批人才，甚至不可能完整地教好一门课程，必须要有教学助理、实验人员以及班主任等相关辅助人员的共同参与才行。学生的学习也是如此，纯粹单个人的学习有时不能很好地完成，我们强调开展主体性教学，所依靠的不只是单个学生的主体性，还包括建立在每一个学生主体性发挥基础上的协作教学、合作探究。所以，高校教育的教学主体实际上有3对主要关系：师生关系占主导地位，师师关系和生生关系居于次要地位。

师生关系是任何学校教学活动都普遍存在并引起高度重视的一种行动主体对应模式。它是以教学任务为中介，以"教"与"学"为手段构成的特殊社会人际关系，是高校教育最基本的、在教学活动中占主导地位的人际关系。对这种关系的认识也在不断发展变化，就其结构来说，传统的理解就是教师对学生"一对一""一对多"的主从关系，在高校教育教学活动中的表现就是：在课堂教学上，教师读讲义、做演算，学生记笔记、做练习；在课程设置上，必修课多选修课少；在教学管理上，实行学年制，对所有学生按一个标准来要求，个体差异没有受到重视，等等。历史经验和教训告诉我们，认识和建立新型师生关系对高校教育的教学来说十分重要。这种新型师生关系在结构上教师与学生是"一对一""一对多""多对一""多对多"的复杂网络系统，这个网络系统功能的全面发挥，就是高校教育教学活动的全部的任务与追求目标。

师师关系就是高校教育教学活动中所涉及的教师群体内部之间的多边关系。我们发现我们对高校教育教学活动中的师师关系的关注度不够，但凡谈到教学关系，必论师生关系。其实，高校教育教学活动中，师师关系的作用非常大，这是与初中等学校、其他培训学校完全不同的。由于这种关系的构成具有长期性、利益性、人格性等特点，所以尽管关系网络不会很庞大，但文人相轻、学术流派、师承传统、利益之争等情况常常发生，从而影响教师的教学。这是从对立性看的，再从合作性来看，哪怕是一门课程甚至一节课堂，主讲教师与助教之间、理论教师与实验教师之间、教师与教学调度人员之间等的配合关系，都会直接影响到教学活动的开展及其效果。所以说，一个和睦的教师群体对于高等学校教学活动的有效开展十分必要。

生生关系是由高校教育同辈学生相互之间组成的多边联系。这种关系也被称为同学集体，它可以由同年级同专业的学生构成正式的稳定关系，也可以由相同学科专业不同年级的学生以学术爱好为基点构成稳定的师兄弟姐妹关系，还可以由教师主导创立诸如电子协会等主题组织关系。生生关系的形成具有随机性，但一旦形成，就表现出比较稳定的态势，这种态势不仅在学生大学学习期间有相互促进、影响的作用，还会在高校教育结束后延伸到社会活动中。生生关系对教学活动，尤其是对学习活动的影响是全方位而且深刻的，被认为是仅次于学生个人行为的力量。当然，这种关系结构的规模大小、质的差异性等内在特征会在比较大的程度上决定其对教学影响作用的发挥。

二、高校教育教学思想观念的演变

高校教育教学思想观念具体通过人才观、质量观和效率观等来表现。新时期以来，我国高等教学思想观念更新始于恢复正常秩序的最初几年，其主要表现为向过去学习，重拾或实现新我国成立后逐步建立和形成的教学思想。

(一) 培养人才观念的形成

高校教育的根本任务是培养人才，而人才培养的主要途径是教学活动。创新开放以来，通过"红专论争"确立了知识本位的高校教育思想观念，但高校教育似乎又一下从"广阔天地"回到了"象牙塔"。同时，教学和科研使命又在高等学校展开了激烈的地位之争，这使高校教育成为教学和科研"两个中心"的发展轨迹渐行渐远。实际上，很多学校和教师更加重视深度高的科研工作，对教学工作重视不够，教师的教学职能发挥不够。随着国家对人才培养质量的关注与重视，人们开始重新认识和反思高校教育教学和科研的关系，进而确立了教学在学校工作中的中心地位，无论什么类型的高校教育，首要任务是人才培养，科学研究也要肩负起人才培养职能。高校教育教师必须把教学放在第一位，切实履行教师的基本职业职责。随着世界高校教育发展和科技、社会进步对人才培养规格新要求的不断提出，能力本位观点越来越受到重视，学生需要成为、社会更需要提供知识全面、技能过关的高素质人才。因此，对教学活动提出了新的要求：一方面是出于理论教学与实践教学的关系问题的考虑，既不能忽视理论教学又要加强实践实验教学，另一方面也注重于协调学校教育与社会教育的关系，既不能在学校教育与社会教育之间走极端，也不能过多增加学生的时间、经费、心理等学习负担。于是，新的教学中心地位理论逐步得到丰富和发展，在校内强调理论教学与实验、在科研活动中培养学生能力，在校外加强实习实训基地建设，建立产学研究机制。

（二）逐渐形成以专业教育为主的教育思想

一般认为，国际上高等本科教育大致有两种教学模式：一种是以苏联和德国为代表的专才教育模式，学生在校学习时间较长，既打基础，又进行实践训练；另一种是以美国为代表的通才教学模式，学生在校学习时间较短，主要是打基础，实践训练放到大学毕业以后。我国最先主要学习苏联模式，形成了专才教学模式。改革开放后，我们发现苏联专才教育模式的许多弊病，开始注意学习欧美通才教育模式。同时，这两种模式自身又不断变化和交融。

一般认为，现代专业教育思想源于美国国家功利主义视域下的科学主义高校教育哲学。兴起于上世纪初的以实用为标准的功利主义教育观影响了美国几十年，受苏联1957年"卫星上天"的刺激，美国更加重视高校教育教学的科学功利。1978年我国召开的全国科学大会提出"向科学进军"，迎接科学春天的到来，这使刚刚恢复的高校教育深深打上科学主义的专业教育烙印，此后一直成为国家教育方针政策以及学校教育教学工作的重要指导思想的构成元素。但培养学生一技之长的专业教育思想很快也受到素质教育思想的挑战，因为国内外的人才成长及使用实践表明，仅有一技之长的人并不能担当高级专门人才的重任。随着世界科技的迅速发展，学科专业高度分化后再高度综合成为发展趋势，人才培养与社会工作都面临越来越复杂化，特别是"曼哈顿计划"反映出社会工作对人员合作、协调、组织能力等综合素质的要求越来越高，不仅要具有扎实的基础、宽广的知识面、较强的能力，而且要具有良好的思想政治素质和道德水平，以及健全的身体心理素质。

以自由教育、人文教育、普通教育等形式出现的综合素质教育思想得以萌生，传统意义上的专门人才培养模式、观念逐渐被"拓宽专业口径，增强适应性"的呼声和"通识教育"的理念所取代，仅仅重视科学技术的"精、深、专"为"德才兼备""文理兼备"的人才目标所取代。随后，华中科技大学率先提出以人文素质教育为突破口，中共中央和国务院出台专门文件推进的高校教育全面素质教育，并建立了一大批国家人文素质教育基地。人文素质教育并非只对理工科学生进行人文科学知识传授，而是对所有学生加强人文品格、人文精神的全面教育，是通识教育的具体体现。

（三）提高终身学习和终身教育观念

按照传统的职业教育观念，高校教育在教育序列中毫无疑问就是人一生的终结性教育活动。但由于世界科技发展的日新月异以及世界性社会工作的不断变化，由联合国教科文组织的系列报告引发，以素质教育思想为理论支撑的终身教育、终身学习观念逐渐渗透到高校教育领域，高校教育究竟是终结性教育还依然是基础性教育一时成为学术界的争论热点。特别是高校教育达到大众化甚至普及化程度之后，高校教育的基础性就更加突出，高校教育只能为学生未来成为科技人才、从事科技职业打下知识、能力和继续学习的基础，而不能为未来准备好所需的一切，因而，高校教育人才培养必须更加重视比较宽广的学科领域、比较扎实的基础知识、比较强的学习和研究能力，也必须为在职人员提供大学后继续学习的条件。

（四）以学生为本的个性化教学观念逐渐生成

一场世界性的学习革命，使高校教育教学模式也必须适应受教育群体的历史性变化，这是高校教育教学创新的直接指导原则和方向。具体而言有如下表现：由单纯的掌握知识转变为更加注重智力发展和能力培养；由单纯的、狭窄的专业知识和能力培养转变为同时注重拓宽知识面，培养具有包括外语能力、经管能力、交往能力等多种能力的复合型人才；由单纯注重统一的培养规格转变为同时注重发挥学生的多样化特长和学习潜力；由偏重于重视理论知识转变为同时注重实际知识，进一步强调理论与实践相结合，等等。

因材施教，促进人的全面发展是一条基本教育原则。为了克服计划时代"标准件"式的高校教育人才规格和培养过程中的固有缺陷，突出学生在人才培养中的主体地位，在教学管理、教学环节、教学方式等方面也要将统一的、封闭的、固定的人才模式变革为多样化、个性化的教学过程和教学形式。既努力拓宽专业口径又坚持按专业培养人才，既制定人才培养目标和基本规格又给予学生充分自由的发展，既坚持教学工作的计划性又给予学校、专业、教师和学生较大的灵活性。在教学管理上，推行学分制，实行选课、选专业等灵活的制度和政策。

三、高校教育教学思想观念变革的趋势

进入新世纪以来，随着我国高校教育大众化进程的不断推进，高校教育条件保障机制等方面遇到了难以预料的困难，由此引发的人才培养质量争议成为高校教育的热门话题。政府和高校教育回应这种社会争议的积极举动就是实施"高等学校教学质量与教学创新工程"，试图既改善高校教育的条件保障状况，又注重将物化的环境与条件转化为人才培养所必需的制度建设，不断推进教学思想观念创新。

（一）全面落实科学发展观

科学发展观的第一要义就是发展，包括高校教育的发展、人的发展。围绕以人为本这个核心，人才培养工作必须是全面、协调可持续发展的，这也是终身教育和学习化社会思想的基本要求。贯彻党的教育方针，推进素质教育，坚持"巩固、深化、提高、发展"的方针，遵循高校教育的基本规律，牢固树立人才培养是高校教育的根本任务、质量是高校教育的生命线、教学是高等学校的中心工作等都属于新的高校教育教学理念。

（二）建立健全大教育观

这具体表现在创新高校教育资源共享上，通过新教材和立体化教材建设、网络教育资源开发和共享平台建设，建设面向全国高校教育的精品课程和立体化教材的数字化资源中心，建成一批具有示范作用和服务功能的数字化学习中心，完善服务终身学习的支持服务体系，提升我国高校教育的质量和整体实力。这需要充分考虑提高教学质量的系统性和复杂性，确定一些具有基础性、全局性、引导性的创新突破口，引导高校教育教学创新的方向，实现高校教育规模、结构、质量和效益协调发展。同时，也需要调动政府、学校和社会各方面的力量，把发展高校教育的积极性引导到提高质量上来，充分利用各方面力量支持高校教育的发展，切实解决高校教育在提高质量方面的实际问题，为高校教育办学创造良好的外部环境。

（三）高校教育教学创新

高校教育教学创新与高校教育质量提高是一对永恒的话题，总体而言，我国等教育教学创新在实践活动上可谓阵容庞大、气势恢宏，但在形式和内容上出彩不多。因此，在教学制度创新方面，要继续建立和完善教学评估制度、专业认证制度、高校教育基本状态数据发布制度等；在教学活动创新方面，不仅要落实"教授、名师要上课堂"，还要努力建设高等水平教学团队。同时，应继续突出学生的主体地位，不断加大学生选课、选专业余地，通过学分制使学生学习的自主

性、自我责任心进一步增强。还应通过各级各类大规模、高强度的教学研究与教学创新立项和成果奖励，推动教学方法创新的激励机制，根本改变教学方法创新零散、自发、孤立、短效的局面。

第三节　高校教育教学方法

一、高等学校教学方法

在已有研究成果中，对于高校教育教学方法的分析和认识有本质揭示型的，也有特征或过程描述型的，对于高校教育教学方法研究的风向转向了"模式"路径。无论是本质揭示还是特征或过程描述，都存在一个致命缺陷：教师本位思想。这样，几乎所有关于高校教育教学方法的本质定义和特征归纳，都陷入以教师为主导的"二元论"泥沼，从教师角度研究教授方法，从学生角度研究学习方法。教授方法加学习方法就构成教学方法。这种逻辑思路所分析得出的结果自然离高等学校教学活动真实情景距离较远，教师的教授方法可以在没有学生参与的环境下进行，学生的学习方法更无须教师的直接参与。这两种可以游离的方法不是简单相加就可以组合成新的方法。因此，对传统的教学方法研究成果提出了批评。但批评与建构是事物发展的两个不同阶段，但在建构尚无突破、也未引起足够重视的情况下，高校教育教学方法的研究却转向了"教学模式"研究，随着教学模式研究的兴起，教学方法研究则式微。

其实，教学模式研究代替不了教学方法研究，或者仅仅是教学方法研究特殊阶段的一个尝试。很多教学模式研究成果显示，它属于教学方法研究范畴，教学模式是多种教学方法的综合。至于说教学模式是稳定的、典型的教学程式或策略或样式，这种表述也背离了高校教育教学活动的本质，与高校教育教学活动特征不相容。因为高校教育的教学活动，尤其是教学方法，不存在可以照搬、套用的"方法组合"，试图设计或概括出一种模式加以推广也不符合高校教育的教师、学生、学科专业、学校类型等差别化的实际。高校教育教学，它的本质是一种整体性的有机"活动场域"，教学方法就是维系这种活动场域的或隐性或显性的"脉络"，即在教师的教授活动领域与学生的学习活动领域的交叉重叠部分发生的信息传达、消化、反馈的思维、路径、手段以及氛围环境等。在这个交叉重叠区域之外的教授方法、学习方法或者管理方法，他们虽然对教学活动、人才培养有重要影响，但不是严格意义上的教学方法。

在高校教育教学活动场域中，关于方法问题还不只教学方法一端，还有管理与教师活动交集场域的方法问题、管理与学生活动交集的方法问题。但教师和学生活动交集又与管理活动有一小块交集，问题的核心就在于此：教学方法的掌控权限。假如教师、学生、管理者在整个教学活动中的作用是均衡的，而且教学方法的选择与使用也是深度融合的，则三者对教学方法掌控权的共同认可范围大约是各自三分之一的"他控"组合区域，各自的三分之二都是自我控制的。也就是说，在教学方法的控制问题上，管理者、教师和学生都不可用全部的筹方面意愿来衡量整体和他方的教学方法，真正可以达到三方共控的，是小于各自三分之一的共同空间。教学方法的自由是"教学自由"的实践根源。

二、高校教育教学方法的特点

认识教学方法的特点是认识高校教育教学方法的理性提升。仅从明确提出高校教育教学方法特点和分类来看，几乎都是循着"探寻模式"和"分析过程"两种思路在进行，薛天祥提出的课堂教学方法、自学与自学指导方法、现场教学方法、科研训练方法的"四分说"，陆兴提出的组织和实施学习认识活动方法、刺激和形成学习认识动机方法、效果检查和自我检查方法的"三分说"。我们通过分析大量教学成果奖获奖材料以及"教学名师"的实践经验发现，对于高校教育教学方法特点和分类的认识要首先回归教学活动本身。教学方法必须是在教学活动中充当"脉络"功能的东西，教学活动之外的、教学活动之中但不能充当活动"脉络"的，都不能归于高校教育教学方法考察范围。

在整个高校教育教学活动中，一切活动都是围绕"提高教学水平和教育质量、实现培养目标"这个中心的，而且任何活动都具有其方法、途径、手段。在专门人才培养过程中，课程是最基本的知识与能力体现单元，也是高校教育活动中学科与专业相互转化与结合的最小载体。学科是一个按照学术发展逻辑不断丰富起来的系统化的知识体系，专业是教育活动按照社会对专门人才要求所设计的一个相关学科知识体系群，开展这种学科知识体系群的知识传授和能力训练就是专业教育。可以说，专业是按照社会发展的逻辑变化的。课程是学科知识体系的分化单元，也是高校教育实施专业人才培养的最小的完整的知识与能力结构单元。高校教育的复杂性就体现在从课程这个知识逻辑体系到转化为接受教育的学生所获得知识与能力的微观过程之中，这就是教学活动。因此，研究高校教育教学方法必须把课程作为基点，超出课程范围的东西，如人才培养方案、教材建设与教学活动关联不大。确定了教学方法的基本范畴，尚需进一步对教学方法的内在特点和结构进行细化。

高校教育教学方法特点的研究近来比较沉寂。早前"二性论"（专业指向性、学术研究方法接近性），"五个培养论"（学生的自学能力培养、研究能力培养、实践能力培养、合作精神培养、创新精神培养），"七方式论"等，几乎都是对教学方法的实现功能考察得出的结论，到了"三性论"（学生主体性、探索性、学科专业性），关于高校教育教学方法特点的研究才逐步回归到高校教育教学方法本身。

　　循着这种思路，在全面考察高校教育教学方法涉及的各个方面之后，我们认为比较集中的、显然区别于其他层次教学方法或者高校教育教学活动中其他范畴的特点主要有：

　　第一是可感性。可感性与抽象性、不可感知相对。教学方法虽然具有工具性，但一味强调甚至放大它的工具性是不利于创新的，所以要把它看作是维系教学活动场域的"脉络"，尽管"脉络"不都是可见的，但必须是活灵活现的。教学活动到了面对面的"方法"程度，感性色彩非常浓厚，不仅要使参与者都能够感知"方法"的存在，而且还要富有效果。可感性是对教学方法的具体化概括，无论是语言、工具、形象、仪态甚至思路、能量等，都能够让人感触、感知、感觉得到。这就可以避免原来那种"方法是对知识进行加工并呈现出来"说法的片面性。可感性越强，可接受程度越高。

　　第二是内隐性。内隐与外显、"直白"相对，近似于含蓄。教学方法的最终目的是要教化学生，而无论从理论上分析还是从教学实践经验总结，对于不同的人，或者对同一人的不同时段和处境，教化的方法是截然不同的，这就需要教学方法具有内隐性，不全是直白的指点、训斥。同时，一切社会认知都具有内隐性，根据学习心理学的研究，学习者对于社会性信息感知的内隐性要强于对非社会性信息的感知。这好比大厦结构中的钢筋和水泥，内隐性是"钢筋"，外显性是"水泥"，它们共同构成认知建构的基本结构。高校教育教学活动，虽然是专业性教育，但更多的是社会认知性学习，因此，内隐性是教学方法的普遍特点。

　　第三是双重性。双重性就是事务的两种相对独立甚至对立的特性集于一体。很多事务具有双重性，高校教育教学活动的双重性尤为突出，在教学方法层面，教师和学生的主体双重性、教师和学生参与教学活动动机的双重性、目标的双重性、价值标准的双重性等都集中在一起，交锋交汇。具体而言，突出表现在教学内容、方式方法、手段，甚至是目标与结果等教育内部体现上。这些关系有的是从属的、有的是背离的、有的是不确定竞争性的，还有的是客观性与主观性并存。总之，忽视高校教育教学方法的双重性，教学方法就会走向死胡同。

　　第四是微观性。微观是个相对概念，社会科学中，通常把从大的、整体方面去研究和把握的科学叫作宏观科学，从小的、局部方面去研究和把握的科学叫作微观科学。在高校教育教学活动体系中，教学方法显然不属于宏观层面的概念或范畴，微观性是教学方法的实际处境，只有认识到这一点，才能准确分析教学方法的各种内在问题。任何提升或夸大教学方法层级的认识、企图都会把教学方法研究引向歧途。

　　第五是复杂性。复杂性是一门认识论、方法论科学，它是对"还原论"的批判和超越、对"整体论"的追求，或者说是既重视分析也重视综合、既关注局部也关注整体的系统科学的新发展。事物的复杂性是指在环境、条件发生变化时，不同行为模式之间的转换能力及其表现比较弱，某些新增条件似乎消解了一些元素。因此，要用非线性关系去把握局部与整体的变化。认识事物的复杂性，必须把握复杂性事物内在的非线性、不确定性、自组织性和涌现性。高等学校的教学活动，完全符合复杂科学的这些特征，因此，教学方法相应地具有复杂性特点。

第六是丰富性。感性活动的基本特点就是无限的丰富性，教学活动尤其是教学方法方式，既是有组织的合理性和合规则的建制活动，更是一种师生互动的感性活动。一名教师教授同样的课程，两次的教学感受以及教学方法可能是完全不同的，学生的学习感受也是如此。教学方法的丰富性实际就是教学方法的感性、复杂性以及双重性等特点的衍生结果。因此，期望用教学模式来"类化"教学方法的研究路径是违背教学方法规律和忽视教学方法特点的。

三、高校教育教学方法的分类

我们高校教育教学方法的基本特点，对于高校教育教学方法分类这种表征性的概括就比较容易。高校教育教学方法的分类要从"种属"和"类别"两个方面分析，即按照种和类两个维度进行分解：第一个维度是"类"的角度，可以分为①教学方法总论；②理论课程教学；③实践课程教学；④学习方法。第二个维度是具体的方式与途径，即"种"的角度，可以分为①课程教学内容与体系创新；②教学方式方法创新；③教学手段与技术创新；④教学艺术与技巧创新；⑤教学方法模式创新与综合创新；⑥教学效果与质量检验方式创新；⑦教学组织方式方法创新；⑧教学方法创新理念与策略。建立这样一个二维方法结构表，基本可以反映高校教育教学方法的全貌，高校教育教学方法的所有特性也能够在其中找到相应的载体。

高校教育教学方法研究就是要从高校教育教学活动的整体系统入手，深刻分析教学方法的特点，认识教学方法的规律，并在教学实践中有效运用教学方法。在进行高校教育教学方法研究时，有二个基本着眼点不能忽视。

课程：教学方法研究的逻辑起点。教学方法研究从何入手，不同的路径产生不同的结论，比如以教学工具为基点，就会使教学方法研究偏重于实现教学的手段；以教师主体为基点，就会使教学方法研究走向"教师中心"的单边主义。教学方法研究的适用基点可以有很多种选择。我们所理解的教学方法应该以教学内容为出发点，因为教学方法所承载的主要功能就是知识的传递、接收、转化与学生修养、思维、能力的训练。没有教学内容，教学方法就无从谈起。但是，教学内容是一个复杂的体系，大到学科专业的系统化知识体系，小到一个基本概念和定律、规律性常数等，针对不同的教学内容可能会出现不同层次的教学方法。为此，教学方法研究必须核定一个教学内容层级，"课程"是我们确立的教学内容逻辑起点。

　　课程在发展演变中，曾被赋予过多种多样的含义，富有代表性的课程定义有如下几种：学习方案，学程内容，有计划的学习经验等。一般认为，课程就是系统的教学内容，是一系列教学科目的集合。具体而言，课程包括"教学计划""教学大纲"和"教科书"所规定和表述的内容。无论课程的定义表述如何，这里作为教学方法研究逻辑起点的课程特指高校教育课程。高校教育课程不同于基础教育课程，它具有自己的基本范畴和过程性特点。基本范畴就是高校教育课程一个系统性概念，最基本的是为达到某个教育目的而组织的一个单纯性教学内容。推而广之，还有教学科目、学科。过程性特点是高校教育课程的显著标志，无论哪个层次的"课程"都是为实现一定的教育目标而组织的教学内容，而且这些教学内容必须进入教学环节，参与教学活动。尽管从哲学、心理学、社会学以及交往论等不同视角对课程的过程性认识会有不同阐述，但"知识体系""教学资源""教育目的载体""组织模式"这几个核心概念是其灵魂所在。从起源讲，课程就是"课业进程"。

　　教学方法是以某一门具体教学科目为基础的教学交往活动要素，不仅仅在孤立的一次教学组织活动或者在学科专业层面的全程教育活动中。在当前课程创新意义上，可以适当延伸到课程组群的教学活动，比如专业基础课程、专业课程或者理论性课程、实践性课程，还有从表现形态划分的显性课程、隐性课程等。因此，以课程为逻辑起点的教学方法研究，必然是丰富多彩的。

　　目标：教学方法研究的基本考量。这里的目标不全是高校教育人才培养规格目标，而是指具体课程的教学目标，但它又是整个高校教育人才培养目标的一个组成部分。这个课程教学目标既是课程体系的目标，同时又是教学活动的实现目标。按照课程论的观点，高校教育课程设计具有基础性、实践性和国际性的发展倾向，那么，具体的单门课程目标，既有与其他相关课程目标的分野又有相互的衔接，即使整体人才目标的组成部分各具自身的独特性。而要达到这个目标，则是教学环节亦即教学方法所必须回答的教学目标。一般来说，将课程的知识结构体系传达给学生不是难事，但这不一定需要教师的参与，更无须教师设计教学方法。课程目标的重要任务是以知识体系为载体，通过教学活动达到训练学生能力、提高学生认知水平，并在一定程度上转化为学生情感的效果。这不仅仅是教学活动的知识传授功能。一批高校教育教学名师对此有颇为深刻的认识。

　　因此，研究和分析高校教育教学方法，必须把实现课程以及教学目标作为考量依据，尽管课程与教学目标也是教学评价的重要依据，但如果在教学活动的方法选择上游离教学目标，那么在没有做到"教考分离"以及学生对教学评价主导地位难以落实的情况下，课程教学考核依然会在教师或管理者的单边主义主宰下进行，不能反映某门课程的目标是否实现。这也是长期以来，高校教育教学活动中教师教书本、学生学书本、考试考书本，最后学生除学了一堆知识之外，实践能力、创新思维以及情感培育等非常欠缺的后果。

教学方法为实现教学目标服务，在教学方法被"艺术化"的倾向下，尤其要防止"为艺术而艺术"的思潮蔓延，使教学方法创新走上一条"为方法而方法"道路。无论是实施教学组织、还是运用教学方法，或是评价教学方法，都应该把课程及其教学目标放在首位，根据目标实现的程度和效果以及采取某种方法开展教学的效率来考量教学方法的好坏。在各种类别和层次的教学方法中，以一门课程的教学目标实现和其相应一个教学活动单元组织开展的教学方法就是本研究的基本使用域。

第四节　高校教育教学方法创新的理论基础

一、认识论的局限与工具理性的泛滥

教育与哲学有着千丝万缕的联系，很多教育问题归根结底还是哲学问题，也只有回归到哲学层面才能发现教育问题的症结所在。我国对于高等学校教学方法的本体性与实践性的认识与研究相对不足，其中最直接的表现在于对高等学校教学方法本质的理论探究相当薄弱，以"借"为标志的研究路径直接导致了当前的境况。这些被借的教学方法理论和教学模式与高等学校教学方法有本质的区别。无论是从高等学校教学方法自身发展角度还是从深化对高等学校教学方法认识角度，建立以价值论为基础，以价值实现为核心的高等学校教学方法是推进高等学校教学方法创新的理论原点。

纵观新我国建立以来的高校教育研究与实践成果，关于高等学校教学方法的本质与内涵少有符合学理的阐释，也就是说，没有从根本上回答高等学校教学方法"是什么"或"不是什么"。但并非说我国高等学校教师以及高校教育研究者就全然没有理会这个高校教育教学活动中至关重要的概念。这就是在"借"上做功太多，一方面是在理论建树上借用普通教育学一般规律及其理论研究成果，忽略了高校教育教学活动的特殊性，另一方面在教学实践中借鉴和模仿、移植其他教学方法，忽略了教学活动中最基本的文化差异性。新我国高等学校教学方法就这样在以"借"为本质特征的"理论——实践——理论——实践"循环中前进着，结果必然是"教学方法落后"的局面，其根源不在于教学方法改革实践，而在于高等学校教学方法理论落后。

（一）工具论教学方法的畅行

毫无疑问，教学方法就是用来实施教学的工具。这种通俗的认识在一般教育学和教学论文献中非常普遍，且影响深远。从最早学习借鉴苏联《教育学》"教学方法是教师和学生为完成教养任务而进行理论和实践认识活动的途径。""教学方法是指教师的工作方式和由教师领导学生的工作方式,

借助于这些工作方式,可以使学生掌握知识、技能和技巧,可以形成他们的共产主义世界观和发展他们的认识能力。""教师和学生在教学过程中解决教养、教育和发展任务而展开有秩序的、相互联系的活动的办法,就称为教学方法。"西方学者对教学方法的界定纷纷出现,其中也免不了工具主义的认识。比如,"教学方法是教师为达到教学目的而组织和使用教学技术、教材、教具和教学辅助材料以促成学生按照要求进行学习的方法。""教学方法是指大多数教师能够充分加以运用并适合于多学科反复使用的教学步骤或程序。""教学方法就是教师发出和学生接受学习刺激的程序。""教学方法是促进学生的学习,教师组织班级,向学生提出意见及使用其教学手段的各种方法。"等等。这些认识无论被引入我国时间的先后,都属于工具论的观点范畴。

这种观点对我国教学方法理论与实践的影响非常强烈,王伟廉说是"一锤子定了音的"影响。以至于国内学者的很多理论研究也难脱其窠臼,王策三说"教学方法是指为达到教学目的,实现教学内容,运用教学手段而进行的,由教学原则指导的一整套方式组成的、师生相互作用的活动。"王道俊、王汉澜认为"教学方法是为完成教学任务而采用的办法,它包括教师教的方法和学生学的方法,是教师引导学生掌握知识技能、获得身心发展而共同活动的方法。"等等。这些在一般教育学、教学论中关于教学方法的观点在高校教育的延伸研究比较多,其中最直接的后果就是高等学校教学方法就是教学活动中教师所采用的工具。工具的属性没有好坏之分,只有先进与落后之别,所以,谈教学方法改革创新就是追求工具的先进性,在教学活动中大量推行现代信息技术与手段成为时尚。其结果只能是器物层面的游戏,不可能在本质上给予改观。有时操之过急、用之过度还起反作用,不仅教学效果达不到期望值,还经常让教师沦为技术的奴隶。

(二)认识论教学方法的出现

作为现代哲学三大主干学科之一,以从根本上揭示人生、社会、世界、宇宙及其相互关系"可能面目"为旨归,构建相关认识论原则的认识论对教育,尤其是高校教育影响由来已久,但对教育教学活动中的影响是相对迟缓的。长期以来,人们对教育活动的认识就是传授知识,而缺乏对教育活动本身具有认识社会和世界、探究社会和自然规律的认识和理解,所以在教学方法问题上,就是"传授",要传授就要使用"工具",使用工具的主体就是教师。随着后现代主义、建构主义对传统教学观的发难,对本质主义教学方法定义方式的批评,引起了用描述特征的办法展示教学方法以及活动的无限复杂性的畅行。因为教育是复杂的社会实践活动,社会发展要求对教学方法本质和规律的认识也必须是一个不断深化、发展

的过程。教学方法概念的表述应该反映教学目的、教学内容的内本质联系，以及师生双方相互联系和相互作用的关系。在一般教育学及教学论领域，理论认识视野更加开阔，比如李秉德说"教学方法，是在教学过程中，教师和学生为实现教学目的，完成教学任务而采取的教与学相互作用的活动方式的总称。"吴文侃说"教学方法是教师和学生在教学过程中，为达到一定的教学目的，根据特定的教学内容，共同进行的一系列活动的方法、方式、步骤、手段和技术的总和。"

这种基于教学活动复杂性和教学对象层次性的理论倡导开启了高等学校教学方法研究的新境界。首先是正视高等学校教学活动与基础教育教学活动存在明显差别，然后是按照建构主义所极力主张适应和体现高等学校教学活动特点，用描述特征的方法来揭示教学方法的内涵。于是，徐辉教授等提出高等学校教学方法五个特点，薛天祥教授认为高等学校教学方法的特殊性主要有三个表现，潘懋元教授则言简意赅将高等学校教学方法的特殊性概括为，明确的专业指向性及科学文化发展过程和研究方法的接近性。别敦荣、王根顺教授则概括了高等学校教学方法更多地体现了学生的主体性、探索性更强、具有鲜明的学科专业特色。这些关于高等学校教学方法的比较分析和内在刻画，尽管没有直接回答高等学校教学方法是什么，但已经提示了高等学校教学方法的适用主体、基本特点、目标指向等，有利于我们进一步对高等学校教学方法本质的把握。

二、价值论视角的高校教育教学方法

价值是一个具有普遍意义的概念，使用范围极其广泛，马克思在政治经济学领域讲的价值是指凝结在商品中能够满足人们需要的无差别的人类劳动或抽象的人类劳动成果，因此，哲学上讲的价值往往与人的需要联系在一起，价值首先体现外界事物与人们主观需要之间的关系。价值论就是关于人类生活中各种价值现象以及性质、构成、标准以及评价的哲学分支。它看似抽象，高深莫测，这主要在于100多年前的奠基者们把它描述为寻找普遍存在于伦理学、美学、法学、经济学等学科领域的"某种共同的东西"，因而使其显得玄乎。实际上，价值论相对于本体论、认识论，有非常明确的人本指向，就是从客体满足主体的需要、如何满足主体的需要出发，建立一套设计、考察、评价客体是否满足主体需要的价值原则和基本行为准则等一般价值体系，并且延伸或应用于个人和社会生活的各个领域，形成适应不同领域的具体价值体系，同时以实践的方式用这种价值体系去评判、考量和重构人类生活现实，具有强烈的社会规范和导向作用。

（一）主体需要与客体能够满足主体需要的价值实现

价值论关于主体与客体关系的规定性超越了认识论的规定范畴，把人的幸福问题作为轴心，并派生出相关的个人与他人、个人与社会、社会之间、人类与自然之间关系等问题。所以，价值论的主体、客体是动态变化的、多元结构的。就主体和客体的基本特征来讲，无论其构成是人——人结构、人——事结构、人——物结构，都是围绕需要与满足展开的活动。作为客体，某事物对人或特定某人有用，能满足其某种需要，则这种事物相对人或特定某人就是有价值的。这里的人或特定某人就是主体。所谓价值，就是客体对主体需要的满足性。同时，主体必须需要并实际享受了客体所具备的效用才能使客体的有用性得以显示，得以发挥，得以实现。主体不需要或暂时不享受这种需要时，价值主体与价值客体没有发生实际关联，客体的价值只是潜在或可能的，没有得到实现。因此，从主体方面来看，价值是主体对客体的需要性。总之，价值反映的是事物的客观有用性与人的主观需要性之间特定的关系，它既与客体的有用性相关，又与主体的需要性相关。客体的有用性与主体的需要性的辩证统一，以及价值的个体性与社会性的统一、理想性与现实性的统一、手段性与目的性的统一就构成了价值实现。价值论的全部意义就在于价值实现，价值实现的核心内容是人的价值实现。

人是具有先天道德本性的，是有追求法则秩序及美好品德的本质和内在规定性的。人只有创造了文化，创造了文化世界，才能真正进行价值实现。文化创造作为价值思维肯定形式，既是人的价值实现，又是人的本质实现，它既创造了一个客观的有价值、有意义的文化世界，又创造了人，实现了人的本质。人的整个文化创造、实践、感受、认识活动都是积极主动的价值思维、判断与选择，表现为人的主体性的价值实现。因此，人的职业、地位不同，价值需要不同，其价值实现的内容、方式也各不相同的。同时，作为价值提供方的人，必须能够"意识到"自我及外部世界的价值存在和意义，否则就谈不上人的价值实现。而这种"意识到"以及努力达到的程度也与自我个体或群体的知识水准、理解和领悟能力、经历情境乃至精神意志密切相关。

（二）价值论的高校教育学意蕴

价值论是探寻人类生活理想目标的哲学分支，作为人类社会生存与发展重要组成内容的教育活动自然也在价值理论的视野之内。无论是对个体的人还是对群体的人，"以人为本"的发展理念说到底就是"以人的价值实现为本"。价值论关于人的价值实现的一系列观点和价值体系正不断校正着传统教育学的一些悖谬，更对化解高校教育、高校教育学一些难以解释的问题和现象提供了理论帮助。

高校教育教学活动中的主体与客体。我们现在的高校教育教学基本理论是认识论基础上的一般教育学。也就是说，认识论所刻意解析的主体与客体关系范式被一般教育学所接受，形成了教学活动中的主客体二分局面。因此，出现了教师主体、学生客体或者说教育者、被教育者等一系列的概念或范畴。其实，关于"教育"这种古老人类活动的本质界定始终打着本体论的烙印。认识论关于主体性有更精辟的阐释，但在人与人的关系问题上仍未完全脱离本体论。所以，一般教育学和教学论理论仍然沿袭这种哲学观点，非要分出教学活动中的主体与客体、非要使"教育"这个动词具有及物性不可。所以，一般教育学和教学论中的一个重大谬误就是建立了教育活动参与者的主格与宾格。这些"理论建树"又被简单移植到高校教育学或尚等教育教学论之中。

现在的高校教育教学活动依然存在何为"中心"的问题，这种争论都没有脱离"中心主义"的框架，无论是"以教师为中心"，还是"以学生为中心"，抑或"以知识为中心"，都没有揭示高校教育教学活动的本质，其理由有二：一是这些理论基础源于一般教育学和教学论，这些以基础教育为主要研究对象的理论成果只能是"一般"，不能完全适用于高校教育这种"特殊"；二是高校教育教学活动中的人的地位无论是从瞬时性还是从长远性来看，是相互变化的，明确谁为中心毫无意义，其显著特征就是活动的主体间性。

从价值论观点来看.高校教育的教学活动客体就是教学活动本身。教学活动作为一种综合性社会事务，它具有丰富的有用性，能够满足主体的各自需要。而且，该活动的领导者是制定教育目标和举办学校的人或组织，他们要实现目标和价值，就必须以教学活动这种方式来体现：活动的下位主宰就是无限的物化条件，比如人类的知识、教学设施、教学组织与管理者等，他们的价值都需要在这种活动中实现交换。

高校教育教学活动是一种主体间性活动。以往对于高校教育教学活动的认识是一种"捷径式"观念。在精英化时代，这种观念无论正确、错误与否都无关宏旨。特别是我国现代高校教育一直在"超精英化"状况下发展，一方面是这种理论适用人群非常之小，即使按照理论设计错误运行了都不会有什么大的社会影响，另一方面是在实际教学活动中，一些不"照章出牌"的教学活动参与者即使取得了理想的成效，影响面依然小。总之，高校教育精英化时代的教学活动参与者只是社会的"小众"，其活动有无规定章法或是否按既有理论运行都无关紧要。因此，那些被嫁接到高校教育领域来的理论、观点、模式都当不得真，更不应被奉为"经典'。真正的高等学校教学活动理论建树必须立足高校教育本身，并在科学的哲学理论指导之下进行。特别是进入高校教育大众化之后，我国的这种理论供求已经出现严重的危机。在价值论的主体间性观点下，高校教育这种人类非常普遍的教学活动存在实际就是一种主体间性存在，活动中的各个主体是一种交互关系。在这个主体间性活动之中，有这样几个显著的表征。

第一，主体的多重复杂性。高校教育教学活动的参与者非常之多，按照人的文化价值实现理论，凡是"意识到"的相关需求者都可以认为是教学活动的参与者，而不仅仅是教师和学生。教育目标的设计者，学校的举办者、教学管理者、学生背后的家长以及将来的雇主、教师背后的家人以及教师和学生两大利益相关者群体都是高校教育教学活动的主体成分。虽然教学活动从表面看是教师和学生，这是静止的观点，从主体间性分析，高校教育教学活动所有价值期盼都应该得到实现，这是价值的目标规定性。当然，这些主体可以分层分级，教师和学生是第一阶梯、教育目标设计者和学生家长是第二阶梯，教学管理者和教师、学生的利益相关者群体是第三阶梯。这种分层分级也只是相对的，在高校教育大众化、普及化情况下，教师和学生这种"一线主体"也不一定有自己真实的需求或满足需求愿望与能力，这种情况另当别论。这些复杂主体的共同点都是理性行为者，他们的合理诉求都应该得到尊重。所以，活动中的主体角色转换、个体差异都应该得到包容。

第二，价值及价值关联的客观存在性。高校教育复杂的主体关系以及主客体关系决定了教学活动的无限丰富性。但是，我们并不能为这种丰富性所困扰所迷惑，甚至束手无策。这一切的主体以及作为非主体的物化成分，在这个活动中都具有价值，都具有价值表达功能。这就是高校教育教学活动所必须显现的特殊过程，基础教育可能不一样，可能作为主体的学生根本就没有那个求知需要，因为他们还是非理性的人。但高校教育完全不同，学生无论如何是具有求知、成才欲望和需求的，这时他是主体，谁来满足这种需要。教师也可以具备条件、书本也可以具备条件、网络也可以具备条件、学长与同学也可以基本具备条件，还有广阔的社会生活实践也可以。这说明，高校教育的价值关联不仅是客观存在的，而且也是无限丰富的，满足活动主体需要的供给者不是唯一，当然一也可以多重。

第三，活动结果的临界性。所谓活动结果就是价值实现的目的。基础教育阶段的教学活动结果是知晓人类的既往文明，为未来探究、利用社会与自然规律做准备。这种教育是退缩于社会生活的高效率教育。随着社会的发展进步，这种以"知晓"与"准备"为目的的阶段越来越长。但高校教育作为人类教育活动的最后阶段，前面的"知晓"目的已经退居其次，主要就是面向社会、自然实际，开始尝试认识和探究、利用人类社会、自然世界规律。这种活动一要有分工性，二要开展直接的尝试活动。这种教育与社会生活之间的临界性是解释现行高校教育中"知识中心""教室中心"等弊端的有力理论武器。正因为是临界性，教学活动中的很多面向对象的认识问题就没有统一标准，尚在探索之中，所以要有探究性教学、研究性学习、讨论式教学等。一切以"标准答案"为教学效果检验依据的做法则大相异趣。

第五节　高校教育教学方法创新的原则

建构高校教育教学方法创新理论是为了推进高校教育教学方法创新实践。高校教育教学方法创新的原则是以基本创新理论为前提，按照激化矛盾冲突、假设科学有效和追求教学效率最大化的基本规律，指导和规训创新实践的准则。以适切性为特征的创新原则和以有效性为特征的创新目标是不断发展变化着的，不是一种判断教学方法的价值标准，它们在不同教学情境下有不同的遵循要求，绝不可一概而论，否则就会抹杀高校教育教学方法的复杂性和丰富性。

一、科学性原则

高校教育教学方法创新无论在方法论层面还是在具体的教学艺术与技巧层面进行，首先必须是科学合理的而不是随心所欲的，是科学性与艺术性的统一。同时，创新活动还必须同时符合相应学科规训和教育学科规律的基本要求，违背任意一方面的基本规定要求，方法创新就是为创新而创新的形式主义，不仅不能达到理想效果，还会诋毁教学方法创新的本来面貌，为了做到教学方法创新符合科学性原则，在创新活动实施之前，就应当对创新活动的实施以及结果有个基本评估，使其尽可能合理一些，操作更便捷一些。

二、相对性原则

创新本来就是相对于原有状态而言的，任何创新都不可能达到绝对的最优、最佳、最美、最先进的程度。教学方法创新的相对性，一方面是针对人类既往所使用的一切教学方法而言，都是总结和继承传统教学方法合理成分而开展的相对完美的创新，没有过去就不可能有教学方法的创新，无论从具体形式还是从组合方式，以及所产生的后果，只要取得了相比以前更好的效果，就是成功的创新实践。特别重要的一点，就是真正的教学方法创新必须是能够推广的，而不是"独门绝技"。以前的很多教学方法创新，虽然在个别或局部产生了比较理想的成绩，但是推广价值不大，影响面小。这是我们开展教学方法创新所必须坚持的一项基本原则。否则，一切创新都会成为过眼烟云，不会给高校教育教学留下有价值的经验和财富。

三、适切性原则

教学方法创新的基本要求是符合教学需要，创新是实实在在的实践活动，不能有理想主义的侥幸心理。教学方法创新设想一定要适合教学内容、教学对象、教学目标以及教学时代与环境的需要，方法是服务于内容、服务于主体、服务于目标、服务于环境条件的，不同方法适应不同内容、主体、目标、环境。因为高等学校的基本教学要素几乎时刻在变化，这要求教学方法创新活动也必须每时每刻、无处不在。即使是同一个教学内容、相同的教学目标和同一个教学时空，学生的情况也各不相同，可以尽最大努力实施多样化教学方法或教学进度。

四、开放性原则

高校教育教学方法创新需要有一个开放的环境和宽容的氛围方能顺利进行，现有的各种管理、评价、考核制度不是鼓励教学方法创新，实际上是限制甚至是扼杀了教学方法创新。就教学方法创新的内在需要而言，一要有开放的视野，不要仅在教育学的圈子里也不要仅在已有高校教育学圈子里打转，创新就是突破和超越，站在井底就超越不了井口的视野，因此鼓励多学科、多领域、多国度的学习借鉴，当然这种学习借鉴必须是认真消化了的、切合高校教育教学基本要素需要的。二是在教学管理上对待教学方法创新也必须是开放的，不要把课堂规定得太死，课堂就是教师和学生的课堂，要提倡把课堂还给教师和学生。三是在教学方法创新结果以及评价方面也必须持开放态度，既然是创新，就要允许有多样化结果，甚至容忍失败，不能用传统的结果观念和标准考量创新的教学实践活动。同时，在评价某位老师的某门课程的创新价值问题上，也应该科学的看待评价主体的认识能力及其当下的感受，有时当下的感受可能是不真实的，需要时候很长一段时间加以内化、比较以后才能做出客观地评价，所以不应一味垃求课后即时评价。对教师来说，所谓的教学风格主要也是运用教学方法的相对固有模式，这种模式不在于让每一次教学活动都感受深切，一定有所变化，有所改进，风格是在一届又一届的学生事后评价中产生的。

五、公利性原则

公利即公共利益，它与私有利益相抗衡。在人类社会发展中，对负面的"私利"的研究和剖析较多，而对普通的"公利"熟视无睹。公与私是一种系统联结概念，并非对立。公的根本价值在于为私服务，在于为私与私之间的利益分配提供公平保障。公是一个相对概念，从小处说是"私之外"，从大处说有国家民族之"公"、有人类社会之"公"。利就是具有某种可用性的价值体，分自然存在物之利和人为事物或事务之利两种。高校教育教学方法属于人为的无形有用价值，无论是使用还是创新都是属于公利范畴，按照"强互惠"理论就是一种典型的公利行为，比如人类教育的产生、义务教育的规定性、高校教育大众化进程等都是宏观的公利性。教师在教学活动中的教学方法创新，必须是公利性的。

作为一个具体个人的教师，公必然源于私。但是，一定要注意处理"公心"与"公利"的关联。尽管出于"公心"但要明确利为谁谋。不是当下的自己和学生，教学方法的评价也不是当下评价的。私心谋私利，公心不一定都是谋"公利"，为了眼前的"公"谋利，是一种有回报的弱互惠交换行为，算不上公利性。也不是常见的平均主义式的公平利益，而是适宜于每个学生发展的内在的公平之利。

第四章　高校教育教学管理功能

第一节　教学计划管理

教学计划，即专业培养计划，是人才培养目标、基本规格以及培养过程和方式的总体设计和实施蓝图。它决定着学校教育、教学内容的方向和总的结构，是学校实现教育目的和任务的有力保证，是组织教学过程、安排教学任务、确定教学编制的基本依据，也是学校保证教学质量的最基本的教学文件。教学计划管理是教学管理的核心和主体，主要包括教学计划的制定或修订，教学计划的实施组织和检查监督这两部分。

第一部分：教学计划的制定

在现代教育理论中，"教学计划"与广义的"课程"这一概念比较接近》其定义为"课程是指学校按照一定的教育目的所建构的各学科和各种教育、教学活动的系统"、"是按照规定期限学习的学业的进程"。用工程的话说，"课程就是教育目标指向一系列学习机会的作业计划。"在这个概念中包含几个基本要素：课程是有目的的，不是自然发生的；它是一个有组织的体系，而不是杂乱无章的；它既包括学科体系，也包括其他有目的的教育教学活动体系。当代高校教育是一个多样化的体系，具体到课程体系的构建，会由于所处社会、环境条件不同，教育思想的不同而产生各式各样的课程系统，尽管其千差万别，但其编排、制定与实施，却都遵循一定的规则和程序，需要把思想上观念上的东西加以具体化，经过若干过程和步骤，最终形成所期望的课程结构。这一过程或步骤就是"课程论"中的用语"课程编制"，而课程规划或教学计划设计是课程编制的核心工作。课程编制在教学计划管理中是属于高一层次、富于理论性的，需要有理性思维和创造性才能做好的重要工作，而这一点恰是以往人们往往重视程度不够的问题。

一、教学计划的总体设计

制（修）订教学计划必须符合在校期间人才培养和成长的客观规律，也就是说要遵循这些规律或法则来制（修）订教学计划。而这些法则或原则的提出，需要有深厚的教育理论基础研究，特别是借鉴先进的研究成果才能提出的。制定教学计划的基本原则主要有：德智体等方面全面发展的原则，理论和实际相结合的原则，注重知识、能力、素质协调发展和共同提高的原则，遵循教育规律的原则，因材施教的原则，整体优化的原则。

修订教学计划需要两种模式的结合。

1.经验演进模式

这种模式通常是在继承或借鉴经长期实践、符合教育规律的经验的基础上，在不改变原有教学计划基本框架的前提下，作出若干改进，或加以补充，或作适当调整的做法。

2.科学设计模式

这种模式通常是在有强烈改革背景和环境条件下，对课程结构进行重新设计，属于打破旧范型，建立新范型的工作。其哲学指导思想是强调埋性思维。

两种模式各有优缺点，在实践中常常是相互渗透和相互补充的，因此在课程编制中应明确相互结合这一点。

通常来讲，修订教学计划大体包含四个组成部分或四个阶段：

第一，确立培养目标和表述目标。

第二，选择和组织课程内容，并形成课程结构体系。

第三，实施教学计划，即把编制好的教学计划做实验性质的实践，把人们头脑中的教学思想观念及其物化形式——教学计划加以落实。

第四，对教学计划进行评价。其主旨是通过实施检验课程目标是否达到。

随着社会与科技的进步，培养目标的变化，上述四个阶段的内涵不断得到调整、发展和完善；在循环往复过程中，四个阶段工作又相互渗透，每个阶段在实践中都可以作为起点或突破口。

二、培养目标的确定

高校教育培养目标是高校教育目的在不同专门化领域和不同层次高校教育的具体化。而高等学校的专业培养目标又可以逐级分解成更低层次的目标，因而实质是一个"目标体系"。各专业的教学计划、课程体系，都是以专业培养目标为基础来制定的，因而定位专业培养目标是制定教学计划的前提条件。而确定专业培养目标必须在一定教育思想和基本理论指导下，依次把握好以下基本问题：

第一，明确制定者。培养目标及教学计划制定是组织行为，应由学校及系（院）组织有学术造诣和经验的专家，组成教学计划修订工作小组，在实施调查研究基础上修订，并在反复、广泛征求意见的基础上形成，最终由学校（院）教学工作委员会审定。一些院校采取的由教研室"承包"的简单法是不可取的。

第二，科学确定培养目标。确立专业培养目标，必须遵循国家教育方针，依据国家教育部颁布的各层次、科类培养目标，同时要面向21世纪，适合我国国情并结合学校实际，体现对学生德智体等方面基本素质的全面要求，体现不同层次、不同学校的特色。

第三，要制定出内容具体、表述规范的培养目标。专业培养目标包含三个方面的具体内容：

1.培养方向

通常指通过课程和教学，该专业培养人才所瞄准的未来职业门类。如工程师、教师、医生、农艺师、律师、研究人员、文艺工作者等。

2.使用规格

指同门类专业中不同人才在未来使用上的规格差异。如工科门类专业可分为工程技术人才、技术科学人才、管理工程人才三种使用规格；而有些专业又分为理论型和应用型两类使用规格。

3.规范和要求

即对同一培养方向、同一使用规格人才在德、智、体诸方面的具体要求。它是培养目标中最核心和最本质的东西。

专业培养目标只是对该专业所培养的人才的一个原则的描述，只能给教学计划或课程体系的编制指定一个大致的方向。因此，要使专业培养目标真正成为修订教学计划课程体系，以至每门课程内容选择和组织的直接依据和参照，就还必须把专业培养目标进一步具体化，所以在表述培养目标基本要求时应注意表述清楚四个要素：

（1）对象

即阐明该目标所服务的对象。如"本专业所有学生都要……入学前未参加过实际工作的学生要……"等。

（2）行为

特指学生要达成的能力种类或要做出的活动性质，如"掌握……"、"能使用……"、"具备……能力"等。

（3）内容

即上述行为所针对的对象。如"较强的自学能力、创新能力、适应能力"、"一门外国语"等。

（4）程度

必要时把学习的时限和要达到的掌握水平同时表述出来。

专业培养目标的研究确定，反映了学校功能、学科、层次、水平的定位。它既能反映出学校对国家教育方针、高校教育目标的理解和创造性贯彻，又能反映出自己的办学特色和育人水平，因此应予十分关注，在教学计划管理中，首先抓好这件工作。

三、制定教学计划的基本原则

教学计划的修订要遵循教育教学的基本规律，坚持知识、能力、素质协调发展和综合提高的原则，使学生在德、智、体等方面得到更好的全面发展。要处理好思想与业务、理论与实际、学习与健康等方面的关系，要培养学生既有良好的思想道德素质、强烈的民族自豪感和社会责任感，又有为社会主义现代化建设服务的基本本领，还有健全的心理和健康的体魄。要强调加强学生的全面素质培养，在重视知识传授的基础上，大力加强学生获取知识、提出问题、分析问题和解决问题能力的培养。要强调拓宽基础教学的内涵，改变本科教育内容偏窄、偏专的倾向，加强包括自然科学和人文社会科学在内的基础知识、基本理论、基本技能的教学及基本素质的培养，采取多种形式加强大学生文化素质教育，使学生通过学习能够构建起可适应终身教育及社会发展变化需要的知识、能力结构和基本素质。

教学计划的修订要充分体现整体优化的原则，科学地处理好各教学环节之间的关系。制定整体优化的本科专业教学计划，首先要处理好专科、本科和研究生教育之间的关系，进一步明确本科教育的培养目标以及各层次间知识的衔接。其次，要整合课程设置，根据培养目标构建融会贯通、紧密配合、有机联系的课程体系。要改变课程内容陈旧、分割过细和简单拼凑的状况，避免脱节和不必要的重复。要防止"因人设课"和"因无人而不设课"的情况出现。对于同类专业间的共同基础课程，要加强内容和体系上的统筹和协调。第三，要处理好理论教学与实践教学的关系，要加强理论联系实际，明确实践教学目标，加强教学、科研和社会实践的有机结合，丰富实践教学内容、方式和途径。第四，要处理好课内教学与课外指导的关系，通过优化课程结构、改进教学方法、引进现代化教学手段等途径，减少课内学时，加强课外指导，为学生的自主学习和独立思考留出足够的时间和空间，使课内与课外、校内与校外的教育活动形成有机整体。

教育部日前出台《关于加强教育行政执法工作的意见》（以下简称《意见》），明确各地教育行政部门要加快建立健全权责清晰、权威高效的教育管理体制和政府统筹、部门合作、上下联动的执法工作机制，实现以法治思维和法治方法抓教育治理，推进教育治理体系和治理能力现代化。

《意见》对明确执法范畴、压实执法责任、健全执法机构、提升队伍素质、完善执法机制提出明确要求。《意见》提出，2020年底前，要制定、公示执法事项清单，建立动态调整机制。市、县级教育行政部门要设立或者确定专门机构，集中行使执法职权，或者依法委托具有管理公共事务职能的组织承担执法职能。落实执法人员持证上岗和资格管理制度，推动有行政编制人员和具有执法权的事业单位工作人员参加执法资格考试。积极推进教育领域综合执法，结合教育特点和地方实际，探索将部分涉及面广、影响面大的执法事项纳入地方政府综合执法范畴，落实乡镇、街道责任，建立网格化监管体制。

《意见》明确，下移执法重心，加强执法协同，创新执法方式，严格执法程序，理顺各级教育行政部门执法权限，市、县教育行政执法力量实现区域内执法全覆盖，探索直辖市、设区的市与市辖区整合执法力量，建立健全教育行政执法与教育督导的协同机制，加快实施教育系统"双随机一公开"检查制度，探索建立由教育行政部门统筹对学校和其他教育机构实施行政检查的制度，健全教育违法行为投诉、举报制度，做到有诉必复、有案必查。

《意见》强调，要落实教育行政执法信息公示制度、教育行政执法全过程记录制度、重大教育行政执法决定法制审核制度"三项制度"，推动省级信息共享试点，加快建立统一的教育行政执法信息库，利用政务平台，逐步做到教育执法信息全国互联共享。《意见》还对加强组织领导、强化条件保障、加强执法监督、完善执法依据、推进考核评价等提出明确要求。

教学计划的修订要坚持统一性与多样性相结合的原则，努力在保证人才培养基本质量的同时，办出特色、办出水平。教学计划的统一性体现在国家对本科人才培养目标的要求上，反映国家对本科人才培养质量的基本要求；多样性体现在各高等学校制定的专业培养目标和人才培养模式上，反映各学校的办学特色。为了适应社会的多样化人才需求，各高等学校要"解放思想，实事求是"，深入地研究所办专业在21世纪国民经济建设和社会发展中的地位和作用，根据各专业的生源质量、师资水平、办学历史与条件、所在地区的社会经济发展水平与远景规划以及毕业生的服务面向等实际情况，科学地确定各专业的培养目标，努力将各自的办学优势和特色反映在教学计划之中，改变教学计划"千校一面"的状况。要采取扩大选修课种类与数量、适度放开专业及专业方向选择权等措施，改变学生知识、能力结构"千人一面"的状况，把因材施教落到实处。要积极为学生提供跨学科选修、主辅修、双学位、课外学术活动等多种教育形式和机会，为学生发现、发展各自的志趣、潜力和特长创造条件，并促使其达到个性发展与社会责任的高度统一。要增加和改进培养学生创新思维和创新能力的教学环节，并融于教学的全过程之中。

根据这个指导性原则，学校在组织制（修）订教学计划时，必须有一个可供系（院）组织实施这项工作的依据，送就是"学校修订教学计划的原则规定"，由教务处提出，经主管校长批准作为学校正式文件。

四、课程教学内容的选择与组织

遵照上述原则，根据目标的层级性，课程及内容的选择也可分两个主要层次：第一个层次是整个专业课程结构的研究构建，即各课程的选择（围绕主干学科，设置课群及主要课程）；第二个层次是每门课程中的内容的选择。这两个层次之间至关重要的联结纽带是课程结构（体系）的总体功能及其整体优化，这就要了解、掌握和符合课程内容体系趋势和必然要求。

第二部分：教学计划的实施与检查监督

教学计划是一个科学的、完整的科学内容及课程体系，那么执行并实施 学计划也应是科学、有效、一丝不苟的。既要鼓励任何一级教学管理者和教师根据教学计划反映出的科学思想去创造性地执行与实施，又要谨防和克服各种随意性，这样才能达到教学计划的科学设想和目标。因此，教学计划执行与实施过程管理的根本任务是调动教、学、管的积极主动性，保证教学稳定、有序、高质量地进行。教学计划的执行与实施组织，主要抓好四个环节：

一、编制学年或学期教学执行计划

编制教学执行计划的做法各校有所不同，有的学校按学年编制一个"课程计划"，再按学期编制一个运行计划（表）。编制"课程计划"的好处在于提前做好课程开课的各项准备工作，如教材编写（需要抓紧进度）；实验项目准备与新项目的研究开发与制作、试作、调度等准备；课程设计选题和实习场所的准备；教师教案编写、案例调研编写准备，青年教师实践锻炼安排及培养等，在编制教学进程计划中，必须以经学校批准执行的教学计划为依据，安排各门课程和主要教学环节的教学任务，要抓住几个关键性工作：

要校（院）系协同，安排优秀教师上教学第一线，担当主讲教师，特别是基础课主讲教师。

要为有各种特殊情况但又合理要求的教师或实验室，创造性地提供或安排较为理想的教学时间和空间。编制者为此需做大量耐心细致的调查。

制定编制进程计划的程序表，明确规定编制者的任务、讨论制度、审批制度及时间要求。

二、编制单项教学组织计划

这里所说的单项教学组织计划是指教师和有关职能部门制定或编制的某一个

单项的教学活动的组织计划，如课程教学日历、实践教学安排计划等。单项教学组织计划编制应当强调具有组织行为的一面，也就是说委托教师起草、编制，但应经过教研室（课程组）集体讨论形成，并经领导审定，因此也需要有相应的制度规定。

三、教学计划的调整

审定后的教学计划及学年、学期进程计划以学校文件形式下发，其所列各门课程、环节的名称、学时、开课学期、考核方式、开课单位和任课教师等均不得随意改动，执行过程中需要调整的，应严格按照审批程序执行，同时应有相应的文档管理办法。在执行过程中需对教学计划做较大调整的专业，要对该专业的教学计划进行修订，提交经修订的专业教学计划和论证报告。有个别课程需做调整的，需要提交调整该门课程的论证报告。经审核并已经排定的学期教学执行计划，不能再做调整，

四、教学计划执行情况的检查

学校应加强对各系院执行教学计划的情况进行监督检查，每学期的期中教学检查工作都可将检查教学计划的执行情况作为重点检查内容。检查应针对不同层面、不同阶段的计划实施情况实行不同方式的检查，一般以自查为基础。检查应有分析总结和恰当的反馈办法。检查制度是稳定教学运行、监督计划实施、探索教学经验和改革方略、进行教学质量监控、最终提高教学质量的有力保证。检查可以纳入全商质量管理或质量监控系统工作之中统一规划进行。

总之，教学计划管理是一项体现学术管理与行政管理相结合特征的重要教学管理工作。它决不能简单视为纯事务性、例行公事性的工作。它有很强的科学性、实践性，因而需要以现代教育思想、教育观念及其相应理论作指导，特别需要哲学高度的理性思维和创造性；需要有长时间的、大量的比较教育研究和资料、经验积累作基础；当然也需要有一支教育思想水平和现代化教育教学管理水平比较高的教学管理队伍，尤其重要的是要以为教师服务的理念去组织教师队伍完成编制、执行与实践教学计划，这样才能搞好教学计划管理。

第二节　教学运行管理

在教学管理中，教学运行管理是按教学计划实施对教学活动的最核心、最重要的管理，它包括以教师为主导、以学生为主体、师生相互配合的教学过程的组织管理和以校、系（院）教学管理部门为主体进行的教学行政管理。其基本点是全校协同，上下协调，严格执行教学规范和各项制度，保持教学工作稳定运行，

保证教学质量。

第一部分：教学运行管理的重要性

　　管理本身是一门科学。一个单位，一个部门的工作效益的高低，除了受其种种硬件条件限制外，管理水平也是一个重要的因素。对于保障和提高教学质量来说，搞好教学运行管理是十分必要的。教学运行主要是围绕教学计划的实施所进行的教学过程及相关辅助工作的组织管理，它是动态的管理。

　　在教学过程的组织管理中，当然包括教与学两个方面，需要双方的努力与配合g从矛盾论的角度看，教师居于矛盾的主要方面，起着主导的作用；但从另一个角度来看，学生占学校人员的绝大多数，教学的目的毕竟是向他们传授正确的思想和科学的知识，将他们培养成合格的人才，在某种意义上说，教师的教学活动也是为学生服务的，因此学校的教学活动必须以学生为主体。以教师为主导，学生为主体，搞好教学活动，这个指导思想必须明确，教学运行工作才能搞好。

　　教学运行管理的总原则是"全校协同，上下协调，严格执行教学规范和各项制度，保持教学工作稳定运行，保证教学质量。""全校协同，上下协调"的前提当然是全校各部门（不仅仅是教务部门、学生工作部门，也包括党团组织部门、后勤保障部门以及其他诸多部门），上下各级（校级、院级、系或部级、教研室或教学组织等）机构应达成"教学工作是学校经常性的中心工作"的共识，如何进行"协同"、"协调"，都应从有利于提高教学质量的基点出发。在各个教学行政管理部门的相互协调中，教务部门应起主要作用，教务处的工作人员应自觉地担负起这个责任来。

　　一个学校的教学规范和规章制度就是为保证教学稳定运行的行为准则和协同、协调的准则。因此，是否严格执行教学规范和各项制度，体现着这个学校是否从严治校的校风、学风，关系到能否保持教学工作的稳定运行，关系到教学质量的高低。

　　教学运行有其自身的规律，概括来说就是"一个计划、一个大纲（教学大纲）、三个环节（课堂教学、实践教学、科学研究训练）、五个管理（日常教学管理、学籍管理、教师工作管理、教学资源管理、教学档案管理）"。

第二部分：教学大纲

　　教学大纲是关于某一门课程教学目标与教学内　（包括实践性教学环节）的基本要求。它是任课教师实施教学的依据，也是检查评估其教学是否达到基本要求的依据。有了教学大纲就可以避免可能出现的教师讲课的随意性，对保证教学质量有着重要的意义。

应当参照教育部（及原国家教委）提出的课程教学基本要求，根据本校教学实际情况组织教师自行编写适合本校使用并具持点的教学大纲，或若干所学校相同专业的教师联手编写；有些课程也可以使用教育部门组织编写的或推荐的教学大纲。

教学大纲一经学校确定，则对课程的教学活动就具有"法律效力'授课教师就必须严格按照教学大纲进行教学活动；有关部门对教学内容或教学质量进行检查，包括学校组织的期中、期末考试都应以此教学大纲为依据。

因此，教学大纲的制定必须慎重，一定要符合专业培养目标及其教学计划整体优化的要求，也需要考虑学校的实际情况，如师资力量条件、课时数额多少、进行教学实践活动的客观条件等，从而制定出高质量的教学大纲。教材的编写和修订、实验项目的设置、实验室的建设、教学条件的配备与改善均应以教学大纲为依据。

第三部分：教学组织

一、课堂教学

课堂教学是学校进行教学活动最基本的形式，教师传授知识主要是在课堂上通过讲课的方式进行的。为了保障课堂教学质量，应当对基层教学组织提出具体要求：首先是选聘好授课教师。要求选聘那些学术水平高、教学经验丰富、教学效果好的教师担任主讲教师；被选聘的教师必须经过所开课程（包括实践教学环节）各个环节的严格训练。当然，在这个问题上学校教务处应在各系（部）、教研室（教学组）选派承担教学任务的人员的基础上进行核查，核查的内容包括：所开课程的教学人员是否全部落实；这些人员是否都具有教师资格；有否外请人员，外请人员能否承担该项教学任务；如由二人或多人共同承担，阵容搭配是否合适；具有高级专业技术职务的教师是否达到学校规定的比例；新开课的教师是否进行过岗前培训或试讲，有无系统地备课等。经过教务处审查过的授课人员名单不得随意变动，如有特殊原因需要变动，须报教务处批准。

其次是教研室要组织教师认真研究所开课程教学大纲，根据大纲的要求编写或选用合适的教材，并选定向学生推荐的参考书，责成任课教师撰写教学日历和教案。教学日历实质是一份课程教学内容进度安排计划，要求根据教学大纲规定的教学内容及教学周数、学时数，把本课程所在学期（学年）的教学活动、教学内容加以具体地安排，以便把握教学进度，避免出现前松后紧或前紧后松甚至遗漏教学内容的现象发生。教研室主任应在校、系下达下一学期的教学任务后，对教师的上述准备工作进行检查。若发现不足，及早弥补。教学活动开始后，教研室还应适当组织本教研室的教师开展教学观摩活动。教研室主任要坚持听课制度，对正在进行的教学活动要适当地进行教学检查，听课或检查之后要有记录和反馈，以帮助任课教师改进教学内容与方法，提高教学质量。

再次，组织任课教师研究教学方法，注意避免注入式的教学，提倡启发式教学。采用启发式教学是对教师的教学水平提出更高的要求，它要求教师一改"我讲你听"的传统教学方式，教师要针对授课对象的特点提出问题促使学生去思考及回答教师的提问。这不仅可以培养学生的主动思维能力，还能够活跃课堂教学的气氛，提高教学质量。

第四，教研室要积极发展计算机辅助教学、多媒体教学、电化教学等现代教育技术，利用校园计算机互联网系统，扩大课堂教学的信息量，并获取最新知识、最新科学技术成果，提高教学质量。

二、实践教学

实践教学环节在整个教学活动中有着重要的地位。它不仅仅是对课堂理论教学的检验和深化，而且可直接培养学生的动手操作能力，更重要的是由于理论本身来自实践，实践往往成为促进理论发展的巨大动力。因此在编制一门课程的教学大纲时，对这门课程中需要开展的实践教学部分必须予以充分考虑。另外，实践教学课（环节）本身也要编写教学大纲和安排教学计划，对该项实践教学课要达到的目标，实践教学内容、场地、器材和设备的准备，教学过程中可能出现的问题等，均应加以规定或安排。一般来说，实践教学课课时有限，经费紧张，难以重复进行，故编写好教学大纲和教学计划就可有条不紊地进行，力争一节课下来尽量收到较好的效果。学生的毕业论文（毕业设计）可与实践教学课结合进行，在可能情况下，学校尽量投入一些经费。在校内外建立起学生进行业务实习或社会实践的基地，使实践教学活动更有保障。纳入教学计划的实践教学课程应当保证按计划进行，不得随意删减。

三、科研活动

大学生在校期间参加科学研究工作，是培养实践能力和创造能力，树立力社会服务意识的综合性教学环节。学校"要采取多种形式组织学生参加科学研究工作，把课内和课外、集中和分散安排结合起来"，注意在向他们传授知识的同时，也应组织他们在教师的指导下开展科研活动，可以承担少量的社会需要的科研攻关项目，并给予物质上和经费上的保障。在我国的部分高校，特别是一些综合性大学，近两年已经开始了这方面的尝试，取得了较好的效果。

第五章 高校教育教学管理原则

第一节 教学管理的内容、目标与原则

一、教学管理的主要内容

教学管理是一个有机统一的整体。从不同视角看，可以有不同的内容体系框架。从教学管理工作体系分类，可概括为四项基本管理：教学计划管理、教学运行管理、教学质量管理与评价、教学基本建设管理。

教学计划管理是教学管理工作的纲，其核心是精心设计人才培养蓝图。教学计划管理的重要任务，就是组织各专业教学计划的编制、修订和执行，在此过程中，必须充分发挥行政和专家两方面的作用。

教学运行管理是围绕教学计划的实施所进行的教学过程及相关辅助工作的组织管理，是保证教学工作稳定运行、维持教学工作秩序的最主要的教学管理工作。

教学质量管理是教学管理最根本最重要的任务，是教学管理的出发点和落脚点。教学管理职能部门和各级教学管理人员，必须将控制和提高教学质量作为经常性的管理工作来抓，使教学质量管理贯穿于教学管理的全过程。其中，转变教育思想，提高质量意识是搞好教学质量管理的前提条件；研究建立适合校情的教学质量监控体系，以及科学的、抓住核心的、可操作的质量管理模式，是教学质量管理的关键。

教学基本建设管理是教学管理的基本内容之一，包括学科专业、课程、教材、实践教学基地、学风、教学队伍、教学管理制度等七项基本建设，这些都是直接服务于教学工作的基础建设，是形成稳定、良好的教学环境和条件，保证教学质量的基础性工作。

上述四项管理工作，从教学管理的高度和层次来说，又可分为程序化内容、

常规性工作内容、中心内容和专项内容。

程序化内容，是指每个学期、每个学年相同的管理工作内容，由开学教学准备、期中教学检查、期末教学总结三大环节构成。教学管理工作可以以此为主线制定工作程序，将教学管理工作内容程序化。

常规性工作内容，是指教学管理最基本的日常要做的工作。主要有教学的组织和检查、教师教学管理、学生学籍与成绩管理等等。这些是教学管理中内容最多而又复杂的工作。既然是常规性工作，每天的工作就可先从这些内容开始，及时规范，不断总结。

中心内容，就是要把好教学质量关。只有抓好计划、实施、检查、总结四个重要环节，才能做好教学管理工作，使教学机制良性运转，教学质量得到保证。

专项内容，是指教学计划管理，专业、课程、教材建设管理，教学设备管理等。

二、教学管理的目标

高校教学管理工作的总体目标，从根本上说，就是全面提高教学质童和办学效益。具体工作实践中，要着眼于整体提高教学工作效率，大面积提高学生的综合素质。

学校以教学为主，教学管理就是对学校教学进行有目的、有计划的组织和管理的活动。教学管理人员应按照党的教育方针，运用各种管理手段，通过组织、指挥、协调教学有关部门和人员的活动，创造远远超过单个部门或人员力量的集体合力，以便高质量、高效率地完成各种教学任务，实现国家规定的教育目标。

教学管理既服务于教学，又指挥教学。其服务的功能表现在，通过合理分配教师力量、合理安排教学活动时间、提供和满足教学活动所需要的物质条件等，保证教学的顺利进行。其指挥教学的功能表现在对整个教学活动的组织、调度、督促、检查、评估等方面。由此可见，教学管理是维系学校教学工作正常运转的枢纽，教学管理工作的优劣从根本上决定了学校的教学质量和学生的身心发展水平。

教学管理的基本任务，在于遵循教育教学规律，通过对培养、改革、建设、管理的系统规划.借助一定的管理手段，对全部教学活动在动态演进中达到既定教育教学目标的管理。同时，发挥管理的协调本质作用，调动各方面的积极性，保证整个培养过程各阶段教学任务的完成。

一所学校教学管理的优劣，最终的检验标准还是要看学生培养的质量，特别是在社会政治生活、国民经济建设中毕业生所起的作用。高校之间的竞争，最重要的是人才素质的竞争„所以，高校的教学管理，要有宏观战略上的考虑，应把高校工作的总目标放在提高学生的综合素质上，不能纠缠于日常大量繁杂的事务性工作。要从提高大多数学生的综合素质这个目标来思考和研究教学管理改革中的一些全局性问题。

通过教学管理改革，着力解决当前专业设置、教学计划、课程结构等方面的矛盾，克服人才培养中"过窄的专业教育，过重的课业负担，过强的个性制约，过弱的人文陶冶"的问题。加强综合素质教育方面的研究，采取有效的措施，全面提高学生的思想、业务、文化、身心素质，尤其是创新思维能力、实践能力、非智力优良素质的培养。应以全面推进素质教育作为高校教学管理的出发点和归结点，教学目标、教学内容、教学评估等都应围绕提高学生综合素质来确定和进行；教学管理应注重学生的能力培养和个性发展，注重因材施教，鼓励学生创新。只有学生大面积综合素质的提高，才能培养出更多高质量、复合型的创新人才。这正是教学管理所追求的目标，也是当前教学管理的难点所在。

三、教学管理的原则

方向性原则：必须坚持党的领导，竖持马列主义、毛泽东思想、邓小平理论，认真实践"三个代表"，端正教育思想，全面落实党的教育方针，坚持贯彻"三个面向"的原则。

民主性原则：教学管理人员要充分发杨民主作风，调动全体中编高等学校教学管理教师的积极性、主动性和创造性，共同参与教学管理工作；要尊重教师，尊重教师的劳动成果，为教师提供发表意见和建议的机会。同时，要积极引导学生参与教学管理活动，在教学管理中培养他们的自治自理能力，真正发挥好教学工作中教师的主导作用和学生的主体作用，体现教育以人为本、以教育为本的高校管理理念。

科学性原则：必须以科学理论为指导，遵循教育、教学和管理的客观规律，以科学的态度研究处理教学管理中的问题，并善于运用现代科学技术和手段管理学校的教学工作。

教育性原则：教学管理中要对教师提出两点基本要求，一是教师应以身作则，为人师表；二是教师在教学中既要重知识传授，又要重学生的思想品德教育。

整体性原则：以系统理论和现代管理理论为指导，建立合理的教学管理系统结构，坚持以教学为主，全面安排，分清管理层次，明确管理权限和职责。

规范性原则：建立良好的校风（领导的作风、教师的教风、学生的学风），建立和健全各项教学管理规章制度，明确各教学环节的教学质量要求和比较科学、实际的衡量标准，使教学管理工作制度化、规范化、科学化。

程序性原则：教学管理要抓住主要环节，实行程序控制、阶段把关、全过程管理，做到管理工作的程序化；教学管理必须讲究效率和效果，把定量管理和定性管理结合起来。

主体性原则：教学管理部门和教学管理人员是教学管理的主体，教学管理队伍自身素质的高低，直接决定了教学管理的效果。因此，教学管理人员要加强业务知识的学习和自身修养的提高，具备教育学、心理学、管理学的基本知识，熟悉教育法律法规，依法办事，科学管理，并善于将管理与服务有机地统一起来。

第二节　教学管理与教学建设、教学改革

高校教学工作主要由教学管理、教学建设、教学改革三部分组成。搞好教学工作，必须扎扎实实地进行教学建设，积极稳妥地推进教学改革，严格规范地实施教学管理，并把H者有机地结合起来，相互协调，互为促进，才能提高教学质量。教学实践已经证明，严格教学管理是保障教学质量的前提，加强教学建设是保证教学质量的基础，深化教学改革是提高教学质童的关键。

教学管理作为一种重要的管理活动，要有一定的条件保障，必须具备许多基础性的软件、硬件条件支持。教学管理也不是一项孤立的管理活动，只有相关部门相互支持与合作，才能保证教学工作的顺利进行。教学建设包括了专业学科建设、课程建设和教材建设、师资队伍和管理队伍建设、学风建设、基地建设、教学规章制度建设等基础建设，是影响人才培养质量和学校发展的重要因素。在每项基本建设中，要不断提出改进措施，以改革推动建设，寓改革于建设之中，相辅相成，共同提高。教学管理部门的主要精力也应该投入到教学基础建设之中，长期不懈、扎扎实实地抓下去，为教学改革和教学管理奠定扎实的基础。

教学改革是高校教学工作上水平的助推器。新世纪之初，教学改革的中心课题应该是人才培养模式及相应的课程结构改革。人才培养模式改革需要解决好几个方面的问题：要注重宏观思维能力、创新能力的培养；更新专业教育的理念，专业面要拓宽，实行宽口径的专业教育，把过去单一的专业化教学体系，改变为兼容专业、人文、社科、经济、管理等内容的综合教学体系，培养复合型人才；加强学生综合素质的培养，提高学生终身学习能力和良好的社会适应能力。人才培养模式改革的落脚点是课程改革，调整课程结构性矛盾要处理好几个关系：微观与宏观的关系，改变目前课堂教学中过于微观、细节的知识，而宏观思维能力训练很少的局面，加强宏观思维能力训练；局部与整体的关系，改变课程结构，精简课程门类和课时，以课程结构的整体优化指导每门课程的局部优化，并把教材体系与教师讲授体系分开；专业与非专业的关系，要注意引导学生关注"非专业"内容的学习；传统与现代的关系，改变"知识继承型"和"单向灌输型"的传统方法，采用现代教育技术，提倡学生参与式教学，注重实践、创新能力的培养，使学生能够适应社会经济发展的新形势。

特别值得关注的是本科教育教学制度的改革，即由学年制向学分制教学制度

的转变。这是高校教学制度改革的重头戏，也是我国高校教育与世界高校教育接轨的需要。由此必将带来高校教学管理制度的重大变革。

学年制是现在一些发展中国家仍在采用的一种教学管理制度。我国从新中国成立开始到20世纪80年代一直实行这种制度。它是通过一定的教学计划，在规定年限（学制）内，学生学完规定的课程及其教学环节，达到预期的人才培养目标和基本规格。学年制教学模式单一，要求统一的教学计划。其优点是整齐划一，便于管理。其不足之处是按同一模式培养人才，规格单一，知识面窄，缺乏弹性，不利于学科的交叉渗透，不利于推进素质教育和全面贯彻因材施教的教学原则。

相对而言，学分制（又称学分积累制）是以学分作为计算学生学习分量的单位，以取得必要的最低学分为毕业标准。学分制的内涵很简单，但实施学分制涉及一系列管理制度，即使在学分制的发源地并已经实施了一百多年的美国，目前仍在探讨、发展和完善它。学分制将教学计划规定的课程及其教学环节以学分的形式进行量化，学生的学习不受学习年限的限制，以完成一定范围内规定的学分量为手段，达到预期人才培养的目标和基本规格。学分制实行"弹性"的教学计划。能够在一定范围内兼容各种规格人才的培养；这种教学制度能够实现跨学科（专业）的教学，从而培养出具有宽厚的学科基础和较强研究开发能力的人才，以适应科学技术综合、渗透、交叉发展的需要。教学制度灵活，能较好地贯彻因材施教的原则，有利于优秀人才脱颖而出。学分制的核心是选修课，主要表现形式是学生自主选择专此、自主选择课程、自主选择教师、自主选择学习进程和学习方式。由于这秤教学制度计划性差；教学管理相对学年制学习制度要复杂得多。

但是，学分制是新世纪高校教育发展的潮流与趋势。我国在这方面也进行了若干年的探索和尝试，试图建立一种既保留学年制计划性的优点，又吸收学分制教学灵活的特点，具有中国特色本科教育的教学制度。

学分制的通识教育思想，文理渗透、基础宽厚、注重能力的人才培养模式，推进素质教育、贯彻因材施教的原则，以及鼓励学生个性发展和创造性的发挥、利于优秀学生脱颖而出的教育环境，正是我们教育教学改革的方向和目标，大势所趋，我们别无选择。

从教学管理角度讲，推进学分制必须采取以下措施：

第一，要更新教学管理理念。学分制教学制度有利于学生个性发展，实现多元化的人才培养目标。但是，个性化的培养方案对学生认定与统计、学籍管理、教学的组织等方面增加了很大难度。因此，要树立"育人为本"、"以学生为中心"的思想，转变管理理念，主动为学生服务。

第二，加快教育教学改革。建立与学分制相适应的人才培养模式，构建"宽口径、厚基础、强能力、个性化"的课程结构体系，改革教学内容和教学方法，压缩总学分和学时，形成有利于学生快速成长和全面发展的教学管理制度。

第三，加强教学管理现代化建设。学分制的核心是选修课，推进学分制建设就是要推进选课制度的改革，而灵活的选课制度必须建立"以计算机和网络为中心"的现代化教学管理系统。

第四，优化配置教学资源，实行学分制，不仅要求学校学科比较齐全，师资力量雄厚，生源质量好，而且要求有较好的教学设施条件。特别是教室、实验室、图书资料等资源应比较丰富、充足。我国高校近年来发展很快，国家投入较大，但是由于连续几年的扩招，学生规模迅速扩大，学校的教学资源普遍比较紧张在此情况下，必须进行教学管理创新，实施科学管理，教室、实验室、图书馆应全天候向全校开放，实现教育资源的高度共享；大力发展现代信息教育技术，特别是网络技术和多媒体技术，推行网络教学，建立共享的教学平台，提高教学资源的利用效率。

总之，进入新世纪，面对经济全球化进程明显加快，科技进步日新月异，综合国力竞争日益激烈的新形势，面对国家经济社会的发展和"科教兴国"战略的实施，大力提高高等学校的办学水平和教学质量，已经成为时代的主题，成为新世纪高校教育改革和发展的迫切任务。在我国高校教育走向国际化、大众化、信息化时代背景下，面对中国加入WTO的新形势，从提高我国高校教育国际竞争力的战略高度出发，必须把教学质量视为高等学校的生命线，牢固树立质量意识、品牌和特色意识、市场意识、创新意识和素质意识。教学管理工作必须与时俱进，适应高校教育改革的新形势，不断研究新情况，发现新问题，解决新矛盾。要创造性地开展工作，按照"发展要有新思路，改革要有新突破，开放要有新局面，各项工作要有新举措"的要求，大力进行教学管理创新，重点是在教学管理思想观念、机制和制度上，要打破传统落后的思想和模式，拓展教学管理改革的新思路，建立新的教学管理机制和制度，探索新的管理方法和手段，开创我国高等学校教学管理的新局面。

第六章 高校教育教学管理改革与发展

第一节 高校教育立法

第一部分：教育行政管理法治化的价值及其发展

一、教育行政法治化的价值

（一）教育行政法治化的含义

现代国家行政是国家行政机关依法实施的国家政务组织活动。依法实施，是指依照宪法和法律的规定，对国家的内政、外交、国防、治安、财政、经济、文化、教育等事务所进行的、以法律的强制力为保证的社会管理活动。教育行政也是如此，教育行政是为实现宪法和法律所规定的教育目的而依法实施的国家组织活动。因此从某种意义上我们可以说，现代教育行政管理就是一种法律管理。

教育行政法治化，主要是指以下两个方面，即依法治教和以法治教。

依法治教，既指教育行政的主体必须是依据宪法和法律采取一定形式正当组织的行政机关，也指教育行政机关的行政行为必须是在其权限内按照合法程序所做的合法行为，其行为后果具有明确的责任。

各国一般都通过法律规定教育行政机关的设置程序、隶属关系、机关性质、人员编制、职权职责等。行政机关的设置一经法律化，就产生了直接的法律后果与效力，要变动就需经过一定的程序和手续。行政机关设置的法律形式包含着对国家机构实行职能划分的合理内核，它说明行政权的授予必须经过法律认可，除了经过法律认可的机关外，任何其他机关和社会团体都不能成为行政主体，这就保障了行政主体的合法性和一元性。另一方面，行政机关的行政活动与立法机关和司法机关不同，它是一种执行和组织的活动，是对国家事务进行计划、指挥、协调、控制的务实性活动。为了使其活动具有确定性，防止越权和侵权，必须明确划分行政机关活动的职权、职责并规定一定的活动程序，使其办事有法可依。如果缺乏必要的法律形式的保障，就会出现管理系统和管理内容的紊乱和变形。

依法治教的原理主张"无法律即无行政"，那么以法治教则反过来强调"无行政即无法律"。由于当代世界各国政治、经济、文化、教育、科技各个方面的迅猛发展，各国政府的社会管理职能普遍加强，行政权力愈益广泛。因此，当代国际法律思潮开始由原先的以"法"为中心、强调依法行政转变为以"行政行为"为中心、强调积极的依法行政。为了使政府发挥其行政效能，积极有效地进行行政管理，而不是消极地受法律的控制，当前世界各国的发展趋势是，行政机关在传统行政执法权的基础上，开始获得较为广泛的行政立法权和立法创议权。各国立法机关通过立法授予行政机关制定和发布实施性法规的行政权力。这种委托立法或授权立法使得行政机关不再仅仅局限于依法行政，而有可能大量运用法律手段来进行行政管理，谋求提高行政效率。如联邦德国基本法规定了委任立法制，使政府在许多方面有权代替议会立法。法国的现行宪法也允许政府在一定条件下有权代替议会制定法令。这些做法的目的都在于扩大行政权力，使政府能就重大问题做出迅速而有效的决定。与此同时，国家行政机关由于享有立法创议权，因而在立法机关的立法活动中的影响也在日益增强，以要求立法配合行政，适应行政的需要，为行政活动提供合理依据。在不少国家，议会的绝大多数立法议案来自政府，由此可见政府在议会立法中的影响。

（二）高校教育行政管理法治化的主要内容

1.高校教育行政主体法治化

高校教育行政主体是指依法成立的代表国家从事高校教育行政管理的行政机关。高校教育行政主体的法治化包含两个方面：一是高校教育行政主体资格的取得必须具有法定的实质要件和程序要件。高校教育行政主体的设置与否，只有具备法定组织权的机关才能做出决定，不是任何人或机关都有权随意设置。根据宪法和组织法的有关法律规定，我国教育行政机关的组建分属于全国和地方各级人大及其常委会以及国务院和地方各级人民政府，并按法定程序审批。二是高校教育行政主体资格的内容必须予以明确规定，即必须由行政组织法和教育法律、法规规定其职责和权限，并且遵守法定的编制配备人员，有独立的行政经费预算，并由政府公布告示成立。对于授权机关的授权行为，也必须以法律的明确规定为准。

2.高校教育行政监督法治化

高校教育行政监督是指有关机关对教育行政主体在教育行政管理过程中是否依法行政进行监督的活动。教育行政监督具体包括教育督导、教育行政监察和教育审计。

教育督导是教育行政监督中的一个最主要、最直接和有效的监督途径。教育督导是对下级政府、教育行政机关及所属学校工作监督、检查、评估和指导，以保证国家有关教育法律、法规和政策的贯彻执行，保证实施的教育行政行为符合法律法规的规定。

教育行政监察是指行政监察机关及教育内部的监察机构对教育领域监督对象的监督和纠查，查处违法违纪行为，以提高行政管理效率，促进教育事业健康发展。行政监察要以"行政监督条例"为准则，以法律法规为依据，对于属于监察部门职权范围的违法违纪行为，直接做出处理。不属于职权范围的，要做出监察建议。

教育审计是指教育部门内独立的机构或人员依据国家的财经法律，对被审查单位的财政、财务收支及其有关经济活动进行的审核。根据《审计法》及教育法律法规的有关条款，明确教育审计机关的职责、权限，保证审计机关拥有更多的自主权，独立开展审计活动。

3.高校教育行政行为法治化

高校教育行政行为是指高校教育行政机关依法实施行政管理，直接或间接产生法律效果的行为，其法律意义上的作用就是产生、变更或消灭一定的高校教育法律关系。因此，高校教育行政行为具有多样化复杂化的特征，但可分为高校教育行政立法行为，高校教育行政执法行为和高校教育行政司法行为。

高校教育行政立法法制化是指具有立法权限的教育行政机关必须遵照法定程序来进行立法活动，以程序来促进周密的论证，制定科学合理的教育法规。

高校教育行政执法行为包括许多行政行为，如行政奖励、行政许可、行政确定、行政检查、行政监督、行政处分、行政处罚、行政强制执行等。高校教育行政行为法治化的核心就是行政行为具有法律效力的要件，包括实体要件和形式要件。实体要件包括主体合法、权限合法、内容合法。行政行为的主体合法、权限合法前已述及。行政行为的内容合法，是指行政行为对权利和义务的处理必须完全符合教育法等法律法规的规定，包括符合法律规定的目的、原则和条件。形式要件是指教育行政行为必须符合法定程序和具备法定的形式。

教育行政司法行为主要是指教育行政申诉、教育行政复议和教育行政诉讼制度，也是教育行政救济制度的主要内容。所谓教育行政救济是教育行政主体依法对教育行政相对人受到损害的合法权益的恢复或补偿。教育中的申诉主要是教师申诉和学生申诉。教师申诉是项法定的申诉制度。《教师法》第三十九条明确规定了教师申诉的程序，各级人民政府及有关部门必须依法在规定的期限内对教师的申诉做出处理决定，使教师的权益及时得到保障。《教育法》规定，受教育者对学校给予的处分不服可向有关部门提出申诉，对学校教师侵犯其人身权、财产权等合法权益，学生有权提出申诉或者依法提起诉讼。教育行政机关和法院必须在规定的时间内作出答复。

二、教育行政法治的发展

（一）我国教育行政法治的发展历程

所谓高校教育行政管理，一般是指国家行政管理的一部分，是国家通过政府的行政机关对高校教育事业进行的领导和管理，一般来讲，高校教育法制是指按照依法治理和严格依法办事的原则，来管理规范各种高校教育活动的法律制度及其运行过程，其实质和核心是高校教育法治，即依照法制的基本原则，如合法性原则，统性原则，民主性原则，平等性原则来进行高校教育事业的活动和管理。因此，从这个意义上来讲，高校教育法治也是高校教育的一种管理方式，可称之为高校教育的法律管理。

法律是调节社会生活的行为规则，是统治阶级意志的体现，并随着社会生活的变迁而发展。在现代社会产生之前，法律并不是一种独立的社会要素，而是一种附属于行政的辅助手段。资产阶级取得统治以后，为了维持社会政治、经济和社会发展，提出了法治的原则，法治原则是全部国家制度和社会制度的基础。19世纪中期以来，社会结构日益复杂，法律向社会结构的各个层次渗透，许多过去不属于法律调整的社会关系，也逐渐纳入了法律解决的范畴，教育就是这样一个领域。从国外教育法制建设的历程来看，早期的教育立法主要是义务教育立法，主要目的是普及初等教育，这也是现代教育法制建设的开端。19世纪末，普及教育对发展和管理资本主义生产的重要作用日益凸显，欧美国家开始认识到教育的重要性，把各级教育（包括高校教育）纳入国家行政管理范围之中，用行政的手段发展公立学校教育体系。与此同时，国家也普遍开始通过法律加强对教育行政的控制。特别是20世纪以来，教育立法受到空前重视，教育法与有关教育的法律大量增加，教育法律关系主体的行为规则日益增多，权利与义务日益明确。同时出现的另一现象是，各国为了提高行政效率，除了主要的教育法律外，把很大一部分立法任务交给了行政机关。而且，政府机关制定的教育法规数量已经超过了立法机关制定的法律。

二次世界大战后，现代科学技术的发展和冷战时期军备竞赛的需要，西方国家全面加强教育法制建设，建立起了比较完备的教育法规体系。特别是高校教育在经济社会发展中的地位作用日益突出，甚至关系到国家的安全和民族的命运，各国对高校教育的管理和干预也逐渐增多。1965年，美国颁布了《高校教育法》。

法国于1968年11月颁布了《高校教育基本法》，之后，德国、瑞典、丹麦等国也纷纷制定了高校教育方面的法律。20世纪90年代以来，由于经济全球化、社会信息化以及知识经济社会的到来，国家和社会对高校教育的关注超过了以往任何时候。于是，在世界范围内，掀起了高校教育立法的新高潮。这些法律法规涉及了高校教育教学管理的方方面面，包括管理体制、教育决策、学术自由与教学机构的自治、教育财政与投入、教师与课程、学位与考试等。

可见，教育的行政管理和法律管理是现代社会管理中既相互联系又有区别的管理方式，现代国家对社会的控制和管理主要是通过者来实现的。教育行政管理必须依法进行，管理的主体必须依法设置，管理行为必须是在其法定的权限内，按照法律规定的程序作出的合法行为，并产生相应的法律后果和责任。如果扩大教育行政管理的职能和范围，超越法律所规定的职权，就会产生以言代法、权大于法的人治现象，就是违法行政。教育行政管理的法治化，正是从这个意义上而言的。同时，教育的法律管理也离不开行政管理，法律管理的效能主要是通过教育的行政管理来实现的，离开了行政管理，教育法律的作用和价值追求就不可能有效地实现。教育行政管理作为一种纵向型管理，所依据的载体是各级各类教育行政机关，具有简便、灵活的特点，绝对不能用教育的法律管理简单地来取代教育行政管理。

（二）我国教育行政法治发展的方向

1.我国教育行政发展的方向

几十年的经验教训证明，教育体制改革问题的焦点集中在行政管理体制上。我国教育行政体制同经济和社会发展的关系始终处于既相适应又相矛盾的状况。应当说，集权制这一形式同我国的经济、政治制度、文化、历史传统并不矛盾，但在划分中央同地方、政府主管部门同学校的管理职权，在平衡中央、地方和学校的相互关系上始终没能走出"放—乱—收"的不良循环。问题的症结在于下放教育事业管理权限的同时，没有建立起强有力的法律调整机制。近年来，我国各级各类教育事业有了空前的发展，因此出现了许多前所未有的新情况。表现在教育事业的发展规模越来越大，教育对象日益广泛，培养目标日趋多向；教育制度和结构制度的复杂；中央政府的财政负担越来越重；社区发展越来越依赖教育的配合；社会各界对教育的期望越来越高等。在新情况下，传统体制潜伏的危机全面暴露，过分集中的管理职权配置和运行，已不足以与发展的教育现状并存。为了加强教育同经济、社会发展的联系，使之具有主动适应的积极性和能力，教育体制的改革必须从中央向地方的放权和政府主管部门向学校的放权两个方面开始。为了防止重走"放—乱—收"的老路，必须从一开始就非常重视法律的调节作用。这方面的工作量是很大的。例如，应配合教育事业管理权限的下放，对已有的法规进行系统的整理，做好存、改、废的工作。应根据改革的部署充分运用法律的手段，把教育行政的职能划分、上下级之间的关系、行政运行的工作程序都纳入法律调节的范围，使教育行政系统的职权分工真正做到调控一致、事权统一、配置合理。

2.我国教育法律改革、发展的方向

要发展我国教育事业，必须从以下几方面加强教育行政的法律制度建设：

（1）重视教育法治建设

教育法治建设伴随着工业化社会发展而日益受到重视。从根本上说，这是现代社会的发展对人才培养和劳动者素质提高的内在要求，加强教育法治正是为了依法保障和促进教育事业的发展，以增强各国的综合国力，提高其在国际上的竞争力。同时这也是现代社会民主法治建设在教育领域中的必然要求。"法治"是现代社会的一个重要特征，全面的依法治国就是要把社会各方面的关系纳入法治的范围。作为一国法治建设重要组成部分的教育法治，自然是在其中。因此可以说，加强教育法治建设是现代社会和现代管理的基本要求。如果说"忽视教育的领导者，是缺乏远见的、不成熟的领导者，就领导不了现代化建设"，那么，忽视教育法治建设或者不依法治教的领导者，也是缺乏现代意识、不能适应现代教育发展要求的领导者，是不能领导好教育的改革与发展的。

西方国家普遍重视教育立法，有其政治制度原因。在西方国家政党政治的体制下，通过议会或总统选举，由几个资产阶级政党交替执政或联合执政，每隔几年改选次。这就决定了执政党为了推行维护其所代表的利益集团利益的教育政策，便会运用教育立法和强制执法来达到目的，以避免反对党的抵制，也防止一旦下台后其教育政策被全盘否定。这不能不说是西方国家重视教育立法的一个重要原因。我国是中国共产党领导下的各民主党派参政的社会主义国家，不实行多党政治的体制，这并不等于说我们可以忽视教育立法的重要性。我国发展教育是促进社会主义现代化建设的需要，是为全体人民的根本利益服务的，不存在一党或某一利益集团的私利，教育立法关系到民族利益和国家利益，是需要我们加以重视的重要环节。

（2）进行教育法规的修改完善

教育法规的适时修改是教育立法工作的重要组成部分。在国外教育法治建设过程中，根据教育法规对在实施过程中遇到的各种实际问题，适时地、有针对性地进行修改，这对完善教育立法、维护教育法规的权威性和实施的有效性，是十分必要的。人们在了解外国教育法规时，经常会看到对某一教育法规条款内容的修改、补充等注释。这种根据实际需要适时进行修改的立法活动，是值得我国在完善教育立法工作时加以借鉴的。我国的教育法规建设起步晚，重点还放在逐步建立完善教育法规体制上，有许多重要的教育法规还未出台，对于修改完善已有教育法规的工作还难以顾及，但对教育法规的修改和完善确实重视不够。这种状况不仅影响了教育法规的严肃性和有效性，也往往容易给教育事业的改革和发展造成一定障碍，甚至出现执法者违反自身制定的教育法规的现象。因此，我们应当把教育法规的修改完善摆在教育立法工作的重要位置，把它与新法规的制定视同为教育立法工作的一个整体，克服教育立法工作中重制定、轻修改的偏向。

（3）注重成文法和判例法的同时使用

成文法和判例法在法治建设的过程中，发挥着各自特有的作用。成文法作为由一定国家机关按一定程序制定并以规范性文件的形式表现出来的法律渊源，具有较强的规范性和确定性，便于执法人员依法行事。但成文法作为一种抽象性的法律规范，难以预见现实生活的复杂性和特殊性，特别在法律规定比较原则的情况下，单纯依靠成文法，难以解决现实生活中出现的各种复杂的具体问题。而判例法则是英美法系国家在具体审理案件时所作的判决，并因在以后审理同类案件中被多次援引而被赋予一般规范性的法律效力。英美等国许多重要的教育法原则就是通过判例法加以确立的。而且判例法可以补充成文法的不足，特别是在成文法规定不完备的情况下，判例法更显示出其作用。但在现代社会中，仅仅运用判例法的传统，很难适应飞速发展的社会生活。这也是成文法日益增多、判例法地位相对下降的重要原因。然而判例法地位的下降，并不等于判例法作用的消亡，它在许多情况下仍发挥着不可替代的作用。因此，在重视有关教育的成文法作用的同时，注意发挥判例法对成文法的补充作用是十分必要的。总之，大陆法学与海洋法学相互融合，共同发挥成文法和判例法作用，正是各国法律制度发展变化的一个重要趋势。

（6）建立完善的教育执法监督制度

在分析比较各国教育法治建设的过程中，我们看到，国外教育法律中明确的教育法律责任、确定的教育执法监督主体、完备的公正的执法监督程序和制度，对保证教育法律的顺利实施、调解教育纠纷、维护公民教育权益，都发挥着有效的作用。这是值得我们在建立健全教育执法监督制度时借鉴的。

教育执法监督是我国教育法治建设恢复过程中比较薄弱的环节，也是教育法治建设所面临的一项十分紧迫的任务。首先，政府教育教学管理职能的转变，将使教育的执法监督成为政府实现教育教学管理职能的重要手段。其次，在市场经济条件下，学校、教师、学生及其他法人和公民作为平等主体之间的权益纠纷，也迫切需要通过执法监督制度的运行来调整。再次，教育法律、法规日益增多，如不保障其有效的实施，也将变成"一纸空文"。因此，我们需要认真研究分析外国教育执法监督的有益经验，结合我国的实际，健全现有的教师申诉制度、行政复议制度、行政监察制度；充分发挥国家的审判制度和检察制度的作用，使可以通过民事诉讼、行政诉讼和刑事诉讼解决的教育纠纷依法予以解决。此外，还要就教育行政执法检查制度、教育行政强制执行制度、学校教育调解制度、教育仲裁制度、学生处分和申诉制度等进行试点，并积极总结经验，及时推广，以建立起完备的教育执法监督的体制和运行机制，保证教育法规的顺利施行。

第二部分：高校学生管理的法律研究

一、高校与学生的法律关系

高校与学生之间法律关系的提出是中国社会法治建设和社会法律意识发展和进步的结果。然而，高校与学生之间的法律关系究竟是什么性质的法律关系，理论界还未尽一致。概而言之，主要有以下几种学说。

（一）高校与学生的法律关系学说

1.行政法律关系说

为了促使学生向着符合社会要求的方向变化，学校的中心工作是对学生进行有效的组织与管理，以保证教育活动的顺利展开。学校对学生无论是制度的宏观管理，还是通过制度权威——教师的微观管理，都会使学校与学生形成行政关系，而不只是民事关系。

学校对学生的管理，从根本上说是为了国家和社会的公共利益，并非为了学校自身的利益。因为学校严格管理学生的最大受益者是社会而非学校本身，基础教育阶段尤其如此。学校严格管理的结果是使在校学生受到更好的教育，形成更加良好的素质，这样的学生是社会的一笔宝贵财富，是无可估量的隐性价值所在。但已是潜在人才资源的学生对学校的用处远远逊于对社会的用途，绝大多数学生为社会所用，并没有留下来为学校工作。当然，在现实社会中，学校严格管理的结果会使自己的办学声誉良好，社会地位提高，从而为校方赢得较好的经济效益和社会利益。但是，办学的宗旨绝不是为了一校之私，在为社会与为学校的问题上如没有一个正确的选择，就很可能本末倒置，而无法得到社会的认同。我国的《教育法》对此有明确的规定，办学不得以营利为目的，必须为了社会的公共利益。

《中华人民共和国教育法》明确规定，学校有对受教育者进行学籍管理、实施奖励或处分的权利，学校管理权限的范围，只能是本校学生。本校的学生是学校组织内部的一员还是外部的一员呢？从教育学的角度来看，学生当然是学校内部的组成人员。因为撇开教育对象，学校教育便无从谈起，学校以学生的存在为前提，学生是构成教育活动的一个基本要素。但从社会学及法学的角度来看，学生在学校中的身份并未如此肯定。因此，国外很多学者认为学生并非学校的内部组成人员，而是学校的顾客。可以说，学生与学校之间没有行政隶属关系。从法律上讲，学生是学校组织以外的社会成员，但学生又不可能将教育当成商品与学校平等交易—学生不能说不要教育尤其是义务教育，在"交易"中他们只有买的权利没有弃权的权利，学生不能就商品（即教育）的属性提出要求。学生只能在现有的教育制度中接受管理与教育，正是基于此，他们才与学校发生联系。学校与学生就如同派出所同其辖区内的居民一样，只不过学校与派出所所管理的事务有所不同而已。学校是教育制度的执行者和实施者，而教育制度的执行与实施，正是国家教育行政的重要内容。从这个意义上看，学生与学校不能形成平等的民事法律关系，而学校与学生之间的行政法律关系的确存在，而且这种行政法律关系是基于行政管辖而产生的。同时，我们必须看到学校对学生的行政权与教育权紧紧相连，在很多情况下，行政权是由教育权转化而来的。比如，对学生予以勒令退学是学校行政权的一个方面，其基础就是对学生进行处分教育的权利，在教育权的行使达不到管理的目标时，就会有行政权的形成与使用。学校对学生的管理不是内部管理，是为实施国家的教育制度而进行的外部管理，从本质上看，它就是行政法学上所谈的公共行政。因此，学校与学生在有些场景中的关系肯定是行政法意义上的行政法律关系，它在学生以其独特的身份属性（受教育者、文化接受者、被管理者）与学校发生关系时而产生，此时，学校是行政主体，如毕业证、学位证的发放、开除学籍、推荐保送生等环节中所体现的校生关系。这些行政法律关系相当特殊，与教育关系紧密相关，前者以后者为基础。但对于学生的管理无疑是一种外部行政行为，此时，学校与学生的关系是行政法律关系。

2.民事法律关系说

此种观点否定学校具备行政主体资格，指出高校与学生之间的教育关系是一种民事法律关系，他们认为："学校根据国家法律的规定，制定招生条件、招收学生，对学生进行管理，应视为一种合同关系。学校录取符合条件、同时愿意接受校纪校规约束的学生入学。而学生一旦被学校录取，便构成了学校依据校纪校规对其进行管理的关系，这是一种平等的双向选择关系，是一种平等的主体之间的法律关系。"持该观点的学者对此处所指的民事法律关系应如何定位及表述又有不同认识，有学者认为高校与学生之间的关系为提供高校教育服务与购买此服务的契约关系。有学者则将二者之间的关系表述为学校与受教育者之间在平等自愿基础上达成的知识教育合同关系。

这种观点认为学校与学生之间所确立的教育关系仅仅是一种民事法律关系。学校作为独立的事业型法人，依法享有办学自主权；学生依法享有自主决定报考学校、接受高质量的服务和教育的权利。学校与学生的行为均受符合法律规范的双方各自利益意愿约定的约束，即合同的约束。学生考入学校、报到注册、取得学籍即表明作出接受学校的教育、管理和服务、遵守学校的规章制度、缴费上学的承诺。学校接收学生入学，则表明学校按要约邀请一招生简章上的条件去履行自己的要约，提供相应层次的教育教学服务，使学生圆满完成学业。双方依合同约定享有权利和履行义务。如违反合同，如学生不履行遵守校纪校规的义务，则学校可按法律法规规定及合同约定行使权力给学生以处分，学生承担违约责任。反之，学校不履行义务也亦构成违约，学生可使用请求权、申诉权甚至诉讼权来维护自己的正当权益。学校与学生之间实际上存在的是一种特殊形式的教育消费民事合同关系，即通过报考——录取入学形式的民事法律关系，在民事法律关系中，学校与学生的法律地位平等，各自相互行使和承担民事权利与民事责任。

3.特别权力关系说

学校，特别是高校与学生的法律关系性质，长期以来占主导地位的是大陆法系公法学说中的特别权力关系理论。在这种理论支配下，学校与学生之间的关系是一种严重不平等关系，主要表现在：一是学生承担各种义务的不确定性。学校往往出于主观的评价，在实现教育目的之内，可以为学生设定各种义务。二是学校可以以内部规则的方式限制学生的基本权利。对这种限制学生只能承受，不能或者很难获得司法救济。这样的结果无疑强调了学校的自主权，避免外部过多地干预办学自主权和学术自由，但不符合社会取向所希望的行政法治原则，必然给本已处于弱势地位的学生带来更大的不公。而从管理行为学角度上看，目前在校学生行为来分析，学生也未必随时随地、绝对地处于弱势地位。目前社会上反映出的诸多案例，已表明学生行为异乎寻常地超出了学校管理权相对人弱势地位的范畴，已给学校管理、教育带来了巨大挑战与困扰。

然而，随着依法行政观念的发展，学校为公务法人的理论观点受到多方面质疑。如要将特别权力关系中双方所有的争议，包括学生能否对学校的成绩评定、宿舍管理等方面的争议纠纷提起诉讼并纳入司法审查的范围的问题，这在法律上确实很难以实现，且也存在非常复杂的实际困难；学校与学生之间也确实存在着管理与被管理的关系等。因此，行政法学界又提出了几种学说，其中较有影响的，是把特别权力关系区分为基础性关系和管理性关系。提出了对涉及基础性关系的决定，如入学、学校毕业分配、参加考试、博士学位授予、退学或开除、留级、拒发毕业证书等，均认为是国家行政法规定的法定事项，应列入可诉性行为。对于一般的管理关系，如学术研究、成绩评定、着装发型礼仪等方面的规定、宿舍管理规定等，均认为属于学校内部管理权，则不列入司法审查范围的观点。

4.监护法律关系说

持此观点者认为，般而言，父母是其未成年子女的法定监护人，学生与其父母之间存在着监护关系。但在教育教学活动期间，学生实际上处于学校的管理控制之下，父母对其子女的监护权已经转移给学校，学校与学生之间存在着事实上的监护关系，学校应为未尽监护义务所造成的后果承担法律责任。

学校对学生在校期间受伤害的法律责任，一直是教育界和法律界争论的问题之一。究其原因主要在于：一是，学生在校期间的伤害事故屡有发生，而一旦追究责任，则学校、致害人和受害人各执其词；二是，我国法律这方面的规定尚不完善，由此导致实践中人们对这个问题的理解不一致，司法实践中遇到此类案件，在适用法律时只能很原则，最终难以使当事人心服口服。因此，正确认识学校对学生在校期间受伤害的法律责任，从法律上明确这一内容，对于保护学生的合法权益，维护正常的教学秩序，规范学校的管理行为，具有十分重要的作用。

5.双重法律关系说

有学者通过对学校学生管理过程中的关系进行综合分析，认为学校与学生之间的法律关系是一种双重关系，即部分为民事法律关系，部分为行政法律关系。民事法律关系如前面所述，而行政法律关系是因为学校基于法律授权而行使一定职权，在处理行政事务中与学生发生行政法律关系。但这些行政法律关系不能全部纳入司法审查的范围，否则将会妨碍学校正常的工作秩序，降低学校的权威，在这一行政法律关系中，只能部分排斥司法审查，部分通过司法途径获得救济。

双重法律观点是基于民事合同关系与行政法律关系两种观点的综合，既不完全赞同前面两种观点，也不完全排斥前面观点。这样一来，就不可避免地将前面两种观点的优劣一并带人到自己的观点中。即哪些学校行为属于民事合同关系，哪些行为属于行政法律关系，哪些行为可纳入司法审查的范围，哪些行为将被司法审查排斥，几乎无法界定，且也不具有实际意义与操作上的可行性。虽然如此，我们也不可否认地看到，双重法律观点表述比较符合我国现行教育体制、教育行政管理体制与诉讼法律体制下的学校与学生关系的表象，这是双重法律关系观点产生的基础，故这种观点并未从根本上深入分析学校与学生之间关系的性质、特征，而是对一些关系的表现进行综合得出的所谓双重关系。

（二）高校与学生的法律关系

以上诸多观点均有一定的合理性，但是由于高校身份的多重性，而使其与学生之间的关系定性复杂化，因而简单地认为高校与学生之间为纯粹的某一种法律关系均有不妥，故主张"综合说"，即认为高校与学生之间的法律关系是一种综合行政法律关系和民事法律关系的特殊关系。就高校与学生间关系的界定而言，首先得找到区分民事关系与行政关系的标准。行政关系的特征是必须有行政主体和行政相对人、双方地位不平等、行为的目的是对公共事务进行管理等特征；而民事关系强调双方地位平等、自愿、等价有偿，这些都是两者的区别，但最主要的判断标准在于这种关系是否涉及"公权力"的行使。所谓公权力就是法律法规授予国家机关或其他组织管理社会公共事务的权力，这种权力通常具有强制性、单方性的特点。高校的任务是向社会提供公共教育，这种公共教育实质上是一种公共事务，所以高校也涉及公权力的行使。应该说，高校与学生之间的关系既有行政的也有民事的：如给予处分、进行学籍管理就属于行政关系，双方之间不存在自愿、平等协商等问题；而此外的诸如收取学费、提供教学与生活服务、给予人身财产安全保障等均属民事关系。下面具体阐述一下高校与学生之间的法具体律关系。

1.高校与学生之间的特别权力关系

国立高校与学生之间存在着具有特殊权力因素的公法关系，特殊权力关系发生的前提是法律赋予高校对学生进行管理的职能。高校作为履行特定职能的公法主体，依法享有在其特定职能范围内自主判断、自定规章、自主管理的特殊权力。

我国《高校教育法》明确规定了高校"依法自主办学"和"按照章程自主管理"的权力。这种自主管理权，实际上是法律赋予学校的为保证其机构目标实现而对其内部事务进行处置的"自由裁量权"。理论界一般将这种关系定位为内部行政法律关系，即行政主体对其内部人员基于公法上的权力义务所形成的法律关系。如国家机关与其内部公务员之间、高校与作为其职工的教师之间的法律关系。

大陆法系公法学说倾向于将国立高校与学生之间存在的公法关系定位为"特别权力关系"。特别权力关系之说源于德国，在传统的德国公法学理论中，公法上的权力关系，分为一般权力关系和特别权力关系。前者是指国家基于主权作用，在其管辖范围内行使公共权力所形成的权力关系。这种关系类似于我国行政法理论中的外部行政关系。后者则是指行政主体在一定范围内，在其内部基于内部关系实施管理所形成的内部权力关系，类似于我国行政法理论中的内部行政关系，如公务员与国家机关之间的关系。特别权力关系的形成，可以是强制形成的，也可以是当事人自由选择的结果。但无论哪种形成方式，权力主体对相对方均有概括命令支配的权力，相对方都负有服从的义务。按照传统的法学理论，他们之间的这种管理和服从关系，不能由法律调整、不得寻求法律救济。

实际上，特别权力关系理论与我国内部行政法律关系理论有许多的共同之处，两者并无实质差别。但是作为严格的法律术语，内部行政法律关系本身存在着严重缺陷。从法律层面上看，纳入法制管辖的各种关系即转化成为法律关系，无论是内部关系还是外部关系，一旦转化为法律关系就毫无例外地受到司法管辖。我国的内部行政法律关系是否具有可诉性，一直是一个争议颇多并且未体现于法律明文规定的问题。正是在这种意义上，我国行政法理论界的内部行政法律关系，本身存在着逻辑缺陷。因此，特别权力关系的表述就显得更为科学合理。

高校在依教育法律法规或高校规章对学生进行管理时，是以公法主体的身份而存在和出现的，高校依据国家赋予的提供教育服务并进行管理的公法职能行使特别权力，学生负有服从容忍之义务，此时高校与学生之间发生特别权力关系，例如高校规定学生不得违反考场纪律，即是依公法职能进行管理，学生负有服从与容忍之义务。

2.高校与学生之间存在教育与受教育的法律关系

教育和接受教育是高校中最基本和最主要的活动。我国宪法和法律明确规定，受教育是我国公民的基本权利和义务，公民依法享有接受高校教育的权利。公民在取得高校入学资格后，有权受到与学校培养目标水平相符的教育，参加教育计划安排的各种活动，使用教育教学设施、设备和图书资料，在学业成绩和品行上有权获得公正评价，在完成规定学业后有权获得相应的学业证书、学位证书等。法律同时也规定了高校学生应当履行的法定义务，如高校学生应当刻苦学习科学文化知识、专业技能和政治理论，完成规定的学习任务，增强体质，具有良好的思想品德等。从高校方面看，作为法律规定的高校教育实施机构，在行使依法自主组织实施教育教学活动等教育职权的同时，必须贯彻国家教育方针，执行国家教育教学标准，保证教育教学质量，履行法律法规规定的教育职责。可见，实施高校教育，既是法律赋予高校的权利，又是高校应当履行的法定义务。高校与学生之间这种教育与受教育的关系，不同于平等主体之间产生的法律关系也并非因管理行为而产生，而是一种十分独特的法律关系，因为不论是学生接受教育还是学校进行教育，都既是法定权利也是法定义务。教育权和受教育权，都只能依法行使，不能自由处分。由于这种独特的法律关系涉及学生受教育权这一项宪法上的基本权利，因此确立、变更或消除都必须有法定依据，没有法律规定并经法定程序，高校不得限制或者剥夺其应享有的权利。但是，目前我国教育法、高校教育法等对有关招生不录取、勒令退学、开除学籍等涉及高校学生受教育权的重要事项规定模糊甚至没有明确规定，这对于学生受教育权的保护是十分不利的。为此，有学者指出，对于影响受教育权、可能使学生丧失受教育机会，如招生不录取、勒令退学、开除学籍等，应当适用"法律保留"原则，其基本原则应当由法律来规定。

3.高校与学生之间还产生平等主体之间的民事法律关系

高校与学生之间也存在着平权型法律关系，即平等民事主体之间基于民事法律规范而发生的民事法律关系。随着社会主义市场经济体制逐步建立和完善，高校教育领域内的社会关系与管理范畴发生重大变化，高校与学生间的关系正日趋呈现出民事法律关系的特征。在传统上，我们习惯于从教育与管理的角度审视高校与学生之间的关系，而较少从法律的角度看待两者间的关系。从前一角度出发，自然会得出两者是管理与被管理的关系。但是，我们不可否认，从法律上看，高校学生一般是18岁以上的成年人，他们自愿支付费用接受高校的教育服务。在两者之间，一方面是高校拥有办学自主权，包括处分权，这是教育法赋予高校的权利；另一方面是学生享有受教育权和其他各种权利。一旦发生纠纷，双方应该有地方去仲裁，去申诉和起诉，也就是说，两者间的关系实际上是一种平等的民事关系。在这种法律关系中，高校以民事主体的身份而存在，享有权利并承担义务，对作为相对方的学生并无概括支配、命令的权力，学生无接受、容忍的义务，而是以平等的民事主体的身份而存在，例如学校因收取住宿费、为学生订购教材等事项而与学生形成的法律关系。相比特别权力关系，在平权型法律关系中，高校与学生的法律关系具有如下特点：（1）主体身份平等，即双方具有同等的法律地位；（2）权利义务平等，高校与学生均享有民事权利、履行民事义务；（3）意志形成自由，不存在一方强制另一方为或不为一定行为的现象，即民事法律关系的发生不是他人强迫的结果。

随着教育改革的深化，出现了学生自费就学、自主择业、学校收取费用、提供服务的新情况。如何对收缴学费关系进行准确的法律定位比较有争议。有学者认为即使在市场经济下，学生支付的费用依旧不是其学习费用的完全对价，故这种关系不属于民事法律关系而应划为行政法律关系的范畴。笔者认为这种观点有待商榷。在公立高校实行学费制度后，学生支付的费用虽不完全等额于教育资源消耗，但毕竟是接受教育的大部分对价。不能因为财政支持而从根本上否认学费收缴关系的民事法律关系的性质。实际上，国家财政支持高校运作的费用是承担公共服务的职能，例如国家财政对学生贷款予以部分贴息，不能因为财政支持而将学生与银行之间贷款关系归纳为行政关系。尽管由于公办学校的性质和我国人民群众收入水平的限制，现在乃至将来一段时期，学校的收费还不能全部满足培养学生的支出，"合同"双方"对价"不完全相等，但双方形成的民事法律关系的基本性质是存在的。

高校与学生之间的民事法律关系，是一种属于或具有服务合同性质的民事法律关系。在高校特殊环境下，民事关系的双方，实际地位并不对等，学校与学生之间的服务合同，明显属于"格式合同"的性质，学生处于被动接受学校规定的状态，如教育合同、住宿合同等。

4.高校和学生之间是管理和被管理的法律关系

根据我国法律规定，为保证教学活动的有序进行，实现教育的宗旨和任务，高校有权招收学生，对学生进行学籍管理，实施奖励或者处分，颁发相应学业证书等，同时履行遵守法律法规，制止侵犯学生权利的不法行为，保护学生合法权益等职责；高校学生应当遵守法律、法规，遵守学生行为规范和学校的各项管理制度等。这是法律赋予高校自主管理权的重要内容。高校与学生之间这种管理与被管理的关系，由教育与受教育法律关系所派生，是教育和受教育权利义务实现的重要保证。在高校与学生之间，管理与被管理的法律关系中，高校管理权的来源一是法律的明确授予，二是作为独立法人所固有。根据我国法律规定，不论是公立高校还是民办高校，都有权对学生进行学籍管理、实施奖励或处分、颁发学业证书等。这些管理权具有明显的单方意志性和强制性，具备行政权力的主要特征，因此有学者认为高校经由国家法律授权，行使国家行政权力或公共管理权力。有学者认为，公立高校存在的目的是为公共利益的目的，为公众提供服务的，因此是公法人中的特别法人，根据法律规定所享有的自主管理权在性质上是一种公权力，高校与学生之间存在着公法上的"特别权力关系"。我国法律对学校自主管理权的确认和维护，是对学校作为公法人其内部存在"特别权力关系"的确认和肯定。尽管对高校自主管理权的性质目前还存在争论，但高校自主管理权的取得是基于法律的授权这一点是毫无疑义的。同时，高校作为按照章程自主管理的独立法人，有权依法、按章程对其内部事务实施管理，包括对作为其内部一方主体的学生进行管理。任何组织要作为独立的社会主体对外活动，必须首先构建相对稳定的内部秩序，确立其成员的权利义务关系，对其内部事务实施管理，这种管理权即组织"内部事务自治权"。一旦这种管理权为国家所确认，其行使就产生法律上的效力。现代社会，越来越多的组织被法律要求依章程成立和活动，经核准的组织章程是处理组织内部各种关系的"基本法"。事实上我国法律对诸如"居民委员会自治"、"村民委员会自治"以及一些协会依章程自主管理也作了确认或者要求。高校依法对学生实施管理，是行使它作为按章程活动的组织必然拥有的"内部事务自治权"的结果，由此与学生产生管理与被管理的关系。值得注意的是，在管理与被管理的法律关系中，高校必须严格在法律和国家规定的范围内依法行使管理权。高校学生享有宪法规定的基本权利和法律规定的其他权利，其人身自由权、生命健康权、姓名权、肖像权、名誉权、荣誉权、隐私权、财产权等合法权益受法律保护。因此，高校不论是制定有关学生管理制度，还是实施具体管理行为，都不得侵犯学生的合法权益。例如对违反管理秩序的学生，学校有权进行批评教育、制止、责令改正，可以根据有关规定给予处分，但无权对学生的通讯工具、书籍等财物予以强扣、没收，无权搜查、检查学生（包括对考试作弊的学生）的身体、物品等。因为对人身权、财产权的限制或者剥夺，只能由法定国家机关根据法律规定按照法定程序进行。如果高校实施了上述行为，则构成了对学生合法权益的侵犯，制定有关学生管理制度是高校行使管理权的重要形式。但是高校制定各项管理制度必须在其自主管理权限范围内，并遵循"不抵触原则"（即不得与现行法律法规及国家有关规定相冲突），即在法律法规及国家有关规定对有关事项已有明确规定时，学校的管理制度只能对其作出具体化规定而不能突破，否则无效。例如在引起社会广泛关注的"田永诉北京科技大学拒绝颁发毕业证书和学位证书案"中，田永在补考时携带写有与考试有关内容的纸条。学校认定田永的行为属考试作弊，并根据学校的管理规定决定对田永作退学处理。在诉讼中法院认为，北京科技大学的管理制度扩大了"考试作弊"的范围，而且按照原《普通高等学校学生管理规定》，考试作弊不属于应予退学的范围。学校的管理规定与国家规定相抵触，依据该管理规定所作的处理当然也无效。另一方面，对于法律法规或者国家有关规定没有明确而又属高校自主管理权限范围内的事项，高校在不违反法律基本精神和原则的前提下可自主制定的管理制度，不能认为没有法律依据。

二、高校对学生的管理权

（一）高校管理权的特征、性质及内容

1.高校管理权的特征

高校管理权是指国家特别是教育行政部门为了实现一定教育目的，而赋予高校对其内部的人员、事务、财物等进行组织安排的一种复合性权力。它具有行政权力和民事权利的双重属性，主要属性为行政权力。高校管理权是高校自主权的一部分，是政府权力下放给高校的产物，是随着高校教育的产生而产生的。在教育尚未普遍成为国家的管理职能之前，学校管理工作主要是教育机构的内部管理，教育教学管理权也主要是指教育机构自我管理的权力，并集中于教师对学生学习事务的管理。到了近代，高校教育教学管理在古代教育教学管理的基础上发展成为专门的领域。国家通过立法、行政、执法和司法等手段加大了对高校教育的管理力度，使高校管理有了外部管理和内部自我管理之分。管理权也有广义和狭义之分，广义的管理权既包括国家立法机关制定高校教育法律的权力，国家行政机关管理高校教育的权力，也包括高校自我管理的权力，甚至还包括各种社会力量或利益集团等参与高校教育教学管理的权力。狭义的高校教育教学管理权，主要指高校的自我管理权。本文就是对狭义的高校管理权进行探讨，去研究高校对其内部重要组成部分即学生进行组织安排的这种复合性权力。

2.高校管理权的性质

高校是事业法人，原本不属于行政机关，不应享有行政管理职能。但根据我国《高校教育法》规定的高校教育的任务，高校作为承担教育职责的组织，要保障教育教学管理行为的顺利进行，不仅要维持日常的教学活动，更需要一定的权力对学生进行管理。有学者认为，高校作为教育活动的组织、实施者，对学生的学习、生活起着主导作用。首先，这种作用主要体现在对学生的奖励或惩罚行为，并且此类行为的作出都是依据有关法律和校内规章；欺，学校对学生做出的具体的奖励或惩罚，学生一般只能接受。极少有人能凌驾于学校的意志之上，改变校方已经做出的决定。类似情形很明显地体现了学校管理的主动性和学生的被动性。

《教育法》、《高校教育法》、《学位条例》和《普通高等学校学生管理规定》都授予高校对受教育者进行管理的权利。虽然在教育法中并没有区分"权利"和"权力"，但从权利的实质内容来看具有行政权力的实质特征。首先，具有国家意志性。这些权利是普通公民和其他社会组织所不能行使的，只能由教育行政部门

和法律、法规授权的组织行使；其次，具有法律性。该项权力必须以法律、法规的规定作为依据；最后，具有单方意志性。高校行使这些权力是单方行为，无需征求相对人的意见，更不会与相对人协商。而这些特征完全符合行政法关于行政权力的规定。另外，从高校对学生进行管理的内容可以看出，高校管理行为会对学生的权益产生重大影响，这些行为对与其处于不平等地位的学生而言是具有确定力、约束力和执行力的，是典型的行政行为。英国著名行政法学家施瓦茨在20世纪70年代出版的《行政法》专著中，即认为公立学校给予学生纪律处分的行为应作为公行政的研究范围。法国行政法也认为各高等院校、大学院校、公立中学等均属于公务法人的范畴和地方团体、国家一样是一个行政主体，并按照公私法标准来区别大学的不同地位从而确定学校与学生的不同权利、相互关系及相应的救济途径。因此，综上所述，高校对学生在行政法律关系领域进行管理的这种权力应该属于行政权力，是一种公法上的权力。

3.高校管理权的内容

在办校过程中，学校依法享有较为广泛的权利，按照法律规定并结合实践中的经验，高校对学生的管理主要包括学籍管理、教育教学管理、秩序管理、学位授予管理等方面。

（1）学籍管理

学籍管理以学生入学注册为时间基点，是高等学校学生管理内容的重要组成部分，是教学管理的制度规范，是高等学校保证教育教学活动顺利进行的基本依据，同时又是对学生在高校学习的规范要求。

（2）教学管理

教学管理职能是对《教育法》的具体化。学校有权制定教学计划和教学大纲，还要组织相应的教学活动，将教学计划和教学大纲付诸实施。学校有权组织实施对学生学习情况的考核活动，有权对学生班级、学生社团组织及课外活动进行管理，这些都是高校教学管理的范畴。

（3）秩序管理

学校秩序管理包括对教学活动秩序的管理和其他一般秩序的管理。对教学活动秩序的管理包括课堂考勤、课堂纪律等方面的内容。一般秩序的管理通常包括学生寝室管理、学校安全管理、学校卫生管理，甚至对学生在婚姻、恋爱方面的管理。新规定对于校园秩序管理中较突出的相关问题和学生课外活动相关内容及管理进行了规定，如建立健全学校学生住宿管理制度、校园管理制度、社会实践勤工助学制度等。

（4）学位授予管理

授予学位是国家承认的高等院校和特定科研机构享有的权力。学位授予是对高等院校学生在校学习阶段的学术评价之一，直接影响学生的未来发展。因此将此纳入法律调整，以防学校滥用学位授予权侵害学生的合法权益。

（二）高校学生管理权与学生私权的冲突

1.高等学校管理权与学生受教育权之间的冲突

在我国，受教育权是宪法赋予公民的一项基本权利，受教育权直接影响个体的发展权、生存权、对社会成果的享受权和对社会发展的参与权。因此，保障个体的受教育权，至关重要。宪法第46条规定："中华人民共和国公民享有受教育的权利和义务。公民不分民族、种族、性别、职业、财产状况、宗教信仰等，依法享有平等的受教育的机会。"我国《教育法》《高校教育法》《学位条例》等规定，受教育权主要包括以下内容：学生有参加教育教学计划安排的各项活动的权利；使用教育教学设施、设备、图书资料的权利；按照国家有关规定获得奖学金、贷学金、助学金的权利；学业成绩或品行获得公正评价的权利；完成规定的学业后获得相应学业证书、学位证书的权利；对学校给予的处分不服向有关部门申诉的权利；对学校、教师侵犯其人身、财产权等合法权益提出申诉或者依法提起诉讼的权利；在课余时间参加社会服务、勤工俭学的权利；组织学生团体以及申请补助或者减免学费的权利。而在现行各高校的校纪校规中因各种理由剥夺学生受教育权的规定很多，如由于学生拖欠学费不予登记注册、不准参加考试、不发放奖学金及助学金，甚至开除学籍或不颁发毕业证书和学位证书等。以上种种高校行为严重背离了教书育人的目的，侵犯了公民受教育权这：宪法性权利。

2.高等学校管理权与大学生隐私权的冲突

所谓隐私是指不愿告人或不为人知的事情。隐私权是自然人就自己个人私事、个人信息等个人生活领域内的事情不为他人知悉、禁止他人干涉的权利。隐私权的特征：第一，隐私权的主体只能是自然人，法人无隐私。第二，隐私权的内容具有真实性和隐秘性。第三，隐私权的保护范围受公共利益的限制，个人对隐私权的利用不能违反法律和社会公共利益。隐私权包括的具体内容为：个人生活安宁权、个人生活信息保密权、个人通讯秘密权、通信自由等。大学生的隐私权与一般隐私权相比，具有许多特殊性。如大学生应享有保守姓名、肖像、电话、通信、日记和其他私人文件等秘密不被刺探、公开或传播的权利；大学生有私人生活不受他人监视、监听、窥视、调查或公开的权利；大学生享有宿舍不被非法侵入、窥视、骚扰或搜查的权利；大学生享有家庭关系、亲朋关系不受非法调查或公开的权利；大学生享有学习成绩或名次、处理或评议结果不被非法公开或扩大知晓范围的权利；大学生享有纯属私人情况（如恋爱史、疾病史）或私人数据不受非法搜集、公开、传输、处理和利用的权利。从制度设计上来看，隐私权虽然还没有被普遍承认为一项独立的法律制度，但从世界范围来看，占主流的观点和总的发展趋势表明，它是一种在世界范围内正在得到确认的权利。我国民法通则虽没有明确确认隐私权为一项独立的民事权利，但最高人民法院《民法通则》规定："以书面、口头等形式宣扬他人隐私、捏造事实公然丑化他人人格，以及用侮辱、诽谤等方式损害他人名誉，造成一定影响的，应当认定为侵害公民名誉权的行为。"可见，我国对于隐私权的保护是比照名誉权保护方式进行的。

3. 学生权利受损后的救济制度的欠缺

从法理上讲，学校行使自主管理权对违纪学生做出处罚时，要求具有符合法治精神的严格程序和正当程序，诸如举报程序、调查程序、做出处罚建议程序、辩解和申诉程序、听证程序、做出处罚决定程序、具体实施处罚程序等。处分学生涉及退学、开除等事项时，应当实行公开的咨询、听证和答辩程序，必须给予学生异议权和异议期，但我国相关法律在这方面的规定却很不完善。

当学生的合法权益受到学校的管理行为侵害后，其救济途径不外乎两种：一是申诉，二是诉讼。我国《教育法》第42条规定："受教育者享有下列权利：对学校给予的处分不服向有关部门提出申诉，对学校、教师侵犯其人身权、财产权等合法权益，提出申诉或者依法提起诉讼"，又规定：受教育者有权"对学校给予的处分不服向有关部门提出申诉，对学校、教师侵犯其财产权、人身权等合法权益提起诉讼"；同时，《普通高等学校学生管理规定》第5条规定："对学校给予的处分或者处理有异议，向学校、教育行政部门提出申诉；对学校、教职员工侵犯其人身权、财产权等合法权益，提出申诉或者依法提起诉讼。"从我国现行法律规定看，学生权益一旦受到侵害，学生可以通过学校内申诉处理委员会，对所受到的处分进行申诉和救济，如对处理有异议，还可以向教育行政部门提出申诉，这充分体现了高校学生管理无救济就无处分的法治思想，对保护学生的合法权益具有重要意义。

但我国相关法律并未就学生行使救济权的具体程序和可诉性救济方法做出规定，这给学生维权带来了一定的难度。表面上，学生有明确的救济方式，但实际上这种救济方式缺乏一套行之有效的执行程序，因此迫切需要出台法律来保障申诉程序的规范性和透明性。根据现代法治社会的"司法最终裁决"原则，一切纠纷都应该经过处于中立地位的司法机关的最终裁决，虽然高校管理行为侵犯了学生的财产权、人身权、选择权等可以通过民事诉讼的途径解决，但我国对高校与学生之间涉及教育教学管理权的纠纷却没有规定诉讼途径，实践中所发生的学生起诉高校的案件大量都得不到司法救济。

第二节 高校行政管理研究

高校凭借其结构和制度，通过有组织、有计划的行动实施，达到积极发挥管理功能作用，我们通常将其称之为高校的行政管理。在这个过程中，如何在科学发展观的引导下，带领全体师生员工借助高校所有的资源，有效完成高校以教学为中心的各项任务，实现其预定的目标，则是高校行政管理工作重中之重，同时，积极进行高校的行政管理与建设也是高校发展的关键。

执行力是从管理学派生出来的，拉里博西迪与拉姆：查兰合著的《执行一如何完成任务的学问》一书在美国问世，该书一推出便好评如潮，销售了30万册，创下了在全球最大的网上书店"亚马逊"商业图书中销量第一的纪录，短短一年间就被译成数十种文字。书中说明执行力是企业管理的最大黑洞，所以"执行力"一时成为管理界的"时尚"用词，对执行力的研究也一下子风靡全球，中国也不例外，甚至把2013年称为中国企业的"执行力"年。伴随着企业界对执行力的不断关注和深入探讨，教育理论工作者和管理者也将企业的执行理论引入到教育领域并应用于学校教育领域，形成了初步的理论和实践成果。因此，必须充分认识和重视高校行政管理执行力建设的作用。一所高校要有竞争力就必须提高行政管理执行力，执行力是高校行政管理成败的关键。

第一部分：高校行政管理与执行力建设

一、高等院校行政管理的基本内容与目标

（一）高等院校行政管理的基本内容

1.科研行政管理

改革开放以来，学校科研工作在服务经济建设和攀登科学技术高峰方面都取得了很大成就。尤其是高等院校，不仅是我国基础性研究与高新技术研究的主力军，也是科研攻关、引进项目消化吸收、传统产业技术改造中的重要力量。高等院校科研工作的发展，不仅为培养高级专门人才创造了条件，促进了高校研究生规模的扩大，而且对师资水平的提高，对更新教学内容、改进教学方法、促进新兴学科的形成和发展，都产生了重要的推动作用。

高等院校本身的知识储备和人员优势，使其承担了更多的科学研究职能。尤其是研究型大学的科研职能更是使之成为研究型大学的主要特征。与一般科研机构或其他层次的学校相比，无论就其类型还是就其特点来说，高校的科研工作更

加系统，涉及领域更加广泛，所以，高校的科研管理工作也更加复杂。一般说来，高等院校的科研管理主要包括科研预测与规划管理、科研机构与队伍管理、科研项目与经费管理、科研成果与应用管理。

科研预测，就是用科学的方法分析研究现代科学技术各个领域的内在联系，以及与技术发明、技术应用有关的一系列问题，寻求科学技术未来发展的目标，预测即将出现的技术发明及其效果，从而为制定科研计划提供重要参考。而科研规划实际上就是在科研预测的基础上进行决策的结果。制定规划的过程即目标和方案的选择过程，也就是决策过程。高等院校在制定规划的过程中，必须根据我国经济、科研与社会发展的中长期需要，以及本校的科研力量和学科优势，选择和确定学校的重点建设学科、研究方向和科研项目，选择和确定一批能带动全局的重点课题，认真组织力量，合理配置资源，有效实施监督。

科研机构和科研队伍的管理，是高等院校实现科学研究工作目标和任务的组织保证。考虑到高校科研机构自身的特殊性，在机构管理上要注意采用灵活的管理方式，要充分发挥科研机构对教学的促进作用。考虑到科研人员的稳定性和流动性，高校科研队伍的管理应根据科研任务的大小，注意形成一支相对稳定的科研骨干队伍。

科研项目及经费管理的状况和水平，是高校科研行政管理水平的重要标志。在竞争条件下，高校可以凭借自己的科研优势和出色的管理获得与自己科研能力相适应的科研投资，因此，提高科研经费的效益，既是高校对外科研竞争的需要，也是高校自身发展的需要。高校科研经费的管理要结合项目立项管理，不断改进科研成本核算和财务管理。

科研成果与应用管理，主要是指科研成果的评价，科研成果的鉴定，以及科研成果的推广应用。在科研成果的管理上，高校不仅要重视成果的鉴定和评估，更要重视促进科研成果的推广和应用。科研成果推广、应用的程度及所取得的社会效益和经济效益的大小，才是衡量高等院校科研成果成功与否的根本标志。

2.教学行政管理

教学行政管理是学校保证和提高教学质量的重要环节，对于教学工作的正常运行有重要意义。教学行政管理的根本任务是教学管理部门根据教学计划将各年级、各专业的各种类的课程，通过教师和教学设施的投入，科学有效地组织成为有效、高效、高质的教学过程。通常情况下，教学行政管理的目标是通过对教学全过程的质量监控、教学制度的制定、教学评价的实施等环节来实现的。教学质量管理、教学制度管理和教学评价管理之间相互作用。教学制度管理和教学评价管理是教学质量管理的重要保证。

教学质量管理是学校一切工作的首要环节，是学校教育教学的根本。教学质量管理就是以重视教学质量的观念和对质量的责任感为基础，采用科学手段对教学工作全过程进行设计、实施和检查分析，以保证教学目标实现和教学任务完成的一种管理方式。管理者要在正确教学质量观的指导下，用一定的质量标准，对影响"教"与"学"的各种因素进行检查、分析和控制，以保证教学任务的全面完成和教学质量的全面提高。管理者应按照一定的标准，对教学过程和教学成果进行检查、分析和评价，应按照"三全"质量管理（全员质管理、全程质量管理和全局质量管理）的要求，强调教学行政的全员性、全程性和全局性。

教学制度管理是协调和稳定教学秩序，使教学系统正常运转的根本保证。制定和采用什么样的教学制度，以及如何保证教学制度的效用最大化，是教学制度管理的主要内容和目标。"教育的培养目标和基本规格通过一定的教学制度予以实现"。在选择教学制度时，要考虑到具体的国情、校情，依据各学校的性质、任务和条件而定。综观近百年来世界各国大学教学制度的模式，在制定教学计划、分配课程学时、计算教师和学生活动量控制教学进程等环节的方式上，主要是学年制和学分制两种教学制度。学年制教学与学分制教学，都有其优越性的方面，也存在着某些不可弥补的缺陷。随着我国高校教育改革的发展，我国各高校都在对教学制度的改革进行探索与实践，试图建立一种既保留学年制计划性的优点又吸取学分制教学灵活性特点的教学制度，切实提高教学质量。

教学评价管理是学校为了全面贯彻国家的教育方针，保证教学质量，促进学校发展而对教学工作进行的一种督导活动。它是通过对教学活动全过程及其管理进行检查、监督，掌握情况，总结经验，发现问题，及时进行分析与指导。从质量管理角度看，教学评价管理的对象或内容就是影响教学质量的诸因素，如教学目标、教学计划、教学管理、教师、学生、教学条件等。由于大量的具体的质量问题出现在日常教学活动中，所以教学评价管理的工作重点主要在教学常规管理的范围内，尤其是对日常教学活动及其管理进行检查、监督。进行教学评价时，应遵循客观、积极、实效等原则，做好教学质量评估体系的建设的基础工作，建立科学的运行机制。

（二）高等院校行政管理的目标

1.高校教育行政主体依法行政

教育行政属于国家行政管理的一个组成部分，教育行政行为除了要受到教育法律法规的规范外，还必须受行政法律的规范。行政权力是国家公共权力，与公民、法人的权利相比，具有优先性、强制性等特点。这就很容易给服从公共权力的公民和法人和其他社会组织造成人身、财产等权利的损害。所以，教育行政管理法治化，主要是教育行政主体要依法行政。这在前面已有专门论述。事实也证明，古往今来的一切国家中，对法制的威胁和危害主要不是来自公民个人，而是来自公共权力和官员。有法不依，执法不严，以权压法，以言代法，都是来自上面，来自官员。所以，高校教育行政管理法治化，依法治教，首先是规范政府及其教育行政机关的职权和公务人员。目前，最为紧要的是贯彻落实《高校教育法》以及有关的法律法规，落实高等学校的办学自主权，实现政府宏观调控、高校自主办学、社会积极参与的高校教育教学管理新体制。

2.保障教师和学生的正当权益

教师和学生也是高校教育法律关系的重要主体。教师是推动和影响高等学校发展的人才动力。因此，确认教师的法律地位，确认和保障其合法权益，特别是要保障其教学和科研自由，为之提供制度、组织和物质条件，对有突出贡献的教师给予奖励，调动高等院校广大教师的积极性，充分展现其创造才能，是高校教育行政管理的重要目标之一。对于受教育者，要保证其教育机会的均等，按照国家规定获取奖学金和贷学金，完成规定的学业后获得学业证书和学位证书等合法权益，促进其成长为业务素质良好、个性鲜明、勇于创新的时代公民。

3.高校教育关系主体依法定位，正确行使权利，积极履行义务

在高校教育行政管理中，行政法律关系的主体有教育行政机关，其他国家机关，高等学校及其他教育机构，企事业单位，社会组织和其他公民等。这些主体之间的关系可以概括为高校教育的举办者、管理者、办学者三个主体之间的关系。我国在计划经济体制下，政府包揽了从举办、办学和管理的一系列权力，高校教育领域的社会关系基本上是政府与学校的一种行政关系。改革开放以来，特别是社会主义市场经济体制的逐步确立，政府单一办学的格局逐渐打破，高等院校的独立法人地位逐渐确立，这就必然带来高等领域内社会关系的变化和重组。这种变化使传统的政府与高校两个主体的关系逐渐分化改组为办学者、举办者和管理者三个主体之间的关系。

二、执行力与高校行政管理价值目标的实现

（一）高校执行力的概念内涵

首先需说明的一点是，明晰概念是科学研究的逻辑起点和基本前提。原本"执行力"是一个必须认真探讨的核心概念，但目前教育领域对执行力概念的界定，笔者认为绝大部分借鉴了企业管理中执行力概念的表述，未能体现执行力在教育领域的独特性，所以本文只对另一核心概念高校执行力的概念内涵研究进行综述。

目前学术界虽对高校执行力有多种定义，但却还没有统一的定论，更没有专门的论著和文章对此进行论述，只是散见于一些探讨学校执行力的相关问题的文章中。从这些定义的解析视角来看，基本可分为两类：

第一类是从广义的视角进行解释，其基本点是从高校职能出发，将执行力涵

盖到高校行政活动的整个过程，以作出全面综合的概括。如中国石油大学（北京）党委书记蒋庆哲认为对于高校来说，执行力的核心作用在于实现学校的战略性的长远目标，实质是指按照党的教育方针政策，完成学校战略决策、战略规划等能力。

第二类是从狭义的视角进行解释，即把高校执行力仅仅限定在高校政策的制定和执行上。如杨振娇认为所谓高校执行力就是指其落实党的方针政策、完成学校战略决策、决议和工作部署的实践能力和操作能力，当前高校执行力主要就体现在领导学校跨越式发展的思路和作为上。齐永胜则给学校执行力下了一个最简单的定义，他认为学校执行力就是按质、按量、按时完成自己的工作。苏天从在他的硕士学位论文下的定义是：所谓学校的执行力，就是学校内部的各个管理层次、各个岗位的教职员工在共同愿景的牵引下，在有利的执行条件（如文化、经费、制度等）的基础上，贯彻落实学校制定的战略决策、方针策略、制度措施、方案计划和实现学校战略目标的能力。

高校行政管理执行力，简而言之，就是高校行政管理的执行能力。根据高校行政管理层级、职责、作用的不同类型，可以分为高校操作层的执行力、高校管理层的执行力，以及高校决策层的执行力。

（二）高校行政管理执行力建设的原则

加强高校行政管理执行力建设，必须坚持和贯彻以下四个基本原则。

1.首要是高校人才培养

培养德智体美全面发展的中国特色社会主义合格建设者和可靠接班人，始终是我国高校的根本任务。紧紧围绕培养什么人、怎样培养人，办什么样的大学、怎样办好大学等重大课题，坚持教育以育人为本、以学生为主体、以人才培养为根本任务，大力实施素质教育，促进学生全面发展，才能确保中国特色社会主义事业后继有人。

2.根本是高校教授治学

党委的政治领导、校长的行政职权和教授的学术权力，构成高校管理体制和运行机制的基本方面。党委领导、校长负责和教授治学这三个方面，涵盖了高校的三大资源（即政治资源、行政资源和学术资源），反映了高校三大资源的优化配置问题。毫无疑问，能否实现高校三大资源的最优配置，始终是衡量高校管理的质量与效率的根本标准。

3.关键是高校校长负责

校长负责是坚持党委领导下的校长负责制的基本要求。校长作为高校的法定代表人和行政负责人，全面负责高校教学、科学研究和其他行政管理工作。坚持和完善党委领导下的校长负责制，关键是要发挥校长的行政领导作用，保证校长依法、独立、负责地开展工作，行使行政管理职权。在高校管理过程中，校长既是党委决策的具体执行者，也是党委决策的主要参与者。只有贯彻落实好校长负责制，党委的领导核心地位才能真正得到坚持和巩固，党委领导与校长职权的和谐关系才能得以保证和加强，社会、学校和师生员工的根本利益才能得到更好地维护和实现。

第二部分：高校行政管理执行力现状与制约因素

一、高校行政管理执行力的现状

经过数百年的发展，高校教育承担着教学（培养人才）、科研（学术研究）以及社会服务三大职能，高校行政管理对这三大职能的实现起着重要作用。高校行政管理是配置高校教学资源、人力资源等诸多有形或无形资源的核心，其目的是为教学和科研服务，它所追求的目标是效率和效益，并通过提高效率和效益使大学追求的目标得以实现。因此，高校行政管理水平，是衡量学校整体水平的重要标志，提高高校的行政管理水平和工作效率，对于加快高校发展具有重要意义。

（一）当前我国高校行政部门设置所遵循的基本原则

高等学校要追求和实现管理效率，就必须科学、合理地设置管理机构。建立科学的行政管理系统，必须遵循"因事设岗"的原则，摈弃"因人设岗"的做法。机构及其岗位的设置，要以"事"为中心。

以"事"为中心就是要"因事择人"，优化资源分配，让合适的人在和合适的岗位上，才能发挥执行力的信服度。为了更好地实现高校教育的目的，必须有效调配高校内部的人员和各种资源，确定它们之间的各种关系并明确相应的职责，这就形成了高校的组织结构和机构。当前我国高校机构设置所遵循的基本原则主要有以下几个方面。

1.部门化

部门化，即把相互联系紧密的管理活动集中在一起，成立相应的管理部门。常见的高校内部部门组织机构主要有两种类型：（1）按照职能划分的职能组织机构。当前我国许多高校内部普遍设置有教务处（部）、学生处（学生工作部）、科研处（也称科技处）、人事处、计财处、后勤集团等行政职能部门；（2）按照学科划分的学科组织机构。根据科学知识的基本体系，在高校内部按照学科及其下设专业设置若干教学院（系、部），作为开展教学和科研活动的主要场所。

2.建立职权等级，明晰职责

在正式组织中，组织结构具有层次性，由此形成职权等级，并通过决策权来影响人们的行为。职权等级规定了各级管理职务的责任和上下级的关系，通常以分权和授权的方式表现出来。分权是把权力委任给组织的各个部门，授权是上级把权力委托给下级的过程。

（二）当前高校行政管理的问题

进入新世纪后，高校教育发展很快，形成了一定的规模，存在着一定的影响力，而且得到大力的推广。我国独立设置的高等院校已经遍布全国。随着社会的不断进步，社会对人才的要求也越来越高，这就要求高等院校不断提高管理水平，尤其是行政管理水平，来提高院校运行效率。高等院校经过不断改善和发展形成多种多样的形式，目前主要有成人高校改制、职业大学、中专等等还有一些民办的教学。

基于这些情况，当前高等院校的行政管理还存在一定问题，在一定程度上制约了高等院校行政管理执行力发展水平。高等院校行政管理大概有当前的一些问题：

1.效率较为低下

当前部队院校的行政管理模式大都是沿用政府的行政管理模式，并且以政府官员的级别作为参考标准。由于长期以来，我国政府的行政管理模式较为落后，办事效率不高，缺乏许多有效地管理机制，导致了许多部队院校的行政管理也较为落后。在制度体系上缺乏监督以及有效的责任机制，在管理上缺乏有效的激励机制。这样就导致了部队院校管理工作的不能正常运行，不能促进部队院校更好的发展。

2.明显的行政化趋势

高职院校的主要形式是以公办形式行政机构为主的，整个组织结构主要由学院、系部、教研室等几个部分组成的，严格来说这就是一种教学行政管理的组织形式。部分高职院校的内部不断的强化这样行政级别，行政管理的主要形式当然是以行政管理为主导，加上各部门的委员和专家的配合，虽然其中有很多力量的加入和有效的措施，但是高职院校的管理作用没有充分发挥出来。

3.落后的管理模式

用政府的行政模式和级别作为参考标准，长期以来我国的高职院校在行政管理模式上相对落后。目前高职院校的管理机构机制有很多的缺乏，需要进一步的完善，在制度体系上缺乏有效监督和责任机制，没有相应的激励机制，这样的形式自然会影响行政管理工作的效率，久而久之还会影响院校工作的正常运行，不能更好地加强高职院校特色建设，不能促进高职院校多样化发展，最重要的是制约了整个学校的长远发展。

4.不重视团队合作

由于部队院校采取的还是传统的行政管理模式，缺乏对团队协作的重视程度。并且管理团队中，成员素质参差不齐，缺乏统有效地协调机制。团队成员的合作意识不强，导致了部队院校的行政管理中，团队协作能力不强，工作不能有效地开展。行政管理团队成员能力不均衡，团队缺乏一定的协调性，合作意识不足，形成管理梗阻的局面；没有有效的激励，没有规划工作人员职业生涯管理，整个团队没有中心归属感。

二、高校行政管理执行力的制约因素

高校行政管理执行力的高低受多方面因素的影响，即有内部因素也有外部因素，在一定时候还受到内外部条件的制约。内部因素主要有本校的管理体制、执行系统等。外部因素主要有国家的政治体制、资源条件、教育政策等。提升高校行政管理执行力的关键就是在不同的外部条件下充分利用内部资源，或通过改革内部管理模式与方法，充分利用外部条件，实现学校目标。

（一）内部因素

1.管理体制

（1）管理制度是执行系统的基础

高校管理制度包括相对稳定的规章制度和工作规程的建立，同时也包括这些规章制度能否全面实施，以及学校各项工作能否正常有序运转的管理机制。俗话说："无规矩不成方圆"，国无法则天下乱，高校没有一套完备的管理制度，则无秩序和执行力可言。因此，高校搞好学校的制度建设，对于提高高校执行力，实现制度化管理，保证学校目标和任务的完成都是很有必要的。

随着社会的发展，高校的规模在不断扩大，高校领导人再用以往的方式来管理学校已经彻底行不通了，要在管理模式和管理机制上下工夫，要打好制度管理的基础。制度应该成为化解矛盾、消除矛盾的依据，成为辨别是非的标准、协调关系的准则。高校工作从教学到科研，从人事到财务，从行政到后勤，无不需要一套科学、完整的制度来规范。因为全部教职员工都需要一个更加开放、透明的管理制度，需要建立一个顺畅的内部沟通渠道，更重要的是形成规范的、有章可循的"以制度管人，而非人管人"的管理制度，增加内部管理的公平性。因此，高校只有通过严格的制度管理，打破"人管人"的旧模式，实行"有制可依，有制必依，执制必严，违制必究"的管理方式，实现管理职能化、制度化，才能提高高校的管理效率和执行力。

（2）学校高层管理者是执行成功的关键

高校运转的主要过程一般包括：计划、组织、沟通、领导与评价。其中，领导是最为重要的，可以说，有什么样的高校管理者就有什么样的高校，也就是说，高校管理者是高校管理效能的关键人物。其中，管理者的素质和领导风格又是决定执行力的关键。

2.执行系统

（1）执行的决策系统

从执行的决策系统的角度分析，执行力是对决策方案理解并组织实施的能力，而决策是执行的前提，决策应该指明高校发展的方向，具有首要的价值意义，在这一点上，可以说决策的正确与否决定了执行力的成败。现代社会是一个信息化的社会，一个决策的正确与否又取决于这个组织所掌握的信息、情报的多少和准确程度。高校行政管理执行力水平要想提高必须依托一个强有力的决策系统，为此，一方面发展规划部门应发挥智囊团、信息中心和咨询机构的作用，为学校的发展战略规划的设计提出咨询意见，当好领导的参谋和助手；为高校决策重大问题提供政策依据、国内外高校可借鉴的成功经验以及对学校某些热点问题的调研报告等，供领导进行决策和参考。另一方面，积极发挥各方面的作用。发挥专家、教授在民主决策中的重要作用，发挥教代会民主管理主渠道的作用，发挥民主党派献言献策的作用。校领导要真实地了解教职员工，把握基层教学、科研的运行状态，就要让教职员工说真话，畅通信息通道，保障校务公开。

（2）执行的实施系统

执行的实施系统是一个具体、落实和实践操作的过程，而我们衡量执行力的主要标准就是要看执行的效能。决策一经确定，如何提高执行效能至关重要。我们认为，应当从高校内、外部沟通，高校组织结构的整体系统，全体师生、员工对细节重视程度三个方面来考虑。

（二）外部因素

1.政治体制

在我国，高校的行政管理执行能力受到国家大的政策方针等各方面的制约和影响。目前，我国高校实行的是党委领导下的校长负责制，党委领导是核心，校长负责是关键。在这种体制下，学校由党委统一领导工作，支持校长按照《教育法》的规定，主动、独立地开展工作，以保障教学、科研、行政管理等各项学校工作任务的完成。

2.资源条件

经济学家认为："资源"主要包括投入生产活动的"生产要素"的总和，如资本、劳动力、技术、自然资源等，也泛指存在于一定社会中，能够满足主体需要的物质财富和非物质财富，有物力资源、人力资源和财力资源三种形态。管理中执行力作用发挥的好坏，与管理者对已有资源和可使用资源的挖掘、整合等关系紧密。在高校行政管理的执行过程中，如果缺乏必要的可用于执行的资源，执行的结果也难以达到预期的目的。因此，学校管理者要善于在管理过程执行中，充分认识资源的重要性，及时、有效地配置资源，把效益问题放在突出的位置。

3.教育政策

当前，国内学者对于教育政策的定义主要有以下几种观点：（1）教育政策是一个政党或国家为实现定时期的教育任务而制定的行为准则；（2）教育政策是国家和政党为实现教育目标而制定的行动准则；（3）教育政策是一种有目的的动态发展过程，是政党、政府等政治实体为实现一定历史时期的教育目的和任务而规定的行动依据和准则；（4）教育政策是赋有教育的法律或行政责任的组织及团体为了实现一定时期的教育目标和任务而规定的行动准则。高校的行政管理行为是以相关的教育政策为准则与指南的，要想获得较高的行政管理执行力，首先需要对教育政策具有较高的认同感，而这种政策认同感又是同教育政策的质量紧密联系的。政策学研究中认为："政策的有效执行是以高质量的政策为基本前提的。政策执行的好坏首先就受制于政策本身的质量高低。"而教育政策的质量高低是同政策目标、政策内容、政策运行等方面紧密联系的，政策目标的正确与否决定了政策执行的方向，政策内容的科学与否决定了政策的可行性，政策运行的稳定性又制约着政策执行的连贯性。

第三部分：高校行政管理执行力的提升策略

一、高校行政管理执行力的组织结构研究

在学校执行力的各种制约和影响因素中，组织结构的选择和构建也是重要因素之一。一个好的行政组织结构系统能使行政执行变得更加简单、可控，而一种不合理的行政组织结构则会使行政执行变得复杂、困难。因此，选择并构建一个适合学校现阶段状况和发展需要的组织结构，对学校提升行政管理的执行力来说是特别重要的。

（一）合理地选择并设置组织结构

学校组织结构的选择和构建的最终目的，是为学校战略目标的实现提供结构性保障，要遵循高效、精简和制衡的原则。可以说，学校组织机构职能部设置的标准通常包括工作性质和职能、学校规模、学校类型（如公办或民办）等，其中工作性质和职能是最常见的标准。从管理学的角度来看，职位的存在是为了承担一定的职能，以确保战略目标的实现，而职位任职者的存在也是为了承担一定的职能以确保战略目标的实现，两者在目的上并不矛盾。所以并不存在适合于所有学校的最好的部门划分方法，关键是针对不同学校的具体情况。学校管理者必须

审时度势，以决定什么是本学校最好的设置标准。

（二）构建组织结构要按高效、精简的原则进行

随着高校教育教学改革的不断深入，学校办学指导思想从重规模扩大到质量提升、内涵发展、特色立校的调整，教育资源势必要重新调整和配置，因此，高校管理体制也需要作出相应的重要调整和改革，以适应教育教学改革的总体需求。在这种前提下，减少管理层次，提高管理的信息化程度和管理效能也就成了现代高校行政管理改革的重要任务。在目前的中国高校系统中，普遍实行"校院一系"三级管理体制，随着学院制的建立，部分高校所实行的校、院二级管理的改革尝试也在不断深入。从根本上说，管理体制的这种改革和调整的重要目的之一，就是要克服高校管理权力过于集中，决策层包揽执行职能过多，部门自主管理意识不强和主动性不高，进而出现学校决策对部门指挥失灵的弊病，逐步实现管理权力下移、变垂直管理为扁平式管理，扩大院、系的自主权，实现院、系层级管理与执行的权责统一。为此，应该合理调整学校的组织结构，减少学校管理与院（系）管理之间过多的中间层机构，同时，适当增设综合性服务机构，设计并建立科学合理的横向组织机构。管理层次减少了，管理跨度增加了，才有利于整个学校组织信息畅通，决策迅速、准确，提升整个学校组织的执行力。

（三）要建立弹性化的管理运行机制

弹性化的管理运行机制能够有效地提高高校行政管理的灵活性和应变能力，从而更好地处理计划、预料外的临时任务和突发事件，及时、圆满地完成特定的任务。为此，可考虑实行弹性化的项目管理机制，即围绕相关工作任务，集合在不同部门、具有不同知识和技能的工作人员，形成目标明确、结构合理、协调一致的专门任务团体或工作团队，共同完成相关工作，待任务结束后团体成员各回各处。

（四）要加强管理人员队伍专业化建设

高校行政管理承担着指导和服务人才培养、科学研究、社会服务、文化传承和创新的职能，其中指导和服务人才培养是核心，指导和服务社会需要是宗旨，因此，高校行政管理要做到管理和服务两不误。没有学生，没有教师和科研队伍，高校就不成为高校，高校行政管理也就无从谈起。因此，高校的行政管理要贯彻以教师科研人员和学生为本的管理理念，在行使管理权力和职能的过程中贯穿和强化服务意识、服务水平和质量，要向作为培养对象的学生提供优质的教育服务，为从事教育教学和从事科学研究、社会服务的教师和科研人员提供良好的教学科研条件和环境。由高校办学的职能和与之相应的管理职能决定，高校的管理人员必须具备较高的专业素养、专业技能，因此，要大力推进高校管理人员队伍的专业化建设，确保其能够提供专业化、高品质的管理服务。

总而言之，高校的行政管理应根据高校教育的发展规律和改革要求，根据经济社会发展的需求，立足各高校自身的办学定位，按高效、精简的原则选择和构建既相对稳定又可灵活调整的管理组织结构，并致力于不断提高管理人员的服务意识、服务质量和管理队伍的专业化水平。

二、建立健全高校行政管理执行力的内部运行机制

高校行政执行力的内部机制的建立健全及其运行效率的提升，是整个高校行政执行力组织执行的保障和基础。这套内部运行机制主要包括执行机制、监察机制、绩效考核机制三个主要环节，只有建立健全这三个环节的行政运行长效机制，并根据工作的实际需要不断完善和创新，才能实现以明确的"刚性"方式来管理人、激励人，进而取得更好的行政执行效果。国内外的一流大学都有完善而相对稳定的校内运行机制，从学校到院、系的各层级管理部门都有明确的管理目标、管理任务、管理职责和管理要求，并且从校长到院长、系主任、秘书，从教授、副教授到讲师、助教等每一个职级的岗位都有明确的任职条件、履行职责的要求、考核和奖惩办法。现就高校执行力内部运行机制效率的提升途径进行研究和探讨。

（一）完善资源配置机制

完善资源配置机制要建立科学、规范的校院两级人、财、物配置体系，简化资源配置方法，制定资源配置的规范程序；进一步总结"院为实体"多年的实践经验，并使之得到切实推进；继续推行管理重心下移的改革，保证资源配置的合理高效，保证行政的正常运转和执行的及时、有效、有力，使校院二级分层有序的资源配置构架逐渐与建设新时代大学的要求相适应。

（二）完善教师激励机制

学校的发展要以全体教师的意惠与既定的规划为出发点，一切工作都以学校的发展为核心。但在进行组织与设计时，要充分考虑校情、学情、师情的具体情况，要有利于调动广大教职员工的工作积极性、主动性，要充分考虑他们的感受，让教职员工有归属感和幸福感，让整个团体产生亲和力和凝聚力。最为关键的是，要尽可能地让学校上下形成共同愿景产生的利益共建和利益共享机制。同时，要将执行能力与利益挂钩，突出绩效，实行具有竞争力的薪酬体系和激励机制，推出奖罚分明的激励措施。整合现有资源，实行协议工资与业绩奖励并行的制度，激励教师为提升学校水平多做贡献。

（三）建立健全的绩效评估和考核机制

对从事基础学科教学的教师的科研不作过多要求，而讲授课时要比较多，成绩都应予以肯定并设立高级讲师职位，使教师感到有成就感，从而调动其积极性；

对科研特别突出者，可以考虑放宽考核频率，实行年度述职，聘期（一般为三年）结束后考核，鼓励出高水平的研究成果。对管理人员除重视管理目标达成考核外，还应注重对管理者团队合作精神和工作情感及态度的考核。构建健全的责任、绩效评估机制的目的，是将每个人积极的行动力凝聚为组织的合力，从而提升高校的行政执行力。

（四）抓住执行关键和建立高校行政管理者的成长机制

中层干部在高校管理中起着承上启下、贯通各方上传下达的作用，他们参与校内制度、规范的建立，负责工作部署及工作计划的安排，是行政管理系统中的桥梁和枢纽。上到高校的决策、决议，下到各项事物的具体实施都离不开中层干部的参谋和执行。如果没有中层干部的作用，学校的科研、教学、行政等其他各项工作就难以顺利开展。因此，应把提升高校中层F部的执行力作为提高学校行政管理执行力的关键。

建立高校行政管理者的成长机制，首先，有针对性、实效性开展教育培训，改掉专业技术人才的一些不好的习惯。其次，完善学习培训制度，使行政管理者在繁忙的事务中，抽出时间加强学习。再次，建立科学的业绩评估指标体系，有效发挥激励与导向作用。

总之，影响执行力的因素是多方面的，提升高校行政管理执行力是一个缓慢又隐性的过程，但也是高校发展的核心力量，我们必须予以重视，在工作中，只有不断完善、不断改进、不断创新，才能确保执行有力，才能保障学校可持续发展。

（五）整合高校行政监督资源，强化内部督察

首先，监督要有针对性，没有及时的监督，必然延误错误的发现；没有有效的监督，必然难以挽救失败。在行政管理中形成法律监管、行政、组织、群众、舆论监督相结合的监督体系。其次，加强党风廉政建设责任制，强化审计检察，确保权利运行的公平、公正、公开。再次，构建长效的激励约束机制，坚持定性与定量，任用与追究，激励与惩罚相结合，积极推行行政问责制度，加大追究惩戒力度。另外，建立一套科学的干部管理考核体系，最大限度地激发每一位行政管理者的积极性、主动性和创造性。

三、高校行政管理执行主体的素质提升

高校行政执行主体素质的提升，有赖于执行主体选拔机制的建立，执行主体素质的培养，执行力文化的打造等，根据高校行政体制和高校行政执行主体的特殊性，高层管理者和中层管理者的素质提升途径也要各有侧重。

（一）提升高校行政执行主体的行政职业素质

优秀的执行主体的素质包括思想素质和职业技能两个方面。在思想素质方面，要求执行主体热爱本职工作，有高度的纪律性意识、职业责任感和敬业精神，同时还要求其工作务实，不搞形式主义。在职业技能方面，除要求其具有执行管理工作所具备的管理知识、管理技术和方法外，还特别要求其既能踏实工作，又有创新意识、创新思路、创新举措，既能出色地完成常规管理工作，又有圆满完成临时任务、处理突发事件的应变能力。

高校执行力主体不仅仅是制定决策和下达命令，更重要的是要必须具备相应的职业技能以形成高效的执行能力。因此，管理者首先应充分掌握执行的知识，把握科学的执行原则，遵循科学的执行方法，同时要加强执行技能训练，包括专业能力、创造能力、应变能力、细节能力，其中尤其要注重对细节能力的培养；要明确自身定位，除了要向教职员工明示学校目标并赋予各个部门及教师应达成的任务外，更要不断地思考如何有效地运营学校并采取行动，从而充当执行角色。在制定了战略之后，为了达到最终目标，还需要在执行的过程中不折不扣地继续检查跟进，对待任何一项决策，都要有始有终地去执行，要及时地检查跟进。此外，其执行结果必须配以相应的检查和考核机制，并建立起与之相配套的奖惩机制，并且严格执行。最后，管理者要做好遵守制度的榜样，做到带头按制度规范自己，严格按制度进行管理，就容易使整个教师团队都遵守制度，制度的执行力度也必然会增强。

学校的中层管理执行主体如果不能起到承上启下的作用，学校的战略思维、重要信息将无法传达给基层教职员工。要提升中层管理者的素质，充分发挥中层管理者的桥梁作用，就必须要加强学校职能部门与中层管理者之间的沟通，同级之间要积极主动配合，构建和谐的团队精神，相互尊重，互相学习，取长补短，同时还应当分清职责，掌握分寸，不推卸责任。此外，还可以建立良好的内部流动轮岗制度，这有利于扩大中层管理人员的视野和提高其工作能力，降低中层管理人员的部门本位主义，同时多部门的历练有利于培养校级后备干部。

（二）建立健全执行主体的选拔机制

建立一支强有力的领导班子和管理队伍，是强化执行力的根本保证。在更大范围内选拔任用执行主体，在更广阔的视野中整合开发高校执行主体的人力资源，层层筛选策划能力、执行能力强的人作为提拔对象，就成为提升执行力主体素质的重要途径。因此，一方面在招聘过程中要打破以往高校执行主体选拔中"唯关系"、"唯官职"、"唯学历"、"唯职称"的"四唯"现象，在选用人才时要贯彻公平、公正、公开的原则，要强调人岗适应，挑选具备较强执行技能的员工。另一方面，在招聘过程中要挑选具备较强执行技能的职工，从基层起逐级提升执行力，对工作能力强，在师生心目中有威信的教师要加以培养，委以重任；把在教学和科研工作方面有特长的教师优先放在重要的位置上，使人才各尽所能，各得其所。

（三）加强对执行主体素质的培训与培养

随着高校教育的发展，高校所面临的问题日益复杂化，需求主体多样化对高校行政执行主体的素质和能力提出了多元化的素质整合要求。在思想素质方面，执行者首先要培养其敬业精神，热爱高教行政管理工作，有着高度的责任心、纪律性以及执行工作的主动性、积极性等素质。其次，高校执行者还必须具备某些职业技能，必须具有执行工作中所需具备的一切理论思想、技术、方法甚至管理艺术等。如服务行政思想，战略管理思想，较强的社会活动交际能力，以及执行过程中所需要的信息技术、预测技术、应变技术及执行经常需要运用的经济手段和法律手段等。高校行政管理的各级执行主体要应对新形势的更高要求，就需要建立相应的工作机制来进行引导。建立学习型执行力主体团队是组织创新、增强执行力的一种有效方式。各级执行主体通过组织创新的参与过程，不断获取有用的知识，从而使个体间知识通过融合撞击形成新的知识资源，将这些知识变成组织的共同财富并最终提高业绩。在建立学习型执行主体团队的过程中，主体通过系统思考、超越自我、改善心智模式和团队学习等能够发展多方面的能力，进而为主体的自我更新和自我素质的提升创造条件，从而最终实现提高高校行政管理执行力的目的。

同时，要强化教育培训，提高综合素质。一方面，高校各级行政执行主体人员要树立终身学习的理念，加强政治理论和业务知识的学习，不断增强自身素质，提高履行工作职责的能力；另一方面，各级组织和部门要加大教育培训力度，主要是在组织内部进行持续的职业化训练，不断提高单位工作人员的政治、业务素质和工作能力，比如，沟通技能、领导艺术、决策技能等，执行技能培训的目标就是提升执行主体的执行力。同时要把单位工作人员参加培训的情况作为考核和奖惩的依据，提高工作人员参加培训的积极性、主动性。

（四）树立执行观念，建设高校行政执行文化，提高行政效率

通过高校行政管理执行文化建设，使全体行政管理者自觉意识到：行政执行力是一种压力，强化忧患意识，时刻居安思危；行政执行力是一种纪律，接受任务不讲条件，执行任务不找借口，完成任务追求圆满；行政执行力是一种激励，形成只争朝夕，追求进步，埋头苦干，狠抓落实；行政执行力是一种作风，培养无私无畏的勇气，良好的思想状态和顽强的意志；行政执行力是一种合力，管理者率先垂范，身体力行，带头采用严格的制度，调动每个人的积极性。形成职责清晰，目标明确，奖惩分明，政令畅通的执行理念。

高校是教书育人的地方，育人应必须重视思想教育，用思想教育去引领人们

的行为。一方面，人的行为是受思想支配的，思想是后天形成的，只要通过思想教育和引导才能改变人们的行为习惯。另一方面，通过思想教育和引导，树立起人们的世界观、价值观、人生观和理想信念，把自身的工作与学校的发展、社会进步、国家繁荣联系起来，能很好地分析自身的价值和作用，让他们找到工作的成就感、崇高感，从而主动工作、创新工作、认真工作。其次营造良好的学校文化。学校文化会对教职员的行为和心理产生一种潜移默化的影响，一个拥有良好文化氛围的组织，不需刻意要求，不需刻意强调纪律与制度，人人想干事、人人肯干事、人人会干事，他们的行为举止是自发且自然的。这样的工作状态和精神风貌会滋养着执行力的提升。

第三节　我国高校教育教学管理创新的措施

一、中央政府宏观管理与服务是创新的关键

（一）中央政府宏观管理的必要性

当市场在高校教育中发挥着越来越大的作用的时候，政府也在高校教育的发展中承担着越来越大的责任。政府应该管理高校教育，而不是高等学校；政府要由划桨者转为掌舵者，由运动员变为裁判员，而且随着运动员水平的提高、比赛级别的提高和范围的扩大，裁判规则也要作适当的修改和调整。《我国教育改革和发展纲要》中指出：中央直接管理一部分关系国家经济、社会发展全局并在高校教育中起示范作用的骨干学校和少数行业性强、地方不便管理的学校。经过多年的高校教育教学管理创新，目前我国的高等学校按学校的教学、科研实力进行了分类，具有一定的层次性：第一层是研究型大学，如进入创办世界一流大学行列的几所大学、进入"211"工程计划的大学和教育部所属的其他全国性重点大学以及中央政府业务部门和各省（自治区、直辖市）重点支持的大学：第二层是教学型大学，如除第一层以外的四年制大学和学院（包括少数有资格授予学士学位的民办高等学校）、专科性普通高等学校（含高等职业学校、两年制学院）和高等高等学校；第三层是大众性和普及性高校教育，包括社会力量举办的其他高等学校和高校教育自学考试系统的学校。它们构成了我国高校教育的完整体系，对满足人民受高校教育的需要做出了重大贡献，这些不同层次的高校教育要在国内、国际市场上竞争，中央政府的作用是任何组织都无法替代的。尽管中央政府并不是完全直接参与对它们的管理，但是在国际高校教育教学管理与教学研究上作为国家教育利益代表的中央政府起到了其他任何组织或团体都不能替代的作用。我国中央政府对教育的宏观管理是由目前我国高校教育的实际决定的。

我国高校教育发展不平衡的需要对我国来说，高校教育发展极不平衡是我国高校教育教学管理中的最大实际。首先，是区域发展不平衡。因为我国的高校教育是按大区分布的，北京、上海、西安等区域的大学是分布比较密集的地区。公共经济理论认为由于地方公共或准公共产品具有溢出效应，教育聚集的地区，经济就会发展很快，而经济繁荣又会吸引更多的高层次人才，使教育与经济相互促进，协调发展。但经济不发达的西部地区就会输于教育起点的不平衡，越来越落后。其次，是学校层次发展不平衡。我国的高校教育存在分层的现象，对于不同层次的高校教育，中央政府要采取不同的管理方法和手段，才能发挥它们的积极性，提高办学效益和教育质量，满足我国不同层次的高校教育需求。最后，是学科层次发展不平衡。第一、二层次的大学拥有国际或世界一流的学科，它们在我国有很高的竞争力，但在国际竞争中就不一定有这种优势，所以中央政府要在财政上给以资助，政策上给以优惠，让它们发展壮大以后参与国际竞争。

（二）中央政府宏观管理的主要手段

高校教育立法，是国家对高校教育干预的显性方式。通过立法使国家对高校自主办学的干预规范化、制度化、系统化和制衡化。制定"游戏规则"，维护市场竞争的正常秩序，包括制定最低教育标准并监督实施，以避免竞争对教育质量的负面冲击。凭借立法来实现国家对高校教育的控制和管理是二战以来各国高校教育发展的一个重要标志。在我国，通过立法手段，政府打开了长期关闭的高等学府的铁门，新的投资主体进入高校教育，新的学科进入大学的课程，使高校教育与社会、经济发展的关系真正紧密地联系起来，也为高校教育的国际化和我国高校教育竞争创造良好的制度条件。因此，不仅是要建立各种高校教育法规，使法规具有一定的稳定性的问题，并且要有法必依，以保证法律的权威性，使权力分配的各方在法律的实施上有保障。

高校教育拨款，是国家对高校教育干预的隐性方式。随着近年来我国高校教育经费资源紧张，高等学校对政府的经济依赖性日益严重，于是，中央政府有时反而成为高校教育事业最大的投资者和消费者，经济手段成为国家政府向高校教育施加权力、渗透意志、获取利益的最有效手段。我国可以借鉴发达国家的做法：接受中央政府投入的大学，在经费投入范围内的行为必须服从中央政府的要求和利益，这一制度，既保持了大学的自主性，又实现了政府对大学的管理目的。如政府要发展某一科学领域，就通过合同招标的方式，由多所学校来竞争，使更高效率和效益的高等学校获得科研经费，这样既提高了高等学校的积极性，又使国家的宏观调控更加有力和有效。在引导大学的发展方向上，通过经费资助的投向，促使大学向政府所要求的方面发展。政府通过协调高校教育，使之在整体上系统化，使高等学校的功能整体最优。另一方面是转变政府投入方式、方法。在相对减少的政府投入中，其投入方式也要不同于以往，应该是以合同式的投入或第三者代理式等投入，引入竞争式拨款，一个大学获得经费的多少，要靠其实际工作行为的多少与绩效高低来确定。这样就会提高教育资金的利用效率、促进教育资源的优化，使好钢用在刀刃上。

高校教育服务是国家对高校教育的支持方式。高校教育要健康发展，离不开良好的社会环境，如规范有序的市场、完整全面的法律体系、畅通灵敏的物资、信息交流网络等。这些既是大学发展必不可少的保障条件，又是大学本身无法解决的。而政府正是为保障大多数人的利益而存在的，它有义务、也有能力为社会各主体的发展提供它们自身无能力解决的外部条件，促进高校教育服务体系的发展。要建设教育信息化工程，要把教育信息化工程列入国家重点建设工程，以信息化带动教育现代化。重点支持并加快以我国教育科研网和卫星视频系统为基础的现代远程教育网络建设。建成一批网络学校。完善高等学校的计算机网络建设，加快数字图书馆等公共服务体系建设，进一步改善高校教育的信息环境。还要为我国的高校教育参与国际竞争创造良好的服务环境。

除此之外，制定和实施与国家现代化进程相配套的高校教育发展战略和规划，包括国家重点支持项目的设计和实施，提升国家高校教育的水平；提高政府的利益整合能力，以解决高校教育发展的地区差距，协调利益冲突，维护全社会的教育公平，其重点是扶持落后地区的高校教育发展，特别是西部贫困地区的高校教育的发展：传统体制下中央政府过于集中的权力要进行分解，一部分属于高校的办学自主权要还给高校，一部分权力下放给地方政府，一部分职能转移给社会中介组织。实现"管理方式的宏观、间接管理；管理手段的竞争激励与竞争约束相结合；优化高校教育的社会环境等等，这些都是中央政府宏观管理的重要方面。

二、地方政府统筹管理与服务是创新的重点

当中央政府把高校教育的地区统筹权交给地方政府的时候，地方政府对高校教育的发展就承担了更大的责任。中共中央、国务院正式颁发的《我国教育改革和发展纲要》中，就明确提出："对地方举办的高校教育的领导和管理，责任和权力都交给省，扩大省的教育决策权和包括对中央所属学校的统筹权。"党中央、国务院召开了改革开放以来第三次全国教育工作会议，颁发了《中共中央国务院关于深化教育改革，全面推进素质教育的决定》。指出："经国务院授权，把发展高等职业教育和大部分高等本科教育的权力以及责任交给省级人民政府，省级人民政府依法管理职业技术学院和高等专科学校：进一步简政放权，加大省级人民政府发展和管理本地区教育的权力以及统筹力度"。

统筹权是指政府为实现最佳的整体效益，在一定范围内综合协调各办学主体之间及各种管理要素之间相互关系的权限，如对招生规模、毕业生就业、经费投

入、资源配置、专业布局及教师人事等等进行的统筹和协调。加强地方政府的高校教育统筹权，就是在管理过程中，协调高校教育各管理要素之间的关系以达到管理的权力，就是要加强省级政府对本地区高校教育的统一筹划、综合考虑、全面安排的权力，而不必严格划分这些高等学校的隶属关系。通俗地说，就是不管高等学校是否属于省属高等学校，只要它地处本辖区，就应该纳入本省高校教育统筹的范畴。由此可见，加强省级政府高校教育的统筹权，实际上是指省（自治区、直辖市）政府对地处本地区内的中央部委所属的高等学校的统一筹划与协调权。所以，省级政府对高校教育的统筹，其基本含义应该是对本辖区的高校教育事业的改革与发展、结构与规模、速度与效益、教育教学与科学研究及社会服务、政策法规与管理规划，中外合作与交流等高校教育发展的重大问题进行筹划、综合考虑，以力求建立一个与地区经济及社会发展相适应的区域高校教育体系。加强省政府高校教育的统筹权，并不仅仅是加强省政府对部属高等院校的协调权，而是指省政府应该将本地区所有高校教育机构视为一个整体系统，根据本地区经济与社会发展的客观需求，对本地区高校教育事业的改革和发展进行统一规划和全面部署、政策导引与执法监督、资源配置与检查评估、协调关系与信息服务，就是充分发挥省级政府在高校教育领导与管理中的主导作用。加强省级政府的统筹是区域经济发展的要求，也是中央机构改革和政府职能转变的客观需要。加强省级政府对高校教育的统筹决策权，是同世界上高校教育地方化发展趋势相一致的。美国的州政府管理高校教育的经验是值得我们借鉴的。要继续坚持在保证全国大政方针统一的前提下，对高校教育事业实行分区规划、分类指导的原则。这一点对地区间高校教育发展极不平衡的我国来讲，显得更为必要。

（一）规划是实施统筹管理的有效途径

高校教育发达的美国十分重视规划在高校教育协调和管理中的作用。在其教育总体规划中，"州政府试图确定现有各类公立学院的任务和服务范围，确立新建学院的标准，决定物资设备改造和建设的重点，以及依照潜在学生和公众的需求批准新建教育计划等等。"我国的高校教育实行省级政府的整体统筹后，已很难再采用过去的行政命令的方式进行管理，最好的办法就是通过高校教育中介咨询机构和高等学校共同研制地方教育规划：高等学校的数量、高等学校地点的布局、各级各类的高等学校的定位、不同层次的高校教育体系等都要统筹协调安排，从各省经济和社会发展要求出发，从本地方高校教育发展的实际和规律出发，提出优化发展目标，以确保高校教育资源的有效利用，发挥当地优质高校教育资源的辐射作用，提高区域高校教育的综合竞争能力，实现高校教育短期效益和长期效益的协调发展。

（二）拨款是实现统筹管理的必要手段

没有有效的拨款制度和机制，地方政府要充分、有效地履行对本地区高校教育的管理职能是很困难的。在高校面向社会自主办学之后，拨款权就成了政府进行调控的一根灵活有效的指挥棒。地方政府要改革现有的高校教育事业费拨款模式，拨款应以高校教育评估结果为主要依据，考虑高校办学效益和对本地区经济发展的贡献进行动态调控，并做到拨款程序依法、科学、透明、公开、有效。地方政府可以根据学校的师资力量对重点学科或政府认为重要的学科和专业进行追加资。对在教学、科研等方面取得重大成果的项目和学科，政府可以给予经费奖励或资助。对国家或地方支持的重大、关键科研项目，要给予重点照顾或优惠。在其他方面，如精神文明建设、校园环境建设等方面，地方政府也可按照不同的水平和标准，给予相应的选择性投资或拨款。

（三）竞争是实现统筹管理的内在动力

地方各高等院校的发展水平和实力是不相同的，况且层次也不一样，所以地方政府为高校教育创造公平的竞争环境是地方政府的重要责任。再加上由于国际交流的加强，外国学生和外国学校都要在地方"落户"，所以地方政府要对他们采取公平、公正的政策，这对学术交流和学科的发展，传统和特色文化的发扬，特别是促进区域经济的发展，提高我国的国际声誉等等，都有着无形的影响力。随着我国改革开放的不断深入，高校教育的国际交流与合作变得越来越不可或缺。地方级政府应该在扩大本地区高校教育的对外开放、加强本地区高等院校的国际交流与合作方面发挥重要作用。地方政府在国家有关法规和政策的指导下，可以制定一些地方性的法规或政策：加强地方与地方之间的高等院校开展互派学者和留学生、进行科研合作与共同商讨、联合办学等国际交流与合作的活动；鼓励本地区高等院校依法自主开展与境外高等学校之间的科学文化交流与合作。从而促进本地区高校教育的国际交流与合作活动的广泛深入开展，进一步促进本地区高校教育的国际化。

三、社会参与管理与服务是创新的趋向

我国在高校教育教学管理创新中，由于改变了中央政府和地方政府管理高校教育的一些传统职能，加上高校教育在大众化发展进程中竞争的加剧，高校教育的发展与社会发展的联系日益紧密，所以政府有限的管理职能已经不能满足高校教育发展的需要，这就要求社会参与高校教育的管理，体现高校教育的民主管理倾向。《中华人民共和国高校教育法》提出："高等学校应当面向社会，依法自主办学，实行民主管理。"国务院关于《我国教育改革和发展纲要》中指出："为保证政府职能的转变，使重大决策经过科学的研究和论证，要建立健全社会中介组

织，包括教育决策咨询研究机构、高等学校设置和学位评议与咨询机构、教育评估机构、教育考试机构、资格证书机构等，发挥社会各界参与教育决策和管理的作用。"这里的"咨询、审议、评估等机构"就是中介组织，就是社会力量参与管理的重要的形式，也为社会参与高校教育教学管理提供了制度上的保障。

在我国的高校教育教学管理创新实践中，社会参与管理的确存在，而且参与的方式和内容越来越多，特别是在民办学校这块发展很快，如：企业界的代表参与高校教育的宏观决策，以便使有关决策更好地适应社会的需要；组成社会各界代表参加的高校董事会，为学校办学筹措资金，参与高校决策，为学校管理提供咨询，对学校进行监督；建立"产—学—研"联合体；对高等学校办学水平和质量的评估等等。社会参与管理作为一种重要模式和一项重要措施，对我国高校教育的管理起到很大的推动和完善作用。但由于我国高校教育教学管理的社会参与还处于起步阶段，还存在一些问题需要解决：由于政府管理高校教育的职能转换不彻底，高校教育的管理权也一直在政府和高校之间进行分配，所以社会管理高校教育的权力缺乏，特别是公办高校的社会参与管理几乎还是空白；社会、企业参与管理的渠道单一，参与面不广且深度不够，企业一般是着重于科研和生产，对教学质量的反馈参与不够，缺乏长久的合作与沟通；社会个人参与高校教育教学管理还远远不够。

高校教育教学管理的国际经验表明，社会力量参与高校教育已经成为高校教育健康发展的不可或缺的力量。纵观世界各国的高校教育，我们可以看到，市场经济越发达，越要求加强高等学校和企业的联系，这是因为：从学校方面讲，是为了自身的生存和发展；从企业方面讲，是为了在激烈的市场竞争中求得立足之地。而且，为了在就业竞争中取得优势地位，学生和家长们也越来越关心高校教育，社会的全面进步也越来越依靠高校教育。这些因素都推动着包括企业在内的社会各方面的力量以多种形式在各种程度上参与高校教育的管理，社会的呼声和要求对高校教育的发展和改革也正在起着越来越大的作用。所以，在我国当前的高校教育教学管理现状下，为了能让社会力量真正地成为高校教育教学管理中的重要方面，政府和高校务必让出权力空间，社会力量积极发展、完善，况且要用法律来规范和保护社会力量参与高校教育教学管理的权力，方能实现高校教育教学管理的社会参与。

四、发展高校教育中介组织是创新的重要措施

建立有效的中介机构和组织并充分发挥其作用，是健康社会发展的标志之一，也是实现高校教育教学管理科学化、民主化和决策结构得以优化的重要途径。中介机构一般通过研究、咨询、信息、拨款、评估、考试、督导等功能的发挥，沟通高校与政府、高校与社会之间的联系，起到重要的缓冲和润滑作用。一方面有

效传递政府和社会各个层面的意图和思想，另一方面，及时反馈高校的要求和愿望，既可以约束政府违背办学规律、脱离实际的强制性干预，也可以在一定程度上制约高校有悖于政府方针和社会

发展趋势的盲目倾向。当然，前提是这种中介必须是真正意义上的中立机构，而不能是行政部门的代言人或附属机关。

在国外，美国、德国、日本、英国的高校教育中介组织都比较发达。美国的"大学基准协会"，由各大学派出代表组成并提供经费，其主要任务是："根据该协会制定的学术标准，对大学进行评估，对达到标准的大学，协会承认其具有基准委员会会员资格，对不符合标准的大学则不予以承认，以此来推动各个大学不断改进教育教学质量。"还有卡耐基高校教育委员会等中介组织发挥着重要的协调功能。在德国，德国除"大学校长会议""科学审议会"外，还存在着许多教育协商、咨询、协调和合作机构，它们对高校教育的发展起到了重要的作用。在日本，有中央教育审议会、临时教育审议会、大学教育审议会等咨询机构。英国有"大学拨款委员会""大学基金委员会""多种技术学院及其他学院委员会"，等等。这类组织一般具有独立和权威两大特点：尽管它也接受政府拨款、基金的资助，有的主要成员也是由政府任命的，但它的运作方式是独立的；同时，这类单位得到了政府、学校、教授、社会的普遍认可，具有相当的权威性。这些中介组织，一般通过咨询、评价指导，沟通高校与政府之间的联系，一方面有效地传达政府思想，贯彻政府意图，另一方面反映高校的要求和愿望，既可约束政府越权干预高校，也可以监督高校有悖政府方针政策、法律制度的偏激倾向。

著名经济学家吴敬琏在经济研究所等单位主办的"市场经济与中介服务业发展论坛"上说："中介组织是保证现代市场经济能够运转的支持系统，它的主要功能在于为交易双方提供中介服务，以便降低交易成本，特别是信息成本。"在现实生活中，信息不对称有时是非常严重的，依靠各种中介组织的信息服务可以降低交易成本，节约交易费用。一个完善的市场经济体系，必须具备发达的中介服务组织系统，同样地要建立一个公平、高效的高校教育竞争环境，高校教育中介服务组织也是不可或缺的。我国随着政府职能向宏观转变，学习型社会的建立，不论是高等学校还是社会个人，都需要中介组织参与高校教育的管理中来，学者们也对教育中介组织的法人性质、类型、特点等理论进行了探索性研究，可以说，高校教育中介组织实践将是我国近期高校教育社会参与高校教育教学管理的最重要的形式。

中介性质的教育组织可以向社会提供高校办学情况的信息，促进社会对高校的理解和支持：它还可以从不同方面对高校教育的发展施加影响，以促进大学适应社会的需要。同时由于中介机构具有独立性、权威性，所以它在社会参与高校教育教学管理中发挥着其他社会组织不可替代的作用。为了能够反映社会各方面

的需求和利益，发挥它们在高校教育教学管理中的社会监督作用，有必要借鉴发达国家行之有效的中介运作模式，尽快建成具有我国特色的、与现代大学制度相适应的中介制衡系统，使其评估结果成为高等学校教育评估系统中最具权威性、最具科学性和最具特色的评估组织。

首先要建立各种类型和性质的中介机构。使它有十分广泛的社会参与度和社会代表性，各个社会阶层和团体，都有反映自己呼声的组织，如召集社会各界人士协商组成权威的中介组织，"使它能在高校教育评估、科学研究、提供顾问咨询服务，探讨教育改革等方面做出不随政府意向而亦步亦趋的，比较客观可信的成果。"应打破那种与行政级别对应设置教育中介组织的单一思路，建立跨区域、跨部门、性质多样的综合或专业教育中介组织。如"教育咨询、审议机构，教育指导、服务机构，教育评估机构、教育资格认定机构，教育会计、审计机构，教育仲裁、法律机构等。"它既可以承担政府职能转变后的一部分职能，也可以成为高等学校参与市场运作的中介。其次，就是规范中介组织的运作。用法律来规范和保护其参与高校教育的管理权力，并相应确定其连带责任或有限责任；认真对其进行资格认定、登记、监督和检查；维护良好的市场秩序，并为其自主开展活动提供一些优惠政策。如：明确中介组织的性质，在行政上、经费上与原行政部门脱钩，对原有的办公用房、注册资金等可采用投资入股或其他方式划归为中介组织；多渠道、多形式地吸收发展资金，增强社会中介组织的经济实力，实现兴办主体的多元化和社会化，从根本上打破"官办"或"半官办"的性质。最后，高校教育中介组织要办出自己的特色。围绕自己的目标和使命开展活动，要有严格的质量意识，注重职业道德建设，遵守协会的各种制度和章程，自重自律，为会员提供自己所承诺的高质量的服务，通过实践工作树立自己的品牌和声誉。熟悉国际市场的国际惯例，学习国外最新的中介服务的知识。

正如夏鲁惠在《充分发挥我国高校教育中介组织的作用》中总结的，目前，围绕我国高校教育的发展，高校教育中介组织就如下一些问题开展研究、咨询、服务等工作显得尤为重要："开展高水平大学领导和管理的成功要素及其基本特征的研究；开展新世纪大学发展的目标定位和战略选择的咨询服务；开展现代大学的管理体制、运行机制和组织构架研究；配合教育部开展人才培养模式、师资队伍建设与教学质量保障的研究；推进大学的资源开发与配置"。这对我国高校教育中介组织的行为提出了更高的要求：不仅是提供中介服务，还要为政府做好高校教育改革和发展方面的各种科研论证，还要进行高校教育教学管理、科学和学术方面的研究工作。

第七章　高校教学管理运行机制研究

在理想的状态下，高校教学过程应该是受教育者个体内在的潜质不断展开以及教育者的人格不断外化的过程。教学的结果不是某种预定的产品的获得，而是人的自我品质的生成。在这一过程中，有许多因素参与其中并相互作用，最终形成某种状态的人才。高校教学管理的作用就在于对那些参与学生人格展开的各种因素加以合理的安排，以保证这一展开过程符合人们的理念。但是在这一过程中有哪些因素参与整个的运行过程？各种因素之间是一种什么的关系？各种因素如何相互作用而使得有限的教学资源能够获致最大的产出呢？教学管理运行机制研究试图对教学过程的各个因素及其相互作用关系和作用方式进行分析，以设计和建立有效的高校教学运行机制。由于决定教学过程各要素之间相互关系的是明确的或者隐含的教学管理制度，因此，教学管理制度的重新安排则意味着各种关系的调整与改变。它表现为教学管理者对各教学资源进行配置，以取得资源潜能发挥的最优化。

本章在研究内容上，将着重探讨与教学管理运行机制有关的三个方面的问题。一是教学管理目标机制，从个体与组织的目标不一致出发，着重分析个体目标与组织目标的整合问题。二是教学管理决策机制，主要分析教学人员选用机制、教学计划编制机制和教学制度创新机制。三是教学任务分配机制，主要讨论不同分配报酬机制下的若干任务分配模式及其不同的效果。三者之间的关系乃是一种实践逻辑的关系，即目标、决策和任务分配。先确定管理活动所要实现的目标，然后根据目标的要求确立规章制度，在此基础上确定完成管理任务的人员。

第一节　高校教学组织目标整合机制

高校教学管理的终极目的在于实现高校的培养目标，即具有创新精神和实践能力之高素质、强能力的人才的培养。尽管实现高校培养目标的渠道和途径有多种，例如科研、教学、社会实践、高校生社团活动等，但教学乃是人才培养的主渠道。高校教学目标实现之好坏将直接决定着人才培养的质量。因此，高校教学管理必须要建立良好的教学组织目标机制，以高质量的教学目标之实现，来为人才培养目标之实现奠定基础。高校教学组织目标包括高校教学目标和高校教学管理目标，其机制的建立需要考虑：从教学组织系统内部的目标不一致出发，来考虑高校教学目标整合的必要性；为此，就必须对高校教学系统内部所可能包含的目标进行类型学分析，以发现高校教学目标之整合的目标因素构成；进而提出高校教学目标整合的应有机制。本节将围绕这些问题，并通过对高校教学管理实际所确定的目标的分析，研究如何建立有效的教学管理的目标机制的设立，使每个个体目标与高校教学管理系统目标统一起来，充分发挥目标对教学人员的教学导向作用，从而使管理效益最大化。

一、高校教学组织目标整合机制的必要性

从两个方面来看，建立高校教学组织目标的整合机制非常必要。一方面，在高校教学组织系统内部，教学组织的目标与高校教学成员个体的目标之间存在着不一致性，这种不一致性将会妨碍高校目标的实现；另一方面，高校教学目标一旦能够得到个体成员的认同，将使其成为实现个体目标的手段，那么它将能够发挥极大的管理效应。

（一）高校教学组织目标的一致性问题

在组织管理的理论文献中，一个未予阐述的前提性假设是：组织是组织成员围绕一个共同的目标追求而组成的一个团队，个体的行动目标与组织目标具有一致性与无差异性。在这个前提下，组织管理理论研究的核心问题就是如何通过正确的管理和控制信息而使组织成员的行动协调一致。这样的假设乃是规范理论的必要出发点，但却不是必然的、确定无疑的出发点。从管理实践来说，这个作为组织管理理论的出发点则正是管理工作所努力要加以实现的东西，因而是一个需要通过管理来加以解决的问题。经验观察表明，组织系统内部各成员的具体目标和组织目标并非必然是一致的，而往往是不一致的，甚至在许多情况下还是冲突的。因此，组织管理的运行机制就必须能够保证个体的目标与组织的目标能够保持一致，从而实现组织的目标。从哲学的角度来看，则个体目标与组织目标之统一的内在基础何在？而从管理学的角度来看，问题则是通过怎样的机制设计才能够保证个体目标与组织目标的相一致？一个显而易见的事实是，由于对个人利益的最大化追求，组织内部各成员目标是不一致的。通过组织权力而设立的组织目标，作为组织内部共同的奋斗目标，仅仅是管理者的一个幻像和理想。说它是"幻像"，意指目标的一致性并非是真实的，而是虚幻的，是管理者想像出来的，

是一种有待实现的完满状态。

这个问题也同样是高校教学目标机制设计所要解决的问题。作为一个知识传播的共同体，高校教学管理又必须提出能够为每一个成员所能接受的目标。这个规范命题具有事实的和价值的两个方面的内在规定性。在事实层面，包含两层意思：一是它承认高校内不同部门、承担不同职责的个体都有自己的目标，有着各自的利益追求；二是它承认这些部门目标、个人目标可能会与学校的教学管理目标和教学目标不一致，并且部门目标之间、个人目标之间会有冲突与分歧，呈现出不同的活动方向。在价值层面，它突出高校教学管理在其行动中必须也应当有一个能够为高校教学所有参与者所认同并以各自的行动来实现的共同目标。没有这样一个共同的教学目标及教学管理目标，高校便不能被称之为高校，而只能是一个乌合之众的群体。高校作为教学组织的目标之实现，首要的任务在于服务社会的公共福祉和公共目的，当然它之实现也有利于高校内部的所有成员。为此，必须要将个体目标统一到高校教学组织的目标上来。

然而，在实际的教学管理中，高校教学管理的目标统一性问题并没有很好地得到解决。当高校教学管理部门为实现预期的教学目标和教学管理目标而制定各种教学规范时，人们对这些教学规范之质疑和不执行，本身就表明了个体目标与高校教学组织目标之分歧。口头上对教学目标的认可并不能够说明目标的一致性存在。由于对目标的激励作用认识不足，同时也由于人们对建立目标机制的理论研究也不够深入，导致教学管理满足于抽象的"教学目标"或"教学管理目标"概念，或出于各种不同的原因而置教学组织系统内组织与个体之目标的分歧于不顾。抽象的教学目标与教学管理目标所带来的是，学校教学管理的目标只于形式上同一而实质上冲突，其结果则是教学目标难以全面实现，教学任务也不能够很好地完成，所以，提高教学质量始终成为一个悬而未决的问题。管理学中所提出的目标一致性原理，被教学管理者理解为，只要提出了一个具体而明确的教学目标以及教学管理目标，就满足了这个原理。殊不知，管理学只是在应然的层面上指出目标一致对于管理的重要性，同时也从反面暗示着实际的目标之间的不同一。

目标机制就是考虑主观利益格局的管理机制，亦即通过相应的机制设计，实现个体目标与高校教学管理组织目标的一致。然而，需要指出的是，任何高校教学管理组织系统内部都不可能在目标上获得绝对的一致性同时目标一致性的实现也不能够仅仅依赖于目标机制，而是需要其他教学管理机制的共同作用。

（二）高校教学组织目标具有积极的管理效应

教学组织目标在高校教学管理中具有激励、导向和调节与控制等多重效应。正是因为教学组织目标所具有的管理效应，从而对教学组织目标机制的建立提出规范性要求。换言之，在个体目标与组织目标不一致的情景下，教学组织目标之实现便成为一个悬而未决的问题；而当高校教学系统对其目标获得一致性认识的情况下，则教学组织目标就能够发挥出实现目标的管理工作效应。

第一，高校教学组织目标的激励作用。目的性是个体行为的特点。行为有无目的性，其行为的结果是大不一样的。心理学的研究表明，无目的的练习，其效果较之有目的的练习要小得多。其实，不仅目标对人们的学习有很大的激励作用，人的所有的活动都需要有目标来激励。管理学家们曾经曾做过这样的实验：组织三组人，让他们沿着公路步行，分别向十公里外的三个村庄前进。甲组不知道要去的村庄叫什么名字，也不知道路程有多远。只被告知跟着向导一直向前走。这个组织刚走了两三公里就开始有人叫苦了，不时问向导，还有多远的路，何时才能走到。走到一半时，许多人都沉不住气了，他们开始抱怨，怀疑向导是否领大家走了冤枉路。再往前走，一些人几乎愤怒了，指责向导为什么要大家走这么远的路，个别的甚至坐在路边，一步也不想动了。越往后，成员的情绪越低落，接近终点，队伍已七零八乱，溃不成军。乙组知道去哪个村庄，也知道这个村庄离终点有多远，但路边没有设里程碑，他们只能凭经验估计大致需要走两个小时才行。这个组走到一半时才有人叫苦，大多数人只是想知道他们已经走了多远了。比较有经验的人讲：至少已经走了有一半路程了。大家又振奋起来向前走。当走了大约四分之三的路程时，许多人都感到很疲劳，个别人觉得剩下的路难以坚持。当有人喊了声"马上就要到"时，大家似乎又有了劲头，而且加快了脚步，全体达到终点。丙组的人最为幸运。大家不仅知道要去哪个村庄，路有多远，而且路边每公里都设有一块里程碑。人们一边走一边留心看里程碑，每看到一块里程碑，就会引起一阵小小的激动，带给大家一阵欢呼。所有成员的情绪一直很高涨。走了七八公里后，大家确实都有些累了，但没有人叫苦，更没有人抱怨。他们开始说笑、唱歌，因为他们知道，那个要去的村庄就在眼前了。丙组在三个级别中最先到达了终点且无一人掉队。

这个实验告诉我们：行动（由向导引路的实验小组）的目标对个体的行为具有激励效应。行动目标的差异导致不同的激励效果：当人们的行动没有明确的目标的时候，情况会怎样；当人们只有总体目标而没有具体目标时，情况会怎样；而当人们既有总体目标又有具体目标的时，情况又会发生什么变化。第一寒验小组没有目标，结果是士气低落，前进的动力不足；第二实验小组有着总体目标，较之第一实验小组，前进的状况要好得多。"马上就要到"的呼声本身就是一种目标的提示。第三实验小组有总体目标，也有具体目标，从实验的结果来看，第三实验小组的表现最为出色。这个实验对认识组织目标的重要性和如何建立组织目标都有很大启示。人的行为的积极性的高低不只取决于人的需要、动机，激励人的行为积极性，也是目标的一个重要功能。目标作为人所追求的预期结果，激励着人去行动，去接近并实现目标。其实，不仅在组织活动中目标具有激励作用，即使是在日常生活中，人生目标对于每一个人来说都具有重要的意义和价值。没有人生目标，一个人生不如死。在这种情况下，或者如行尸走肉，或者是自我毁灭，或者是退隐山林。

对于工作于高校的人们来说，同样需要有明确的目标来激励人们的教学工作的动力和积极性。人是需要生活在共同体中的。亚·里士多德曾经说过，人是政治的动物。不管人们是如何看待这一命题，至少人是需要结合成有着共同的目标的群体的。每个人都生活在一定的共同体中。家庭是最为常见的爱的共同体。高校院校则是现代社会生活中普遍存在的学术探究和人才培养的共同体——学者的共同体。一群体之被称为共同体，一个基本的特征就是这个群体中的人们拥有共同的奋斗目标。否则它就不能称之为共同体。正是因为作为共同体的组织目标的存在，人们才感受到人生的意义和价值。要不然人就只是活着而已。没有了共同的组织目标，组织就会是一盘散沙，人心涣散；没有了共同的组织目标，组织就会成为乌合之众。组织目标可以凝聚人心，聚集力量。应当指出的是，并非是只要高校教学组织拥有明确的目标就一定会生产激励作用。在上述实验中，实验的参与者都接受了实验者的要求，即朝向一定的目的地进发。这表明，上述实验隐含着一个基本的前提，即达到某一目的地这一目标是为实验者所接受的。否则，目标就不会产生激励作用。这个问题下文还要加以讨论。高校教学组织目标的激励作用主要表现为对教职员工的工作积极性的调动。教学组织目标为教职员工描绘了教学的理想状态。这种教学的理想状态不仅表明了社会对于教育价值的追求以及对于美好生活的向往，而且还指示了这样一种个体意义，即完整的个体只有在社会总体的教育理想之实现中，才能够真正实现其自我的价值。因此，高校教学组织目标的实现，在精神的意义上，是个体的自我超越性追求。它所体现的，并非是高校教育的功利性价值，而是高校教育的精神性价值。

第二，高校教学组织目标具有导向作用。所谓目标的导向作用，是指高校教学组织目标能够为高校教学系统内部的所有成员提供教学的方向引导，从而将有限的教学资源聚集性地运用于实现预定的目标上来。人的活动是有方向性的。而指示这种方向的，则正是我们的活动所要努力追求实现的目标。我们可以从管理学、教育学和组织学等三个方面来理解高校教学组织目标的导向作用。

从管理学的角度来看，所有的管理活动都是指向一定的管理目标的。高校教学管理也不例外。实际上，高校教学管理活动不仅指向教学管理目标，更为重要的是，它以教学目标之实现为其终极追求。因此，教学组织目标就是高校教学及教学管理活动的方向和行动指南。正确的教学组织目标将为教学管理活动指出正确的方向，错误的教学组织目标将为教学管理活动指出错误的方向。管理学的研究表明，管理绩效与管理的目标方向和工作的效率密切相关。用公式表示，即管理绩效=管理目标方向×工作效率。然而无论是怎样的教学组织目标，它总会将个体的教学行为及教学管理行为引向某个方面，这是确定无疑的。

从教育学的角度来看，任何高校教学都在实现着一定的教育价值，体现出一定的价值追求。从事高校教育教学的人，每个人都着自己的教育价值观，也有着自己的教育理想。这些教育价值观和教育理想可能与公共的教育价值观和教育理想是一致的，也可能是不一致的。然而，现代高校教育制度的建立，恰恰是要实现公共的教育价值和教育理想。为此，高等院校就需要明确教学组织的目标，以教学组织的目标来引导教师的教育价值追求和教育理想的实现。高校教学组织目标的作用就在于，金过设立明确的教学组织目标，规定教学可能的发展方向，以实现高校的教育价值追求。高校教学管理目标向其教职员工明白无误地宣示，学校教学应当朝着什么样的方向发展，这不仅对于高校教学管理来说是重要的，而且对于教职员工来说也是重要的。

从组织学的角度来看，学校的教学组织系统是分成不同层级的和不同的子系统的。高校教学组织机构之设计，都要围绕着教学组织目标之实现，并考虑教学资源之合理的配置与事务性工作的有效展开。然而一旦教学组织系统建立起来，则教学系统内部的组织机构并获得了某种自足性，进而形成特殊的利益群体，从而也就产生了组织机构的内部目标。因而，从事实的层面观之，不同层级的教学组织和子系统有着不同的目标，从而决定着不同层级组织的发展方向。在这种情形下，由于教学组织系统之原初的目标就可能被组织机构的内部目标所置换，因而就更需要教学组织目标来引导教学组织机构的各项工作。

因此，教学组织目标一旦确定，在基本的客观条件具备的情况下，各项工作的任务就是合理配置实现教学组织目标所需要的各种有限资源，选择实现教学组织目标的手段、途径和方式方法。我们说目标的导向效应，就是指目标指导着人们选择实现目标的活动方式和方法等，指导着人们选择实现目标的手段。目标的确定和手段的选择乃具有不同的含义。对于教学组织目标机制的设计来说，重要的是目标确定。目标的确立过程是价值的选择过程，是作出价值判断的过程。而实现目标的手段问题，乃属于技术问题。也许有许多种实现目标的手段，所谓"条条大路通罗马"，但是目标实现的不同道路彼此间却有一个优劣权衡问题。如何来进行权衡和选择呢？一个重要的依据就是以目标作为评判标准。

第三，教学组织目标具有调节作用。教学组织目标机制的建立还在于充分发挥教学目标的调节作用。通过建立教学组织目标机制，以及在此机制的作用下开展各种目标管理活动，可以使学校各部门以及成员不断地端正方向，统一思想，自觉调节各自的行动，协调各方面的关系。高等院校是由若干组织机构和教学机构建构的共同体。各组织机构和教学机构彼此相互关联，又各有其特别性。部门和部门之间，教学组织机构和教学组织机构之间，可能都是在全力以赴地努力工作，以实现各自的目标追求。然而，它们却又可能处于彼此冲突的状态之中，从而导致高校管理的内耗。因此，就需要对各个部门和各个教学机构进行协调。那么靠什么来协调呢？从管理学的角度来看，协调的策略是多种多样的，但不管采取怎样的协调策略，都必须遵循一个宗旨，即高校内部的所有部门和教学机构，其各项工作都应该以实现教学组织目标为目标。任何妨碍高校教学组织目标的行为和举措，都必须加以制止。为此，高校各个管理部门及教学机构在制定各自的组织目标时，都必须要明确学校教学组织的整体目标，并使组织系统内部的目标服务于教学组织目标之实现的需要。同样，高校的教职员工的个体行为，亦必须相互协调，自觉调节自身行为，为实现整体目标而努力。

二、高校教学组织目标的类型分析

建立高校教学管理的目标机制，需要对涉及高校教学的目标加以分析和区分。这种分析将为高校建立教学管理目标机制提供事实根据，从而对教学管理的目标机制及其实践具有方法论上的意义。通过目标的区分，我们可以发现，在高校教学管理组织赛统内部，始终存在着不同目标之间的竞争与冲突。这种竞争与冲突直接会影响到组织目标的实现。

（一）向校教学目标的主体性分析

人类社会活动与动物的本质差异，在于人的社会活动的目标性和计划性。马克思说过："蜜蜂建筑蜂房的本领使人间的许多建筑师感到惭愧。但是，最蹩脚的建筑师从一开始就比灵巧的蜜蜂高明的地方，是他用蜂蜡建筑蜂房以前，已经在自己的头脑中把它建成了。"马克思的比喻所要表明的是，人在活动之前，其预期的结果就已经存在。这个预期的结果，就是人们常说的目标就是主体在一定时间内，通过努力争取要达到的期望状态。由此可见，人们会预期怎样的结果，乃是一个与主体密切相关的问题。不同的主体，这个预期的结果可能会有很大的差异。现实生活中每一个人的行为选择的不同，从根本上说是源于每一个人所追求的不同的目标。因此，关于高校教学组织的分析，一个重要的维度就是目标的主体性分析，即不同主体所追求的目标之差异性表现。

如果我们把高校教学组织也看作是主体——集体行动的主体，那么至少可以将教学组织目标区分为高校教学组织系统目标和教职员工的个体目标。高等院校是一组织系统，是为实现特定的社会价值理想而确立的教育和培养人的社会制度。因此，高等院校的教学活动总是有着关于培养什么人的明确的目标。这种目标是社会公共价值理想在教育中的反映，因而所体现的是社会的公共福祉。社会的生存与发展赋予不同高等院校教学系统以不同的功能，从而为不同高校教学组织系统预设了相应的教学组织目标。这个目标是教学组织的共同目标。这种组织的共同目标是组织内成员共同利益的反映，也是社会对其要求的反映。它制约着高校教学组织活动的开展，也影响到管理过程的展开。然而，高校教学组织系统又是由若干个体构成的，作为构成组织要素的个人，因其每个人的利益要求，而使得个人在进行组织活动时，又有着自己的目标追求。高校教学系统中的个体目标，可能与教学组织系统目标是一致的，也可能是不一致的。例如，对于高校应当培养什么样的人，每一位在高校的执教者都可能有其自己的观点和看法。这种观点和看法并不必然地与国家所设定的人才培养的理念保持一致。因而，从主体的角度来看，高校教学组织系统内部的目标构成就表现出相当大的复杂性，既有教学组织目标，也有教职员工的目标，还有作为受教育者的学生的目标。

从目标的主体性来分析，则教学目标可以分为国家制定的高校教学目标，高校制定的教学目标以及师生的教学目标。国家的高校教育教学目标以具体的文件形式而表现出来。

在一般的意义上，高校教学组织目标与个体目标具有共同点，即通过教学活动的开展而期望达到的预期结果。不过这种共同点对于高校教学管理来说，并不具有实质性意义，而毋宁说它只具有理智分析的意义。对于高校教学管理来说，真正具有实质性意义的，是二者之间的不同点。教学组织目标通常是高校教学组织系统通过一定方式与形式而提出来的，相对于个体而言的客观的行为目标。如果说个人的目标是个人的价值观的体现，那么，组织目标就是该组织所有成员的共同信念和价值观的体现。由于组织是由单个个体构成的，因此，教学组织目标如果不转化为教职员工所认同的目标，那么组织目标就是外在于或无关乎个体的，因而是没有任何意义和价值的。因为，在通常的情况下，如果所确定的目标是个体所要真正追求的，那么他就会努力去实现它。高校教学管理的难题之一，就在于组织目标的个体化。

由于在高校教学组织内部，组织目标和个体目标常会发生竞争与冲突，从而形成组织目标与个体目标的异向。个体目标与组织目标的异向，将使得组织的各种努力化为乌有。成员各自纵横交错的目标努力，会使组织成为整体搭配不良的团体。因此，高校教学组织目标机制设计的任务之一，就是通过这样的机制，促使教学组织目标能够有效地转化为教职员工的个体目标，从而保证教学组织目标的实现。然而，这并不意味着，在管理过程中，要求个人为组织牺牲自己的目标利益，而是指通过目标机制将组织目标转变成个人目标的延伸，从而使个人活动的收益接近于组织收益。也可以说如何通过有效的管理机制，使组织目标的实现成为个体目标实现的手段或途径。

（二）高校教学目标的内外性分析

高校教职员工所要追求的目标既表现为客观存在的行为目标，也表现为存在于人的主观意识中的心理目标。外在的客观行为目标可以是一种产品，也可以是一种服务，如一定的课堂教学指标和数量、某种可以衡量的教学质量、与教学紧密相连的奖金、荣誉、地位、理想等。这些客观的目标，在通常情况下是由组织向个体提出的，因而在某种程度表现上体现出组织目标的要求。客观目标只有进入人的意识，并与人的需要形成某种联系时，即转化为主观上的心理目标，才能够发挥真正的作用。在各种管理活动中，人们更多地是从客观的外在目标出发，来考虑管理的指导、控制、组织与评价等问题，而忽略了，如果这些目标不能变成人的主观心理目标，则外在的客观行为目标就仅仅是一个用于言说的空洞之物。

因此，在高校教学组织系统内，目标可能是外在的，也可能是内在的。外在的目标是组织或他人所加于的目标，内在的目标则是为满足自己的需要而自我确定的目标。一般来说，对于学校组织系统内部成员来说，教学组织目标都具有外在性，亦即它们基本上都所属于加于的。而关于教学目标，则问题就变得复杂起来。"教学目标"概念的笼统使用，泛化了人们对教学目标的认识。在通常情况下，我们所说的"教学目标"是指具有法定意义的教学活动期望之结果，此为外在的教学目标。外在的教学目标，即作为社会主体既定的教学目标，是一种通过合法性形式（法律法规、政策文件）而表现出来的教学目标（因而也称之为"正规的教学目标"），是一种认为既对社会的进步又对增进社会个体的福利有益的理想状态的描述。它是一般的或者说在性质上是具有普遍的社会意义的，因为在一般观念的意义上它应当适用于高校教学组织系统的全体成员，并且从理论上说它是一种在社会及教育生活中占主导地位的支配性的价值观念在教育实践领域中的反映，是基于社会生活对高校教职员工的普遍要求的意识而提出来的。内在的教学目标则是作为个体主体的教育过程中当事人的目标，是一种实实在在对参与教育活动的教育行为起作用的目标。它是有限制的，其特征是具体的、特殊的，适合于特殊的个人。它通常与个人的物质生活环境及其利益、需要紧密地联系在一起的。其表现形式是隐含的、不明晰的。由于其表现形式是隐含的、不明晰的，所以也称之为"内隐的目标"或"非正规的目标"在对有关教学目标的理论研究中，人们一直在着重研究外在的教学目标而忽略了内在的教学目标及其与外在的教学目标之关系的研究。当"教学目标"这一范畴被具体化为"外在的教学目标"和"内在的教学目标"两个内容时，有关阻塞教学目标功能实际发挥的主要障碍便暴露在人们的思维视域中。这种主要障碍就是，人们在对高校教学目标的功能的认识上，以规范意义上的教学目标的功能代替了实际发挥作用的教学目标功能；以社会主体的教学目标功能置换了个体主体的教学目标功能。这种代替与置换混淆了人们的理论思维与实践思维，从而忽略了教学目标功能发挥的引导机制问题。我们之所以能够这样说，是因为在这里范畴已达到了对现实的把握，从而使得我们真正前进到了在观念中再现现实的认识水平。

当把"目标"区分为"外在的目标"和"内在的目标"两个方面时，这种区分意味着，它使得人们能够在思维中确定教学目标内在规定的同一性中的差异性，同时又能在差异性发现其内在的同一的规定性，从而划定教学目标功能发挥的前提条件的界限；同时这种区分还意味着，人们能够在给定的界限内通过对给定前提条件的探究而获得一种基本的原理，从而使得人们在教育实践生活中，能够在"外在的教学目标"和"内在的教学目标"之间建立起一种有效的、合乎辩证法原理的转化机制。应当看到的是这种区分的逻辑依据的事实基础，即参与教育活动的主体（教师、学生、家长、学校管理者等等）观念中的教学目标（具体的、内在的）并不必然地反映社会总体的教学目标意识（外在的、社会主体的）。在教育实际生活中发挥作用的，是"千百万教育者每日每时参与直接过程所持的目标"，正是这种"实然的"或"内在的"教学目标在对高校个体的教育行为发挥着切切实实的作用。但是，由于各个具体的教育活动主体的内在教学目标可能与社会总体的教学目标保持一致，也可能会发生不一致甚至矛盾，所以唯有"由教育者从现实情况与儿童实际出发，把教学目标具体化并建立教学目标与教育手段之间的联系，才能使既定的教学目标发生导向作用。"因此，建立教学组织目标机制，必须注意到外在的教学目标与内在的教学目标之间的关系，并通过一定的机制，实现外在教学目标向内在教学目标之间的转化。

（三）高校教学目标的对象性分析

高校教学，就其作为人类社会实践活动的社会性质而言，是指向受教育者的活动，因而其结果都应当是受教育者身心发生某种积极的变化。无论是谁，只要他作为一名高校教师，在高校为教学活动提供基本条件保证的前提下，其任务和目标就已经是社会所预先设定的。我们将这种目标称之为对象性目标。然而，高校教学，就其作为职业活动的个体性质而言，它又是指向教育者的活动，即通过承担某种教学任务，在履行教师的社会职责的同时，取得能够满足自己需要的资源与物质。在较低的层次上，它是教师谋生的需要，在较高的层次上，它是教师实现自己价值和理想的需要。无论是哪个层次，其目标都是指向他自己。我们将它称之为反身性目标。

将高校教学目标区分为指向受教育者的对象性目标和指向教师自己的反身性目标，意在说明，对象性目标的实现与反身性目标的实现是分不开的。从目标机制的设计来看，一个基本的原理是，教师要实现其反身性目标，就必须首先要实现对象性目标，即将对象性目标当作是实现反身性目标的手段。也就是说，教师要通过自己的教学工作而获得满足其自我需要，就必须通过采取有效的教学手段和方法来促进学生的身心发展。就两个目标的存在方式而言，对象性目标以显性的方式而存在，而反身性目标则是以隐性的方式而存在。然而作为隐性存在的反身性目标对对象性目标的实现有着极大的影响。在高校日常的教学生活中，一些教师过分地突出反身性目标的追求，而不同程度地影响到对象性目标的实现。因此，目标机制同样需要解决对象性目标和反身性目标的对立问题。教学管理不可将反身性目标看作是需要加以排斥的对象而予以批判甚至简单地加以否定。应当看到反身性目标在管理中的绝对价值，并且充分地利用好反身性目标。

此外，在进行教学组织目标整合机制设计时，还需要考虑教学管理的对象性目标与反身性目标之间的相互关系。教学管理目标，即通过教学管理工作所要实现的预期的教学结果，乃是教学管理者的对象性目标，但是作为人的存在，教学管理者亦有其反身性目标。教学管理者的反身性目标如果不能实现，那么它的直接后果是影响到教学管理者的管理工作的积极性，从而影响到教学管理的对象性目标的实现。因此，就教学管理目标的实现而言，要考虑如何统一教学管理者对象性目标与反身性目标的问题。实际上所有的组织活动都是通过个体的管理活动而展开，在理想的状态下，它是集体意志的体现。因此，教学管理者在进行教学管理活动时，如同教育者在进行教育教学活动一样，在实现组织目标的同时，也在追求自我目标的实现。管理的核心就是使这两者统一起来或尽可能地统一起来。

（四）高校教学目标的组织性分析

高校教学管理者除了要考虑上述教学组织目标分类外，还要考虑教学目标与教学管理目标的相互关系问题。教学目标是高校教学活动所要实现的预期结果。这种预期的结果最终体现在受教育者的身上即学生的身上。它以学生身心所出现的某些变化为标志；教学管理目标则是教学管理活动所要实现的预期的结果，它以某种教学活动的状态为标志，例如良好的教学秩序、饱满的教学热情、积极的教学态度，等等。这些是教学目标实现的根本保障之一。就教学目标和教学管理目标的关系而言，我们可以把教学管理看作是教学目标实现的手段。但是，教学管理目标的制定，却不能够脱离教学目标。虽然教学管理目标的确立受到教学管理资源的限制和影响，但是教学目标却具有非常重要的意义。

高校教学组织目标机制设计的一个重要的内容，就是如何实现教学管理目标与教学目标之间的统一。从理论上讲，教学目标的实现是以教学管理目标的实现为条件。然而在实践中，真实的情况可能是两者之间的无关。这种情况将会影响到教学目标的实现。教学目标与教学管理目标的内在统一，需要教学管理者具有两个方面的知识，即教学知识和管理知识；同时需要对两个方面有深刻的理解和认识，即对教学的深刻理解和认识以及对教学管理的深刻理解和认识。这对教学管理者的素质提出了很高要求，它要求高校教学管理者既是管理专家，又是教学论方面的专家。在两个方面的知识聚一身的管理人才难寻觅的情况下，首要的素质是管理方面的才能。对于教学论方面的素质要求，可以通过某种类似于教学委员会或专业委员会的形式来弥补。

　　高校教学目标的组织性分析还涉及有关教学目标分解问题。无论是教学目标，还是教学管理目标，要使其对教学活动和教学管理活动发生实实在在的导向和激励作用，都要有两个方面的配合，即一定的管理机制的配合，如监控、激励和绩效评价反馈等机制，和一定的目标可操作化的配合。后者则正是目标内容分解的结果。如从组织管理的角度看，组织协调发展是基本目标，而良好的组织氛围和效率则是管理的分目标；理顺工作关系、沟通、合作、融洽、低成本等则是更为具体的目标。需要进行教学目标的分解工作，这种分解并不是在课堂教学目标意义的分解，而是指在整个学校教学管理目标意义上的分解。目标分解的意义在于，教师在进行课堂教学时能够更好理解课程的教学目标，并使其能够指导教学过程的展开。但是，应当注意到这样一个趋势，即在目标分解方面，存在着愈分愈细的现象。看起来这种细分的目标更具有操作性，但细分的目标也会带来繁琐的弊端，从而反过来使得目标的实现变得不可操作。应当看到，无论是教学目标还是教学管理目标，它们都不是像工厂所生产的产品那样能够细分的。因为它所涉及的，是人的活动和人的存在本身，而非物的对象。高校教组织目标的分解不仅涉及目标内容，而且还涉及目标形式。任何目标的实现都需要有一个过程。在一定的过程中，不同的阶段，具体的目标是不一样的。这一点无论是对于组织目标还是个体目标都是如此。

三、高校教学管理中的目标整合

　　上述有关高校组织目标的类型分析表明，要实现高效的教学管理，提高管理绩效，对高校教学组织目标进行整合是非常必要的。如果高校教学管理不能够实现组织目标与个体目标、外在目标与内在目标、对象性目标和反身性目标、教学目标与教学管理目标的有机整合，则最终的教学目标以及提高高校教育质量，都将成为空谈。

（一）目标类型应具有的关联性

　　在教学管理的目标机制的设计过程中，我们不能理所当然地认为，在高校教学系统内部，目标在个体和组织之间具有统一性和无差异性特征。应该从现实的前提出发，承认目标主体的不统一性与差异性。在各种有关高校教学目标管理研究的规范性表述中，如"形成整合一致的目标系统"，由于对高校教学组织目标本身所存在的类型差异缺少科学的分析，由于以规范陈述替代描述陈述，而导致高校教学组织目标整合机制的缺失或不全。在这种情况下，目标机制就为目标管理所替代，即管理者将学校教学组织系统的总任务转化为各管理部门、各教学机构的共同目标，然后在此基础上分解成组织目标和个人目标，并把这些目标作为组织经营、评估和奖励部门和个人贡献的标准。这并不是说目标管理不具有管理理论的合理性，而是说，高校教学目标管理并不适应于作为培养人的社会组织的高校。这其中存在的问题在于，高校的教学目标之实现，由于主要是落实在学生的身心变化方面，而学生的身心变化却很难通过具体的行为目标来加以衡量的。高校教学目标管理的更大的问题在于，它有可能使得高校教学管理演变成某种外在的功利性的追求，从而从根本上消解高等院校的办学宗旨。

高校教学管理的外在目标和内在目标、组织目标和个体目标、教学目标与教学管理目标以及对象性目标和反身性目标的对立与竞争，使得在教学管理中，有关组织目标的形成及不同目标的整合成为一个核心问题。在各种对立和竞争的目标中，有两对目标关系在所有目标关系中，处于核心地位，这就是组织目标和个人目标、内在的目标和外在的目标。这两对矛盾关系的不同组合，将直接影响到高校教学管理目标整合机制的建立和有效运行，因而具有高校教学目标整合机制建立的方法论意义。下面是高校教学外在目标和内在目标、组织目标和个人目标不同组合的矩阵。

内在的目标是高校教学组织在进行教学管理和运行过程中自行确立的目标。它既与社会所赋予的高校教学组织的功能有关，也与高校教学组织系统自身发展的情况有关。外在的高校教学组织目标则是社会所要求的、组织之存在价值的体现。在一般的情况下，任何社会组织都必须无条件地通过配置组织内部的所有资源以实现社会所赋予组织的功能与职责。例如，社会所赋予高等院校的功能与职责，以及高等院校教学要实现的目标，都是外在的组织目标。它不是由高校自行确立的，而是社会系统分工所给定的。从高校教学组织来看，内在的教学管理目标，就是高校根据其自身发展的定位以及可利用的教学资源与组织管理资源而确定的未来预期。不同的教育体制下学校内在的教学管理目标呈现出相当大的差异。相对于高校组织系统而言的外在目标和内在目标，由于政府的权力监管、对某些教育资源的控制以及现阶段所采取的各种评估，使得高校教学组织不能不把外在的目标作为其内在的目标而去追求。因为如果学校不能做到这一点，那么一系列的相关的消极影响将会呈现出来，特别是在目前的一套管理运作模式下。真正具有管理学意义的，是教师个体意义上的外在目标与内在目标的区分。为此，必须要在由教学组织系统所提供的外在目标与个体所欲求的内在目标之间，建立起有效的关联。这就是说，组织目标之区分为"内在"与"外在"，对于目标机制的建立与运行来说，意味着其确立、整合与实现，着重指向高校教学组织目标所具有的差异性。任何个人，在社会活动中，其目标都有内外之分。在高校从事教学工作的100教师当然也不例外。外在的个人目标，仍是个体作为一个社会人，社会所赋予给他的职责。个体不能独立地存在，尽管表面上看来每个个体都是独立存在的。为此，他需要为作为社会人存在而尽职。同时，每个个体之存在都有其自己的需要。为满足个体之需要而活动，这种目标就是个体内在的目标。外在的个人目标需要转化为内在的个人目标，个体才会为了实现自己内在的目标而努力工作以实现外在的个人目标。

（二）目标共识达成的可能性

所谓目标共识达成，是指高校教学组织所确立的目标能够为教学组织系统内部所有的教职员工所认同，并且能够在现实的教学中以该目标的实现为工作的努力方向。简言之，目标共识应当主要集中于高校教学管理目标上。目标共识的核心是认同教学管理目标即高校教学组织组织的整体目标，同时也是个体应当努力追求实现的目标。

目标共识达成的焦点问题是有关高校教学目标的确定。目标的确定涉及很多问题，如确定什么样的目标？依据什么来确定目标？如何确定目标？高校教学管理的目标整合机制主要考虑后一个问题。然而，如何确定目标与确定什么样的目标是分不开的。教学管理的目标整合机制，实际上是一个通过目标的确定、整合、实现的过程，使得教师和教学管理者都能够认识和了解为什么要确定这样或那样的目标，它对于高校组织发展和个体发展将具有怎样的意义，所确定的目标的具体内涵是什么，以及为了实现该目标，教职员工应该做些什么，不应该做什么，等等。因此，虽然目标的确定与目标确定的机制在所涉及的问题上有所不同，但是，目标机制在考虑依据什么来确定教学管理目标以及如何确定教学管理目标的问题上，则必须考虑确定什么样的目标问题。

高校教学管理的目标确定，根据其变化的情况，可以分为常规性的教学管理目标和教学改革的管理目标。常规性的教学管理目标通常与上级部门的要求与指令有关，也与学校的地位与社会功能的定位有关。在这种情况下，教学管理的目标确定过程，是一个结合学校的实际情况而明晰化的过程。例如，1998年教育部高教司颁发的《高等学校教学管理要点》明确指出"为了实现高等学校教学的科学化和规范化管理、切实提高管理水平、教学质量和办学效益，保障高等学校人才培养目标的实现。"这类目标，便属于常规性的教学管理目标。对这类目标的确定，主要的任务是如何结合学校的教学及管理实际，将目标所包含的内容要求更进一步地明确化和可操作化。改革性的目标确定，较之常规性目标的确定，是一个更为复杂的问题。其复杂性在于，改革的目标确定，没有常规性目标确定所具有的基本标准；它必须围绕改革所要解决的学校教学及教学管理中存在的实际问题来制定。它不仅要考虑各种内外可能的影响因素和各种主客观因素，同时还要考虑因改革而带来的利益格局改变可能引发的矛盾与冲突。

高校教学组织目标或教学管理的预期结果，应当是经过努力能够变为现实的。但是能否成为现实，不仅取决于个人的努力程度，而且也与许多的客观因素有关。这里所讲的客观因素即是目标实现的条件。同时，教学管理的目标还需要考虑社会赋予高校教学的功能与职责，考虑社会的价值观念与公正的理念。已有的研究表明，目标的确定需要考虑这样的一些因素。就这些因素对目标实现的影响及作用来看，我们可以将它们分解为作为必要条件的因素，和作为充分条件的因素。就我国高等院校的管理体制而言，上级目标或下达的年务、计划，是高等院校教学管理目标确定的必须条件。在常规性的教学管理目标的确定中，它具有决定性的意义，在改革性的目标确定中，它则具有方向性的意义。

高校教学管理目标确定的困难在于，在一个有着众多教职员工组成的高校内，如何使得每个职工都能够参与到目标确定的过程之中，并且对所确定的目标能够达成共识。不管教学管理实践对于这种共识的达成持有怎样的怀疑态度，但是在我们看来，即使教职工的经历、偏好、学科背景各不相同，但是目标共识达成仍然是可能的。对此，可从以下几个方面来阐述。

第一，高校教学组织虽有众多的教职工个体构成，个体之间存在着不同的利益追求，且这些利益追求往往是相互冲突的，但是教职工乃是社会性的存在，即作为人我们都不能够脱离他人而生存（社会学上的而非生物学意义的），因而具有相互依赖性。这种相互依赖性表明，个体利益之间存在着某种重叠和交叉。这种共存的利益部分，构成了高校教学组织存在的前提和基础。人们利益的相互冲突使得社会的建立成为必要；人们利益相互联系在一起，这使得社会的建立成为可能。恰恰是个体间共存的利益，构成了目标共识的基础。

第二，学校组织目标应当是共存利益的表现和反映。这种利益的共存性既表现为它们与组织系统外部的社会有着公共利益，同时也表明组织内部个体之间有着共同的利益。然而，由于目标是有待实现的预期结果，因而这种共同的利益实际上是未实现的利益。相对于现实的利益而言，这种未实现的共同利益更容易为人们所认可。反之，如果是直接的现实的利益，那么理性的个体就可能在达成一致性上面临更大的困难。此外，目标通常是以抽象的语言来表述的，目标的这种抽象性也降低了目标共识达成的难度。

第三，关于共识达成的可能性，哲学和社会学已经提供了许多不同的理论解释。其中最为著名的，一个是哈贝马斯的交往对话理性，一个是罗尔斯的公共理性。前者通过对策略理性的批判，而提出一个特定和谐的社会是以共享的社会规范和价值观为前提的，这种社会规范和价值的认同，来自于人们所具有的交往理性，即只要提供一个民主的背景，且所有的对话者满足判断、陈述的真实性，遵循规范的正当性和表达自我的真诚性等三个条件，那么人们彼此之间就能够就他们共同关心的问题而相互理解，达成共识。后者则认为，公共理性是一组文化多元论前提下合乎理性的"重叠共识"所达成的有关社会正义的基本原则，"是关于……价值的一种推理方式，这种……价值是由……公民所共享的。"公民共享之价值，必须遵循一种推理方式，即通过讨论与对话的方式来实现。对于政治共同体来说，在一个价值多元的背景下如何就基本政治原则达成共识，是任一社会都无法回避的问题。同样，对于联合体的高校来说，类似的公共问题也同样存在且从实践出发必须给出回答。"公共理性"在于它指向社会公共生活领域中的问题，并以公共话语来谈论那些进入公共生活领域的具有普遍意义的话题。其基本的内涵是，公民就所期望共享的价值进行公开讨论和对话，以使某一价值真正成为公民共享的价值，从而奠定价值共识的正当性基础。

不管是哈贝马斯还是罗尔斯，他们都认可这一积极的观点，即共识是能够达成的。他们的分歧仅仅在于，达成共识的理性基础不同。罗尔斯假定每一个人都具有指'向公共利益的理性，只要他是一智力正常的人，都不会仅仅只考虑他自己的个人利益。而哈贝马斯则认为，交往是人们的存在本质。只要是一个理智正常的人，他都必须与他人交往，恰恰是人的这种本质存在，而使得共识达成有了可能。尽管在哈贝马斯和罗尔斯之间就理性的问题而发生过激烈的争论，但是我们认为从一定的意义上讲二者之间是可以协调的。因为指向公共善或公共利益的教学管理目标，乃是不同个体就公共善或公共利益形成共识的基础。但是要认识到，仅有这一点是不够的。因为公共个体之间如果没有相互的交往与对话，则难以最终获得共识。

（三）目标整合一致的现实性

以上仅仅是阐述了目标共识达成的可能性。而要使这种可能性变成现实性，就必须借助于一套机制。为保证目标共识在高校内部的形成，教学管理目标机制设计必须注意以下几点。

第一，明确确定目标的基本指导原则。确定目标要运用到公共理性，而这意味着必须在确定目标之前确定一基本的指导原则，一种以国家的教育法律和教育政策内在地持有的指导思想为出发点。任何讨论和对话都不应以僭越这种指导思想为前提。国家的法律和教育政策所内含的指导思想，是社会公共善在高校教学管理组织目标及其实践中的表达。不论是教学目标还是教学管理目标，都不能以牺牲社会公共的教育利益为代价。更进一步地说，目标的确定必须能够增进社会公共的教育利益，促进教育的公共善。这是社会对高校目标确定所提出的正当性要求。

第二，建立协商的民主对话制度。高校在其目标确定的过程中，需要实行一种协商的民主制度。这是先于目标确定而确定的制度，一套保证公共理性和交往理性能够实际发挥作用的议事程序。涉及目标确定的讨论与对话，要求学校要为教师提供对话与交流的公共论坛。前几年北京高校的人事管理制度改革所引发出的有关高校制度变革的讨论，在某种意义上为公共理性和交往理性在高校中的运用提供了一个经典范例。在这一场讨论中，高校内部人事制度的重构，所引发出的，是有关高校制度精神、高校制度赖以确立的价值理念的讨论。不管是赞成者还是反对者，争论双方都是将自己的视野定位于价值的层面。各种媒体为此争议所提供的言论平台，保证了公共理性的有效展开。尽管北京高校的人事管理制度所引发的讨论与对话，已经远远超出了一所高校内部的范围，但其中所透露出的公共理性精神，却是所有高校进行内部制度变革所必需的。就高校的目标确定而论，提供这样的公共论坛，乃是保证目标确定合乎理性的必要前提。高校内部的局域网的开通，高校内部的各种学术性组织（如教研室、研究室、学术委员会等）、各种行政性组织（如院、系等）、各种群体性组织（如教育工会、教职工代表会议等）的存在，相对固定的会议及学习制度，都为公共理性和交往理性的运用，提供了基本的保证和条件。没有这样的一种认识和意识，目标确定就可能成为少数高校管理人员的一项工作任务，成为高校行政意志展现自我的空间与机会。当目标确定的合理性不能得到保证时，目标之可操作性、共识性和有效性，就都将成为悬而未决的问题。

第三，区别基本的制度价值之共识与目标的具体内容上的共识。运用公共理性和交往理性对目标的合理性进行论证，并不意味着要在目标的所有内容上达成一致和共识，而是指对制度之内核的价值基本达成共识。在现实中，许多高校为了昭示其民主管理，对变革的制度亦展开多回合的讨论与协商。然而这种讨论与协商，多纠缠于制度的技术层面，而不涉及或很少涉及制度的基础——价值层面。这使得高校内部对目标的讨论和协商成为不同利益群体对有限的高校资源之分配的讨价还价过程与形式。这真是一种本末倒置的做法。由于对所涉及到的具体条文之分歧太大，最后的决定权仍让渡给少数掌握行政权力的高校管理者。高校成员对目标确定的参与讨论完全成为一种形式。因此，必须明确指出，公共理性和交往理性并不关注那些具体条文内容，而主要指向目标之最核心的基本价值，并期望通过理性的运用，使得高校成员能够对目标价值达成共识。

第四，高校内部目标确定过程中的理性诉求，意味着高校内部的成员，应当并且能够参与高校相关的讨论与辩谈，以对现行的一套目标系统的正当性作出合乎理性的回答。参与讨论与辩论，是高校所有成员应有的责任，也是所有高校成员所应该享有的权利。作为一种责任，高校成员必须参与相关讨论；而作为一种权利，高校成员有资格来参与这样的讨论。放弃这样一种责任和权利，就意味着放弃高校成员的道德责任心。而通过各种形式来剥夺高校教员参与讨论与辩论，则是教员参与学校管理权的侵害。高校教员具有理性的推理性能力和道德能力，他们有能力承担起这样的责任。高校成员必须持有对高校理念的正义情怀和道德美德。

四、高校教学组织目标机制发挥作用的条件

所谓高校教学管理目标功能发挥是指教学目标的内在规定性能够直接影响到教学活动参与者的具体教学行为的，并使个体的教学活动、最终是社会主体的教学活动向着预期的（目标）结果方向发展，并达到社会主体预期的目标。

（一）高校教学组织目标发挥作用的现实前提高校教学组织目标真有三种重要的指导任务（功能）

即指导教学过程（引导功能）、推动教学过程（激励功能）和协调教学过程（调节功能）。从规范的意义上看，目标能够发挥三大功能并无不当。目标，就人的有意识的行为表现方式而言并从具体活动的过程来观察，确乎具有这样三种功能。但是，这种论述也仅仅是在规范的意义上、并且也仅当高校教学目标成为个体的教学行动的真正组成部分时，才是一种正确的论述。离开了这样一个前提，那么它可能只会给高校教学及管理实践带来某种消极的负面影响、甚至是误导。因为它容易给人们造成这样的一种错觉，即似乎只要有教学组织目标存在那里，只要教学组织目标通过教学法律法规、规章或文件的形式合法地表现出来，那么就能够发挥其应有的引导、激励、评价的功能，就能够实现其指导任务。

然而实际情况绝不是像人们所想像的那样。实际的情况是，社会主体的教学观念的内在规定与个体主体的教学实际结构状态在很大程度上表现得并不一致，即对于参与教学活动的个体来说，引导其实际行动或行为的目标并不必然地认同社会的教学价值观念，即认同社会主体的教学目标。虽然人们已经注意到了这种区别，但并没有讨论这种区别及其对教学活动的意义。之所以如此，是因为一些研究者只是从观念的形态出发，从想当然的前提出发（因而也就抛弃了人们活动所不可回避的现实前提），而没有将历史的、经验的因素考虑到他对教学目标功能的论述中去，没有对教学组织目标的三个功能之间的关系作出应有的把握。换言之，规范意义上的教学组织目标功能只是从静态的不变的立场考虑了教学组织目标的可能性而没有考虑将此可能性转化为现实性的若干现实前提条件，毋宁说只是设想了一种观念性的、规范意义上的前提条件，一种没有前提的前提条件，一种无主体的教学目标的规范功能。这种设想的前提条件是，高校教育活动领域中的每一个个体主体无可争议地无差别地拥有社会主体的教学意识、并能够通过其独特的行动实现社会主体教学目标所预先给出的规定，从而最终在社会主体的教学意识与个体主体的教学意识之间保持了一种无差别的同一性和一致性。社会主体的教学意识是个体主体的教学意识的集中体现与反映，而个体主体的教学意识也正是个体对社会的教学意识内化的结果。因而教学目标的规范功能可以说是从观念出发所必然获得的逻辑结论。这种想当然的理论预设所导致的对教学活动参

与者的结果是，"整个社会的某部分人将会发现他们的目标是由外来的命令决定的；他们的目标并不是从他们的经验自由发展而来，他们有名义上的目标，并不真是他们自己的目标，而只是达到别人比较隐蔽的目标的手段。"

但是马克思主义的方法论告诉我们，科学的研究不应当从观念出发，而应是"从现实的前提出发"，立足于"经验的观察"，从具体中获得一般抽象的规定；并且还要运用从抽象上升到具体的方法，即使一般抽象的规定要在思维中导致具体的再现。当我们从经验的事实出发，运用马克思主义的方法论来考察问题，并把它们同社会的经济活动联系起来；那么我们就会发现，人们之间的经济活动的特定关系及由此而决定的教学观念意识与社会主体的教学价值观念并不总是一致的。个体所处的特定的物质生活环境决定了他对世界和社会的基本观念，从而决定着他对教学活动的独特认识，决定着带有他们所处环境烙印的独特个性的活动预期结果。由此可以得出这样的结论，即最终反映具体的社会物质生活条件的个体主体的教学意识在本质上不同于作为高度组织起来的、远较个体意识更为抽象的社会总体的教学意识，尽管两者之间存在着密切的相互关系，即社会的教学意识总以个体心理的教学意识的存在为先决条件，并标志个体的教学意识的一个较高的水平，同时个体的教学意识总或多或少反映着社会总体的教学意识。正是这种社会主体与个体主体的教学意识观念的具体性与差异性的存在，社会既定的教学目标的功能的发挥，从而教学目标自身规定的内容的实现，就需要一定的前提条件。这个结论的得出基于这样的现实，即既定的社会的普遍意义上的教学目标绝不是自动地对教学者的教学行为发挥其指导功能。这就向有关教学目标的基本理论研究提出了这样的任务与要求：确定高校教学组织目标实现的前提条件，并将这种前提条件形式化为基本的原理及基于原理而提出的可操作的程序。

（二）高校教学组织目标发挥作用的条件

依据我们在前面的分析，高，校教学管理目标功能发挥必须具有以下几个基本条件。

第一，外在的组织目标，无论是教学目标还是教学管理目标，都必须化作内在的个体目标，目标的效应才能够充分地发挥出来。否则，外在的目标再完美、再科学，全都将难以发挥其应有的作用。而要将外在的目标化为个体的内在的目标，就需要在两者之间建立起必要的联系。这种联系首先需要在理论上予以阐述清楚，然后基于理论的阐述而在实践中通过机制的设计而将二者切实的联系起来。应当指出，这种联系往往是人为的，亦即二者之间并不是必然的。对于个体来说，外在的目标（教学的和教学管理的）也许并非是他所欲求的，但在机制的作用下却是不能不正视和关注的；内在的目标（教学的和教学管理的）虽然未必符合外在目标，却是他所欲求的。

在教学管理中，二者的关系应当是：不管个体持有怎样的内在的目标，他都必须努力完成外在的目标才能够实现其内在的自我目标。这里无须讲很多的大道理，只要使他认识到这种利害关系即可以。相信一个理性的个体在这样的机制约束下，能够认识到这种利害关系，并且在自己的实际行动中会自觉自愿地遵循这种利害关系。

第二，用同样的原理来处理好对象性目标和反身性目标之间的关系。也就是说，要使目标能够切实发挥其效应，需要在对象性目标和反身性目标之间建立起联系。教学管理者必须准确地阐述外在的目标和对象性目标，并使被管理者理解和把握外在的目标和对象性目标。这对于教学管理成功是非常必要的。因为如果被管理者要把外在的目标和对象性目标之实现当作是实现其自己目标的手段，就必须了解和认识那外在于他们的目标。然后仅仅做到这一点还是不够的，教学管理还必须准确地理解和把握被管理者的内在的目标是什么或对象性目标是什么。这些内在的目标和对象性目标往往与被管理者的需要联系在一起。它们是人们的自然性的某种反映。机制的设计就在于利用这些自然性，而达到管理的社会性要求。忽视人的这个最自然的东西，也就等于放弃管理的社会性要求，因为这种社会性要求如果不基于人的自然性就根本不可能实现的。

第三，机制是建立组织目标和个人目标之联系的基本条件。在这里，教学管理目标整合机制应当表现出这样的要求，即如果教师和教学管理者不努力实现教学目标和教学管理目标，则他们自己的内在的目标或反身性目标的实现就会受挫，至少在组织系统内部应当如此。而如果他们试图在教学系统外部来寻求自我目标的实现及需要的满足，那么他们就将会面临更大的受挫。在一些情况下，教学管理机制的设计也许能够做到第一点，而往往无法做到第二点。这将使得机制的作甩严重削弱。所以单纯的目标机制是不足以完成教学管理机制所要完成的任务。例如，一名教师不认真教学，不完成教学目标，从目标机制的运行来看，他将被停止承担教学任务，其结果是他的某些报酬就将会因此而停发。但是，如果教师仍然拿着薪水，生活并因此而感到很悠然，那么这样的机制就不可能是一个有效的机制。

第二节　高校教学管理决策机制

从广义上说，目标的确定过程也是一个决策过程。但是由于目标的确定不仅涉及到高校内部成员的参与问题，而且还涉及到高校外部的政治要求和公共要求，因而，高校内部的目标在更多的情况下是被赋予的，即我们在上文所说的，是外在的目标。当然这里面也涉及到内在的组织目标，即自主确定的目标。无论是赋予的还是自主确定的，教职员工的参与都不可缺少。参与的过程是一个广泛的动员和宣传的过程，也是一个激励与导向的过程。本节所讨论的决策机制，主要是在狭义上说的，即在目标确定之后如何选择恰当而有效的实现目标的手段与途径。

一、高校教学管理决策的内涵及限定因素

高校教学决策机制设计涉及两个方面的问题：一个有关如何确定实现目标的措施和手段问题，二是如何运用措施和手段来实现教学组织目标的问题。为此，我们可以从高校教学决策过程、高校教学决策的构成要素和高校教学决策的限制条件等方面来对此加以阐述。

（一）高校教学管理决策作为选择过程

第一，高校教学管理决策是一个集体选择过程。选择是在众多的可能性中选定一种可能性作为行动的基策略。这种选择可能是个体意义上的，也可能是组织意义上的。人类的行动是在不确定性的情境中进行的。不确定性将使得人的行动策略具有多种可能性。每一种可能性看上去似乎都具有合意性。然而一旦选择某种可能性并付之以行动，人们就会发现结果并不合意。经验的证据以及教训告诉我们，面对二难或困境，我们需要三思而后行。从个体的成长历程来看，人一生需要作出无数次选择，每一个选择就是一次决策。并且总有那么几次决策会直接影响到整个人生。个体如此，集体更是如此。集体是数目有限的个体的集合体。相对于个体决策而言，集体的每一次决策不是影响某一个体的事情，而是会影响到整个集体中所有人的行为。因此集体的决策显得更为复杂和困难。

作为一项集体的决策，高校教学管理应当能够使得其行动方案直接影响到高校内部教职员工的个体选择行为，从而引导教职员工能够齐心协力去实现高校教学组织目标。有效的高校教学管理决策机制，就是要在实现高校教学组织目标的集体行动中，能够有效地促使教职员工参与到集体的选择过程中。

第二，高校教学管理决策是一个以问题为导向的选择过程。不确定性是问题的情境，问题则是不确定性的表现。因此决策就是一个以问题为导向的选择过程。在高校教学管理实践活动中，人们可能会面临各种各样的教育教学问题，这些问题大都产生于教育事态的发展与我们的教育期望之间的差距、产生于一些事情做起来有一种困难的感觉、产生于一些事情本身背离我们的价值观。一旦问题出现，高校教学管理者就需要采取积极因素的行动处理、去解决。没有问题的存在，也就没有决策活动存在的必要。一切选择的目的在于解决高校教学管理实践中存在的各种问题。

高校教学管理决策涉及与教学有关的多方面的问题，包括教学计划的制定问题、教师的选任问题、师资队伍建设问题、教学管理制度问题、人才培养的素质要求问题、教学资源的配置问题、课程内容体系建设问题、教学评价问题，等等。

每一类问题之解决，都有多种行动的方案。高校教学管理决策就是以所要解决的教学及管理中的问题为导向，对各种可备选的行动方案加以权衡，从而选择较优的行动方案，以实现高校教学管理目标和教学目标。

第三，高校教学管理决策是一个针对问题而确定未来行动方案的选择过程。面对问题，高校教学管理者就需要确定一定的行动策略以解决之。而一旦实施某种行动，则高校教学管理者就需要考虑行动的目标、方向、原则、过程、方法等。在高校教学集体的行动中，在假定教学管理目标及教学目标之共识已经形成的前提下，高校教学管理者就必须围绕现实的教学问题和教学管理问题，而采取切实有效的行动方案。例如，就教学管理制度而言，可供选择的方案，至少有三种，即学年制、学分制、学年学分制。究竟选择何种方案，不仅要考虑我国高校教育的基本方针，而且还应当考虑目前的整个社会的就业环境和学校所可能具有的办学水平。再如，有关高校教师的教学激励问题，可以采取只指向教学的激励策略，也可以采用指向教学与科研相结合的激励策略。究竟采取何种策略，也需要视学校的办学目标和高校已经的形成的传统来确定。总而言之，高校教学管理决策不仅要确定集体的行动目标，而且还要选择实现集体行动目标的原则、过程和方法。

（二）高校教学管理决策的构成要素

在高校教学管理中，管理者可能会面临各种不确定性的情境，为此需要进行不断的选择。这种选择虽然是以管理者的名义作出的，但是它所代表的是一种集体的选择。高校教学管理决策机制就是如何通过制度安排而使这种选择更加符合集体理性，并使高校的教学管理决策活动更有效率。从这一基本的概念出发思考高校教学管理决策机制问题，则要澄清三个概念，即决策者、决策方式和决策内容。

第一，高校教学管理决策者。谁拥有高校教学管理决策权力？这个看似简单的问题其实非常复杂。其复杂的原因在于，高校教学管理者并非一个全能者，也并非掌握着完全的决策信息。一些有利于决策的信息往往为下属所拥有。因此，为着决策的科学性与合理性，有必要根据决策的内容而在某种程度上分散决策的权力。"谁拥有决策的权力"这个问题必然地与"决策什么"这个问题紧密联系，从而又在根本上决策着"如何决策"这个问题的回答。从管理方法论角度看，决策什么决定着谁有权力进行决策；而从管理实践论的角度看，则是，在高校教学组织系统中占有一定地位的决策主体拥有对某些事情进行决策的权力。高校的教学管理决策主体构成，从管理层级上，可区分为学校教学决策主体、院（系）教学决策主体、教研室及教师教学决策主体。不同决策主体承担着不同的决策使命，履行着教学系统各自要求其履行的职责。在学校层，教学决策主体需要对学校有关教学改革与发展的目标、思路、方针等进行决策；在院（系），教学决策主体在其权限范围内对关系院（系）教学发展的事务进行决策；在教研室层，教学决策主体则需要对一些具体的事务和具体的问题进行判断和处理。尽管它的影响和意义不如学校决策主体所作决策的重大，但一切宏观的教学决策与方案的结论都需要通过微观的实施才具有实际的意义和存在的价值。在组织的微观层面，需要考虑如何正确地执行上级宏观的政策和方案。这种选择过程虽不明显，却意义重大。因此，在有关教学决策机制的研究中，有必要对此加以关注。

第二，高校教学管理决策内容。从内容上看，高校教学决策可分为教学行政决策和教学业务决策。前者涉及学校及院（系）与教学有关的各种资源的分配与组织，例如新聘教师的任用、教学任务的安排、教学制度的建立；后者则涉及教学领域的一些事务的确定，如教学计划的修订、专业与学科发展的规划、课程与实习基本的建设等等，通常教学行政决策多由教学管理者作出，而教学业务决策则多由教授作出。但不管是教学行政决策还是教学业务决策，决策主体都不是由单方面的人员所构成，而是由教学行政管理者和教学业务工作者相互组合而构成。区别在于在整个高校教学决策过程中谁是主导者、谁是参与者。在高校教学行政决策中，教学行政管理人员是决策的主导者，而专家型的教师多为参与者；反之在高校教学业务决策中，专家型的教师多为主导者，教学行政管理者则成为参与者。

在我国高校教育教学改革不断深入的今天，高校教学决策的主要内容包括：教学计划的修订、教学激励制度的建立和完善、教师的任用与晋升等。由于这些工作直接关系到高校教学质量的高低，故在高校教学决策中占有重要的地位。不同工作领域决策的最终结果是形成行动方案，即决策方案。教学决策就是要在众多的看似合理的各种行动方案中选择效率高收益大的方案。应该指出的是，这个过程是一个非常艰巨的探索性的过程，也是一个不断协调个人偏好的过程。由于不同的方案对不同的个体而言意味着不同的利益，因而不管是在哪个领域，决策都需要不断的协商，都是一个从发现问题到解决问题的过程。

第三，高校教学管理决策的方式。高校教学管理决策方式总体上看可以有三类，即教学行政负责人的独立决策、教学管理委员会的集体决策，以及集体参与和行政首长相结合的混合决策。三种决策方式各有其利弊。独立决策能够显著地提高教学管理的效率，然而它对教学决策者的个人素质则提出了及高的要求。由于高校教学管理不仅涉及到不同学科门类的专业知识，而且还需要具有坚实的管理理论，因而，通晓各个学科领域以及教学管理领域的复合型管理人才在现实的高校生活中难以寻觅，因而独立决策对于高校教学管理来说，有着很大的风险和弊端。集体决策能够弥补独立决策的弊端，但是它也有一定的不足，如果决策委员会对于某项决策存在重大分歧时，就会出现议而不决的现象。这种议而不决的现象会直接影响到高校教学管理目标的实现。因此，相对而言，混合的决策方式兼具上述两种决策方式之不足。当然，在现实的高校教学决策中，要寻找到一个十全十美的决策方式，那显然是不可能的。

高校教学管理者所能够做到的，就是遵循游戏理论的最大最小值原理，即通过比较和权衡，在诸多均存在弊端和问题的方案中，选择弊端最小的那个方案。究竟采用何种决策方式，也还需要综合考虑决策的内容，决策对高校教学所可能产生的影响力及影响范围，以及高校外部的政治环境，高校内部的教学和学术生态环境。此外，对于集体决策或混合型决策来说，决策群体的人员构成也是高校教学决策机制必须要考虑的问题。显然，决策参与者的人员构成不同，最后的决策结果也会有很大的不同。

（三）高校教学管理决策的限定因素

哈耶克指出，"假设我们拥有所有相关的信息，假设我们能够从一个给定的偏好系统出发，又假设我们掌握了有关可资使用的手段或资源的全部知识，那么剩下的问题也就只是一个纯粹的逻辑问题了。"问题是，这个假设并不存在。对于高校教学管理者来说，没有谁能够拥有完全的信息，高校教学管理组织也不是一个偏好一致的系统，高校教学管理者也并不具有完全的有关实现目标的手段知识。因此，如果我们把高校教学管看作是一个建立教学秩序的活动，那么毫无疑问高校教学管理决策将同样面临哈耶克所说的三个约束因素问题。

第一，教学管理系统内部知识的有限性。教学管理的科学决策需要完全的知识。然而，无论是在逻辑上还是在管理的实践中，这种有效的教学管理所需要的完全知识都是难以获得的。从知识的形式上看，"我们必须运用的有关各种情势的知识，从来就不是以一种集中的且整合的形式存在的，而仅仅是作为所有彼此独立的个人所掌握的不完全的而且还经常是相互矛盾的分散知识而存在的。"从知识的性质上看，"我们只要稍加思索就会发现，现实生活中无疑还存在着一种极其重要但却未经系统组织的知识，亦即有关特定时空之情势的那种知识——它们不可能被称为科学知识（也就是一般性规则之知识那种意义上的科学知识）。正是在这个方面，每个人都掌握着有可能极具助益的独一无二的信息，但是只有当立基于这种信息的决策是由每个个人做出的或者是经由他的积极合作而做出的时候，这种信息才能得到运用。"哈耶克有关对决策来说不可缺少的知识之论述，对于高校教学管理决策来说有着这样一些启发。第一，高校教学管理决策所需要的知识，往往是分散的而非集中的。为此，合理而有效的决策就需要高校教学管理者必须不断地收集与决策相关的各种知识。而这意味着，在进行教学管理决策之前，需要做好知识的搜寻与整合工作。第二，高校教学管理决策所需要的知识，并不仅仅是指以规则的形式而出现的科学知识，而同时包括各种"未经系统组织的知识％因而对于高校教学管理决策来说，仅仅拥有"科学知识"是不够的。第三，每个人都可能拥有这方面的知识。因而高校教学管理决策就需要认真地听取高校教学系统内部成员的意见，充分地利用他们所掌握的非组织化的知识。而这意味着高校教学管理决策需要有广泛的参与度。这种对于高校教学管理决策的参与，不仅是一个对于全体教职员工的动员和宣传，而且也是对于教职员工非组织化知识的一种合理利用和借助。

第二，偏好或价值观的不一致。教学管理意味着在这个特殊的领域，需要将特定的教育价值观强加于其教职员工。这种强加通常是以规范而正派的理由并以各种形式而表现出来。这种强加的前提就是，每一个独立的个体教育参与者，他们的偏好或价值观都是不一致的。为此，需要限制个人的偏好，以形成一个符合国家教育价值取向的偏好集合。这对教学管理决策无疑是一个极其困难的事。因为单纯的强加只是具有形式上的意义。即使以各种文件和法令的形式而公布出来，那也仅仅是公布而已。因为每个人的教育价值观通常是内隐的，只有在其教育教学活动过程中通过其教育教学行为才能够显现出来。因而，外在的强加并不能够真正保证偏好或价值观的根本一致。一个可能性的方法就是对 is［职员工的偏好或价值观进行加权，从而得到一个近似一致的价值取向。然而对每一个不同的个人偏好进行加权总合，不仅可能所得结果与国家的教育理念相距甚远，而且其管理成本也极高。此外也还有一个技术的难题，即如何对个人偏好进行总合的问题。可欲的选择是，依据不同的教学管理内容，将有关教学价值观的统整分解为不同的层级，进而将此问题授权给不同层次的管理部门。而在学校这个最高层次上，则通过对各种委员会的咨询与质疑，由学校领导层进行决策。

第三，个体理性与组织效率的矛盾。遵循有限理性人的假设，个体行动的准则乃是获取效用的最大化。由于高校内部各种资源的有限与不足，个人效用最大化的理性追求，不可避免地会导致集体利益的损害。其突出表现之一，就是群体效率的降低。博弈论有关囚徒困境模型，则在理论上证明了个体理性与群体效率之间的矛盾，即当每个人都作出理性的选择时，双方所能够得到的则只是次优的结果。个体理性与组织效率之间的矛盾同样给教学管理决策带来了深层次的困难。站在个体立场上，个体希望的任何一项教学决策都有利于他自己，即能够使获得最大的效用，然而当每个人都作如此之期望时，组织的决策效率就会降为很低点。因此，基于上述三个有关决策的限制因素的存在，高校教学管理决策机制就必须能够通过高校内部的制度设计和安排，使得实际存在的限制因素在机制的作用，变为积极的因素。简言之，高校教学管理决策机制设计应该能够做到，让教职员工能够参与管理决策，从而充分利用他们的个体知识；让高校教学组织系统的教育价值观之实现成为一种对于教职员工来说具有手段意义的中介，从而在追求或满足自我偏好和价值观时，以教学组织的教育价值观为指向；利用而不是排斥教职员工的理性特征，从而在个体理性和组织效率之间寻找平衡点。

二、高校教学管理决策机制分析

本部分主要探讨高校教学管理中的三类集体选择问题。一是高校教员的选择机制问题。我们把它列入决策机制，是因为什么样的人员可以进入高校教师队伍，是一个选择问题。二是教学行动计划的选择机制问题。在基本的教学理念指导下，以何种教学计划指导学校的教学实践，乃是一个有着多种可能性的选择问题。教学制度的选择机制问题。在高校教育改革不断深入的背景下，教学制度创新已经成为各高等院校的一种普遍现象，然而在给定的社会背景和教育背景下实施怎样的教学制度，同样也是一个选择问题。

（一）两校教员选任机制

1.教员选任机制所要解决的问题

高校教员对于教学质量的意义，怎么过高估计都不为过。高质量的教师队伍，在一定意义即意味着高质量的培养质量和教育质量。尽管教师队伍的质量与高校内部的教师队伍建设与管理有关，但是新进入者的基本素质，乃具有奠基性的作用。具有一定的教学潜力和科研潜力的年轻学子，能够被选进教师队伍，在适宜的教学和科研环境下，将能够很快地成长，而成为教学与科研中的骨干。反之，则可能会出现不合格的从教者。为此，教员的选用不能不慎重。不同的选任机制将使得不同素质的人进入教师队伍，使得高校教师队伍质量具有不同的基础和前提，从而带来不同的教学效果和不同的教学质量。

所谓教员选任机制是指通过合理的安排，将那些与高校教学与科研要求比较符合的人员选拔到教师队伍中来。高校教员的选任机制，所要解决的问题是，如何保证具有一定素质的人员进入高教队伍，以及通过何种方式使得具有某种能力的教员升入高一级职位。归结起来，就是通过有效的教员选任机制，将具有某种隐性特征——懒惰、不诚实、不忠诚、无能，等等的人员，排除在高校教员的队伍之外，而将具有高校教学与科研所必需的积极性、竞争性以及探索精神与能力的人员选人教员队伍之中。

对于选任者来说，对应聘者需要确定的是三个方面的品质，即职业精神和伦理道德品质、教学水平潜质以科学能力潜质。这三个方面的品质将决定着一个人作为教师的未来发展潜力。但是这三个方面的品质却不是容易确定的。最根本的原因在于，有关职业精神和伦理道德品质、教学水平潜质和科学能力潜质作为信息，属于应聘者的私人信息，并不为选任者所掌握和了解。从职业精神和伦理道德品质方面看，学校当然希望能够招聘那些工作积极性高、竞争性强、具有主动进取和奉献精神且对学校具有忠诚感的人来充任教师队伍。但是以什么为根据来判断应聘者具有这些品质呢？"听其言"是不足以表明他具有这些品质，而"观其行"则只有在录用之后才能实施。一旦录用后发现被录用的教员不具有高校所需要的品质，则不仅会给教学管理带来很高的成本，而且也会给教学工作造成不可估量的损失。

因此，高校教员选任机制所要解决的根本问题，是有关应聘者具有怎样的素质的信息搜寻问题。各种面试、试讲、个人档案和简历、自我陈述、作品展示等，无非是选任者掌握应聘者个体素质的手段和方式而已。然而，同样的信息媒介，不同的选任机制，则最后可能是不同素质的高校教师队伍水平。

2.教员选任过程分析

高校教员的选任大体可分为三个阶段，即制定新增教员编制和人选标准、录用考核以及正式的入编。不同的阶段，教学管理部门所面临的任务是不一样的。归结起来，这一过程可概括为：人事部门基于院（系）的任务要求而编制用人计划并确定选任标准、院（系）领导考核应聘人员的政治思想道德素质、院（系）专家委员会考核应聘人员的业务素质、综合所评确定选任人员等四个环节。

学校需要新增多少教员？这个问题通常是由各系科所招收的学生数决定的，同时也考虑学科专业发展的需要。其操作程序为：人事部门向院（系）下达招聘新教员的编制文件；各院（系）根据人事部门的要求提出相应的招聘新教员的计划，经人事部门审核，编制学校总的新教员招聘编制计划。在编制招聘计划的同时，人员聘用标准也随之而确定。就目前各高等院校的实际情况来看，核心标准是学历。尽管不同的专业在学历要求上还存在着差异，但总体上看，学历要求是在提升的。值得注意的是，曾经在很长的一段时间里，绝大多数高校并没有对教师的学缘提出要求。结果导致许多本校培养的毕业生留校任教。

如果说选任教员的数量是由诸多客观的因素所决定的，因而是一个规范性很强的工作；那么选任什么样的教员就成为教员选任机制的核心问题。教员选任涉及到两类人员的选任。一是刚从高校毕业的新手，二是已经具有教师资格和教师职务的其他高校教师的选任，即所谓的人才引进。这两类教员的素质及其对高校自我建设的意义，都与教员选任机制分不开的。

3.教员选任的决策主体

编制招聘计划实质上是管理部门提出所招聘教员应具有的素质标准。那么由谁来决定前来应聘者是否具备所要求的素质，以及如荷确定应聘者具有所应具备的素质，就成为新教员招聘中的关键问题。因为招聘过程中信息不对称的难题，高校不一定就能够选用到那些具有良好品质和教学科研能力的应聘者充任教师队伍。因而组织一个严密的考核环节对于新教员的招聘就具有非同寻常的意义。整个考核可细分为阅读书面材料、面谈、试讲等三个环节。书面材料是应聘者用以证明自己品质的信息信号，招聘者据此对应聘者作出一个基本判断。在书面材料中，教育证书、个人经历、所获荣誉以推荐信等，有的可以证明个人的职业精神和伦理道德品质，有的可以用来证明自己的科学能力，也有的可以用来证明自己的教学能力。个人材料包括：本人详细简历，包括个人详细的学习经历、工作经历以及成果著作的目录；推荐信，如有些学校要求至少应有3名专家推荐信，其中至少应有一名本校教授的推荐信；留学回国人员至少应有一名国外同行专家的推荐信（外文应附中文译文）。推荐信是解决应聘人员隐性信息的一个重要策略。推荐人应对申请人有一定的了解，本着对申请人实事求是、客观公正的严肃态度，对申请人的思想素质、学术能力、优势潜力及弱势领域进行具体的、准确的描述，不能笼统模糊。同时推荐人应注明本人职称、职务和工作单位及联系方式（最好为E—mail）。对不负责任的推荐，将记录在案。学位证书复印件，在国内获得学位的，提供学位证书复印件即可；在国外获得学位的，提供学位证书复印件及由设岗单位确认的相应中文译本，或者提供教育部留学服务中心出具的学历评估证明；获两个学位或两个学位以上者，应提供所有学位的复印件。申请人近期健康证明，近期健康证明原则上都有一个指定医院级别的要求，内容包括常规体检、肝功能及心电图等。其他证明材料，如主要代表作（若干件以内）、主要奖励等。

通过对众多应聘者的求职材料，招聘者从中确定初步的人选。接下来的面谈则是从应聘者的言行中直接获取有关个人的信息，以确定应聘者的品质与能力。面谈需要事先准备若干问题。为了准确地了解应聘者的个人品质和能力，在西方劳动力市场，心理学家采取主题理解测验（TAT），用来甄别应聘者的隐性特征——懒惰还是勤奋、诚实还是虚伪等品质。在我国公务员的招聘中，编制若干问题以识别其内在品质的做法也在盛行。但在高校教师的招聘过程中，这方面的工作还没有起步。大多是凭借个人的经验及主试者的倾向与偏好来确定应聘者。试讲则是通过指定的主题内容，以识别应聘者的教学能力。实际上这种试讲充其量只能测定应聘者的教学能力潜质。实际的教学能力有待于在教师岗位上的不断锻炼。在这一阶段，一般是成立教学能力考核组，通过集体听课的方式来评价其教学能力。

通常教员选用的最终决策主体为人事部门，但院（系）在整个教员选任过程中具有举足轻重的作用。为防止院（系）在教员选任过程中存在各种人为因素的影响，一些学校要求院（系）在对应聘人员的考核的基础上，写出院（系）推荐综合报告，以作为人事部门最终决策的依据。在一般的情况下，院（系）成立聘用委员会对申请人进行初步审核。一些学校还要求院（系）成立一个非常设机构，即院（系）聘任委员会，专门负责有关新教员的选任工作。院（系）聘用委员会作为非常设机构，成员包括50%以上的本单位的学术委员会委员（委员涵盖多数主要学科）及院（系）党政负责人。聘用委员会会议，2/3人员参加有效。院（系）聘用委员会以无记名投票方式进行表决。在初步审核前，申请人应作一次学术报告答辩会。根据院（系）聘用小组的投票结果，对通过的申请人（2/3选票为通过），起草综合报告。综合报告一般包括：聘任岗位说明（聘任的必要性）、申请人的优势领域、院（系）可提供的必要条件、院（系）拟安排的工作任务等。学校人事部门以院（系）综合报告为依据，最终作出是否聘任的决定。

一个特别值得关注的事实是，新招聘教师的基本素质如何，与考核委员会人员的基本素质及构成关系密切相关。在通常的情况下，每一个人都对类似于自己的他者持有好感。因此相似性就可能成为影响招聘结果的重要因素。个性的相似性、经历的相似性、其他方面的相似性乃至体态的相似性等，都可能会影响到最终的结果。当一个考核委员会成员以教学见长时，一个擅长于言语表达的应聘者就很可能被视为优秀者而成为应聘的成功者。相反，特别强调科研的考核委员会可能更倾向于招聘那些擅长于科研或科研成果突出的应聘者。实际上，就教师所要承担教学、科研和服务社会的职责而言，在高校中三者兼擅长的教师实不多见。在多数情况下，许多教师或者擅长于教学，或者擅长于科研。一个教学非常优秀的教师，未必就有突出的科研成就；反之一个擅长于科研的教师，教学往往效果不佳。著名的数学家陈景润就是一个典型的代表。因此，究竟招聘什么样的后备人选来充任教师队伍，不仅要考虑到招聘者的个人偏好，而且应当根据学校的办学定位来考虑考核委员会的人员构成。考核委员会的人员构成最好是既要有擅长于科学研究的教授，也要有擅长于教学的教授，以及相关的行政人员的参与。在招聘正式开始之前，需要对考核委员会进行内部分工，分别就教学、科研以及合作意识、敬业精神等进行考察。例如，就我国的高校管理体制而言，长期从事行政管理的人员，往往能够对人的合作精神、敬业态度等能够进行敏锐的观察和判断，因此有关这方面的考察就应当委派行政人员进行。对参与考核的教授应当进行分工，分别考察教学与科研，并就他们在每个方面的表现进行打分，在此基础上做一综合判断。当然最后的取舍取决于系及学院的未来发展的需要。

非常遗憾的是，目前我国各高校在进行类似的招聘时，并没有对考核委员会的人员构成进行认真的研究。而在实际的工作中，考核委员会成员的构成也往往是凭感觉和日常的印象而随意安排的。由于新招聘进来的教师未来的发展潜力需要到若干年后才能够呈现出来，所以我们通常往往感受不到考核委员会的人员构成对教师队伍建设的真正影响。一些新来者对于当时的许多人来说，都是非常不错的，但是过了一段时间后才发现，其实真正的发展水平并不象人们所想像的那样。虽然导致这种结果的影响因素很多，但考核委员会实难辞其咎。为此，教员选任机制的一个重要内容，是有关考核委员会的人员构成。这个问题有必要引起院（系）这一级的管理者的注意，特别是教学管理者的注意。

（二）高校教学计划编制机制

1.建立教学计划编制机制的必要性

高校教学计划是学校和教师开展教学活动的指导性文件，也是高校教学管理者进行教学管理的基本依据。任何教学计划都应以实现教育目的和培养目标为旨归，此乃国家设立高校教育制度之价值要求。在我国，教学计划是为了实现"培养德智体等方面全面发展的社会主义事业的建设者和接班人"这个教育目的而制定的。在教育目的确定的前提下，教育部在宏观上所确立的不同层次不同类型的高校学校的培养目标及与此相对应的指导性的教学计划则是学校制定教学计划的基本依据。但是这并不意味着高校的教学计划问题就已经解决。因为指导性的教学计划只是确定了不同高校教学计划的基本框架与要求，却缺乏更为具体和可操作的详细内容。同时，学年制的教学计划在本质上是不同于学分制的教学计划。这使得教学计划的制定就成为高校教学管理决策的主要内容之一。尽管教学计划一经确认，就具有相对的稳定性和持续适用性，然而社会环境的快速变化以及由此而带来的人才培养规格方面的新要求，使得一般而言教学计划的编制工作对于高等院校来说乃是经常性的工作。以四年制本科为例，大体而言，每四年或八年就有可能需要对教学计划进行修订或重新编制。所以，确立有效的教学计划编制机制对于保证高等院校的教学质量就具有重要的意义。

从教学计划的内容构成来看，教学计划具有相当的复杂性。一般来说，教学计划包括专业培养目标，即学生通过一定学时的课程学习将要达到的基本素质要求；课程结构，即各种类型课程相互间的分工配合；主要教学活动，即课堂教学、实验教学、实习见习、社会实践、毕业论文和设计等；时间安排和学时分配以及学年编制。由于教学计划所涵盖的内容众多，因而教学计划的编制工作是复杂的。在给定的高校分配制度的前提下，可能的教学计划之多样性与现实的教学计划之唯一性，使得教学计划的制定在客观上成为内部成员利益分配的预先设定。单纯从理论的视角看，教学计划当以能够实现高校培养目标、促进大学生在知识能力和素质等方面完善为旨归。然而教学管理实践在考虑理论的逻辑同时，更需要考虑实践本身的特质。因为在高校内部市场化的背景下，实际的教学管理过程并非是以理论为导向的，而是以利益为导向的。这样，教学计划的决策就包含着两个方面的问题。一是什么样的教学计划最能够实现国家的教育目的及高校的培养目标，使得大学生既能够实现人格的完善，又能够适应市场经济社会及人才市场的需要？二是，这样的教学计划在实际运作的过程中又不至于引发出各种管理问题，从而在结果上能够避免预期的结果不能够实现。教学计划编制的复杂性也使得高等院校需要建立相应的教学计划编制机制，以保证教学计划编制工作的科学性和规范性。

2.教学计划编制的过程分析

教学计划编制的过程可区分为学校发布制定教学计划的指导性文件、院（系）依据学校的指导性文件制定教学计划草案、在院（系）及教研室层面上组织教师对教学计划草案进行讨论、院（系）教学指导委员会对修订后的教学计划的讨论并形成较为正式的教学计划、学校教学指导委员会的终审意见、学校发布所制定的教学计划。

学校所发布的制定教学计划的指导性文件，是学校教学思想与教学理念的集中而系统的表述。其基本依据是国家的教育方针、学校办学的指导思想和专业培养目标等。编制教学计划的指导性文件通常要包括：编制教学计划的指导思想，主要内容是国家的教育方针和教育目的；培养方向，即培养出来的学生将承担怎样的社会功能或从事什么样的职业；培养规格，即同类专业所培养的人才在社会活动中的层次差别；具体要求，主要是所培养的人才的素质要求，如德智体美等全面发展，就专业人才而言，它们应该具体体现出哪些具体的素质要求。这一阶段，可考虑的因素包括，教育部确定的指导性的教学计划的基本纲要，学校已经存在的教学计划在执行过程中所形成的传统，变化了的环境下社会对高校所培养人才的新要求，学校未来发展的战略布置及办学理念等。

院（系）组织专家依据学校所发布的有关教学计划的指导性文件制定各专业的教学计划草案，以备讨论所参考。一般来说，学校有关教学计划的指导性意见已经确立了课程设置的基本结构，教学计划草案的拟定就主要是具体课程的确定了。这里也有一个基本准则，即一些主干课程的设置在教育部的指导性教学计划中已经明确列出。

在教学计划拟定阶段，一个焦点问题是存在着课时总量的限定及学科不断分化的矛盾。由于具体的课程设置会涉及到教师的所从事的教学与研究领域，及教学任务的完成问题，所以如果个别教师对教学计划草案存在不同的意见，那么教学管理者就需要在讨论草案之前确定整个讨论的基本原则，即如果认为某门课程应当开设或不应当开设，或者应当开设多少课时，则教师需要提供充足的理由予以辩护，且一切辩护须以学生的发展为出发点，以实现教育目的和培养目标为旨归。

在充分讨论的基础上，院（系）教学指导委员会对教学计划作出初步审订。此一阶段对整个教学计划的最终形成具有决定性的意义。

因此，对每门课程及其课时分配，都需作认真分析。由此而形成的教学计划初稿上报学校教学管理部门。由教学管理部门组织专家对不同专业的课程计划进行终审。一旦审议通过则由学校公布实施。

3.教学计划编制要考虑的问题

教学计划编制可以说是专家的专业智慧和管理者的行政智慧的结合。在整个制定过程中，教学管理者起着组织与协调的作用，而专家则起着操作与整合的作用。整个的教学计划编制，核心的问题是课程结构问题。这类大体包括：理论性课程与实践性课程的比例关系、普通课程与专业课程的比例关系、主修课程与辅修课程的比例关系、必修课程与选修课程的比例关系等。问题的实质可归结为：不同的专业，开设哪些课程、每门课程开设多少课时以及不同课程在整个学习阶段的学年分布等。此前所说，给定的分配制度会影响到教学计划的制定。这是因为，当报酬机制与课时密切相关时，教学计划的课程设置及课时分配，已经预先设定了利益格局，因而教师作为理性人就可能在教学计划的制定阶段，会从其个人的利益出发来考虑问题，而不是从教学计划实现教育目的和培养目标的学校视角来考虑问题。当然不同的分配制度下，教学计划编制对这些问题进行考虑的难易程度会有相当大的区别。在此，教学管理者的组织与协调就非常重要了。这里的关键是要以正确的教育理念来引导教师。

（三）高校教学制度创新机制

高校教学制度创新，是高校教学组织系统为应对外部社会变革所作的自我适应性的制度调整，是以一种新的教学管理制度来替代已经施行的并且不那么具有适应性的教学管理制度的管理实践。因此，高校教学制度创新过程，实际上是教学制度重构的决策过程。随着我国社会主义市场经济体制的建立和完善，社会利益主体的多样化和价值观的多元化，我国当代高校内部的教学制度创新，是在利益主体多重构成和价值与文化多元的背景下展开的。在这样的社会背景下，对教学管理制度重构形成基本共识，便成为高校教学制度创新的基本问题和保证制度创新可能成功的首要条件。

任何制度都是公开的规范体系。高校教学管理制度也不例外。区别只在于，这种公开的范围只是在特定的高校范围之内，并且只对高校所属成员起着激励和约束作用。作为公开的规范体系，它明确规定人们事实上能做些什么，不能做些什么，拥有什么权利，承担什么责任，以及规范行为后的各种结果。罗尔斯指出，制度明确规定"职务和地位及它们的权利、义务、权力、豁免等等。这些规范指定某些行为类型为能允许的，另一些则为禁止的，并在违反出现时，给出某些惩罚和保护措施。"因此，高校教学制度创新或重构，实质上是高校有关教职员工教学的权利、义务和职责上的重新分配。由于权利、义务和职责的分配与个体的利益密切相关，因此高校作为知识工作者的联合体，通过高校教学管理制度重构来重新分配有关权利、义务和责任，就面临一个如何使高校所属成员对此成共识的问题。

从高校教学制度所实现的利益来看，高校作为教育事业的联合体，其教学制度安排涉及诸多方面的利益追求，不仅涉及人民利益和国家利益，也涉及到作为联合体的高校自身利益，而且还涉及到高校内部所有成员的个体利益。高校内部所蕴含的三种利益的统合与冲突，使得这种高校教学管理制度创新呈现出相当大的复杂性和一定程度上的冲突性，使得教学组织系统内部微观的制度安排能否保证社会公共利益和国家利益的实现，就成为一个悬而未决而又不能不决的问题。高校教学制度创新，不仅首先要保证社会公共利益的实现，同时也应该能够保证高校联合体利益的实现以维系高校自身的存在与发展，并且两种利益的实现还不能以损害教师个体的利益为代价。否则高校教学制度创新就可能会陷入口头上的或纸面上的空谈之中，而不能给高校的各项工作带来实质性的改进，从而带来高校教学管理制度创新过程中的阻抗问题。

对于高校教学管理制度创新的管理者而言，关键的问题是如何才能保证三种利益的共同实现，或者说如何以一种更合乎理性的方式而不是独断的方式，既保证社会公共教育利益的实现，又能在不同各方之间（国家、社会、高校、教员、学生等）就重构的制度本身达成共识。

当高校教学制度创新在国家宏观的教育法律和政策的规范下而展开时，其制度重构已经预设了对保证高校外部社会群体利益之前提。然而，宏观的教育法律和教育政策并不能从根本上保证社会公共利益的实现。充其量，它只是高校实现社会公共利益的必要条件；而要真正实现社会的公共教育利益，就必须要有高校内部的各种微观的制度安排，与外在的宏观的高校教育制度安排相适切。对于高校教学管理制度创新的决策者来说，重要的是，必须采取切实可行的策略来保证就重构制度达成共识。质言之，高校教学制度创新乃服务于一定的目标和目的。这种制度所服务的目标和目的，既是社会普遍追求的公共利益之组成部分（其目的在于实现社会的共同善），也是高校作为教育事业的联合体之利益的反映，更是高校所属所有成员个体利益的制度表现（个体善）。

因此，高校教学制度创新的基本问题乃是对制度重构达成理性共识的问题。理性地达成共识包含着两层意思。一是，教学管理制度创新本身能够满足社会共同体（而不仅仅是高校共同体）对教育利益的追求。因为只有制度创新符合社会整体利益，高校才能够通过制度重构来适应变化了的社会环境，否则制度创新本身将违背它所欲实现的目标。如果制度创新能够实现社会的整体利益，从而实现其制度创新的目标，那么可以说高校教学制度创新是理性的。这是高校教学管理制度创新的外部共识。二是，教学管理制度创新所涉及到的对权利和义务的重新分配，应该在高校内部成员之间，能够基本达成一致或共识，从而使得高校成员既是教学管理制度的制定者，又是教学管理制度的执行者和实行者。这是高校制度创新的内部共而要达成外部和内部的共识，高校教学管理制度创新的所有参与者对于公共理性的运用，乃是一必不可少的条件。

"公共理性之所以能够成为一种普遍的理性，不是依靠某种形式的理想假设或外在的权威，而是并且只能是通过公共对话，在相互沟通的基础上达成共享性的理解。用罗尔斯的话说，公共理性无外乎一种'重叠共识'"。因此，公共理性高校教学制度创新中的作用和意义，在于通过使高校教员及管理者参与替代性制度的对话与讨论，而形成对替代制度所确定的权利和义务的重新分配达成一致或共识。然而通过公共理性而获得有关制度创新的创新，乃具有一定的理想的色彩。因为在实际应用公共理性而对高校教学制度进行讨论与对话时，可能的情况是，对某一制度可能会提出若干合乎理性的替代性制度，从而导致共识之不可能。这是一个涉及替代性制度内含的价值观之平衡问题。显而易见，关于高校教学管理制度创新达成完全的一致，几乎是不可能的。因此在这种情况下，体现着公共理性的高校教学制度创新，不仅需要为高校所属成员的对话与讨论提供一定的论坛，而且还需要借助于一种投票机制，就不同的价值观达至一种合乎理性的结合和平衡。

第三节　高校教学任务分配机制

教学任务的分配是高校教学管理运行过程中的重要一环节，其实质是高校教学管理者根据教学任务的需要而将从事某项工作的特定的权利、职责、义务以及工作量等授予给特定的个体，以实现学校教学管目标和学校的培养目标。在教学任务分配中，教学工作的内容及与此相关的教学工作量是重要的分配维度。任务分配就是工作权利和职责的具体化和对象化。

一、高校教学任务分配影响因素分析

（一）教学管理制度

无论是学年制的教学管理制度，还是学分制的教学管理制度，教学管理者都面临着教学任务的分配。学年制是按学年或学期排定的课程进度进行教学，以学年规定学生达到的水平的教学制度。实行学年制，意味着学校有统一的教学计划、统一的教学大纲和教材。而学分制是一种以学分为计量单位衡量学生学业完成状况的教学管理制度。它规定每门课程的学分和取得该专业毕业时应修完的总学分，并把取得总学分作为学生毕业或获得学位的业务标准。学分制是以学分为计量单位衡量学生完成学业状况的一种弹性的教学管理制度。学分制是对传统学年制的一种根本性革命，与学年制有着本质的不同。学生能否毕业不以学年为限，而以修满规定的学分为准。提前修满总学分者可提前毕业。学分制和选课制相伴而生，学分制以选课制为基础，选课制为学分制的必要条件。学分制与学年制相比，不仅表现出学习时限的灵活性，更为突出的是将"选择"引入学生的学习领域，学生不仅可以选择学习内容，而且可以选择教师、选择学习时间。这种"选择"机制的引入，将直接影响到高校教学任务的分配。

然而对于将"选择"机制引入教学任务的分配中来，并非如人们所想像的那

样简单。学科专业的精细分工，使得"选择"作为任务分配的基本手段存在一定的困难。另外，学生所掌握的有关教师的教学信息，也使得选择可能会是盲目的或者是随意的。在某些情况下还可能出现学生投机取巧的选择现象，即学生之所以选择某个教师的课，只是因为该教师的课程较之其他教师的课程更容易取得学分。而教师是否愿意提供某些可选择的课程，不仅取决于教师的专业背景，更取决于学校关于教学的激励机制。因此，通过选择来实现教师的教学任务的分配，固然较非选择性的任务分配有更多的优势，但它也可能会存在许多问题，因此需要对选择机制进行若干限制。对这一问题，我们在下文中还将讨论。

（二）教师的专业训练

教师所拥有的专业知识与专业技能决定着他是否能够胜任所分配的教学任务。在高校，每门课程都是一个特殊的专门领域，都需要特定的专业知识和专业技能。从事一门课程教学所需要的专业知识和技能往往是教学管理者所不具备的，也是其他教师所不完全拥有的。这种情况意味着，教学管理者在进行教学任务分配时课程的垄断性。"生产的专业化使得竞争的市场力量通过价格机制的中性运作来解决周问题的可能性降低了。……生产过程变得越是专业化，则赋予其参与者的垄断力量就越大。"专业化分工的团队意味着在进行教学任务分配时引入市场机制的可能性的降低。

从学科门类的划分来看，一名教师是否能够从事一个大的学科门类的不同课程的教学？对于这样的问题，回答肯定是否定的。就目前的教师所受到的专业训练来看，至少很少有人能够很好地做到这一点。学科门类下面的一级学科所包含的课程呢？也是非常困难的。再进一步，二级学科下的课程教学呢？也是非常困难的。这样来看，教师所从事的学科专业将对教学任务分配有着非常大的影响和制约。这就是说，任务分配的可能性空间其实并非如人们所想像的那样大。但是，应当指出的是，不管是怎样的教师，在一级学科的划分而言，他应该能够从事该一级学科的基础课程的教学工作，并能够承担相应的教学任务。

（三）报酬机制

教学任务分配与学校的报酬I机制有着密切的关系。学校的报酬机制大致有三种情况。一是教学工作量的多少与报酬的多与少没有直接的关系，而只是有着间接的关系。没有直接的报酬关系意味着，教师从事教学工作量的多少不会影响到教师的实际收入，如果有影响的话那也是间接的影响，如教师职称评定时对教学工作量的要求——当教师的工作量不能达到一定标准时，则教师就不能参与职称的评定。二是在保证教师基本薪酬的前提下，教师教学工作量的多少直接与报酬联系，根据工作量的多少而决定奖金的分配；三是在保证教师基本资源分配的前提下，一定的工作量是教师获得额外报酬的条件，且更多的工作量可以给教师带来更多的报酬资源。三种不同的报酬机制意味着教学任务分配的三种不同运行机制。在我国的高校中，很长的一段时间，教师的教学工作量与他的实际报酬并无关系，因此，在进行教学任务分配时，只有通过行政的指令或者思想教育工作来分配教学任务。此外，在一定历史时期内所形成的传统也使得某种课程的教学有一种约定俗成的任务指派，即这门课程本来就是某个教师执教，所以不管发生怎样的情况，在身体状态许可的情况下，这门课程仍然要由该教师来执教。而在选择性的分配机制下，约定俗成的任务机制就要为选择所取代。近年来高等院校的分配制度的改革，使得承担教学任务的多少与教师的实际报酬紧密地联系起来。在这种情况下，其实也面临着教学任务分配的困难。在前一种情况下，是教师不愿意承担教学任务，而在后一种情况下，则可能是教师争着承担教学任务。由于任务的多少将决定着实际收入的多寡，而收入上的多与少又是与公平和公正联系在一起的，因而报酬下的教学任务分配也可能会引发许多与教学无关的问题。

（四）高校教师的使命

高校教师的使命在高校教育发展史上是一个变化的概念。17世纪的高校把工作的重点放在学生身上，教学是学校的中心工作，也是教授的神圣职责。到19世纪，德国的高校越来越突出科学研究，而美国的高校在接受德国的高校教育的传统同时，提出高校应当为国家建设作出贡献。而当专业的分化带来知识的分裂进而造成学生与教师、学生生活与学术生活之间的分裂时，对知识进行整合的呼声日渐强烈。演变至当代，基本的共识是，"学术不仅意味着探究知识、整合知识和应用知识，而且意味传播知识"，因此，"学术工作包括相互联系的四个方面。探究的学术是开端。研究工作应该继续成为知识分子生活的中心……但是为了避免学究式的迂腐，我们还应当重视整合知识的学术。为了避免理论和实践的脱节，我们应当支持应用知识的学术。最后，我们还要给教学的学术以新的尊严和新的地位，以保学术之火不断燃烧。"这是一种全新的理念。这种理念意味着，高校教师要承担起探究知识、整合知识、应用知识和传播知识的使命。这其中探究知识、应用知识和传播知识乃是高校教师的基本使命，至少进入20世纪后已经为人们所认可。而对于知识的整合，则应当说是对高校教师提的新的要求。基于对高校教师使命的认识，高校教学任务分配不能孤立地仅从教学的角度来看待教学任务的分配，而需要将教学任务的分配置于"学者共同体"的背景下。

二、高校三种教学任务分配机制的结果分析

传统的教学任务分配是特定学科领域的传统与行政权威强制的结合。随着高校教育改革的深入，市场机制开始被引入高校，高校教学任务的分配也呈现出内部市场化的趋势。但是学科知识和专业训练所带来的垄断性以及报酬机制的重新

设计，使得教学任务分配呈现强制性与市场性的双重特征。总体来看，高校教学任务分配方式与报酬机制以及教师人事管理制度这两个因素密切相关。从报酬机制的演变历程看，我国高校教师的报酬机制可区分为单一化报酬机制和结构化报酬机制。前者以工资的形式而表现出来，后者则不仅将工资区分为基本工资和奖励工资外，各办学主体还拿出一部分办学剩余奖励给教师，俗称奖金（在下文中我们将把此类奖金称之为学校的剩余报酬）。从人事制度的演变来看，我国高校教师的人事管理制度经历了从任命制到聘任制的变化过程。任命制下的高校教师以国家工作人员身份而出现在各种场合，所体现的是个体与国家的关系；而聘任制下的教师则是以专业技术人员的身份出现在各种场合，所体现的是教师与学校的合约关系。尽管不同的历史时期报酬机制和教师人事管理制度存在一定的差异，但我们仍然可以这两个因素为维量，从理论上将高校教学任务分配区分为三种情况，即行政强制性教学任务分配机制、内部市场化教学任务分配机制以及强制性与市场性相结合的教学任务分配机制。

（一）行政强制性教学任务分配机制

行政强制性的任务分配机制的核心在于学校行政部门借助上级授权而获得的行政权威，通过行政命令的方式将教学任务分配给不同的教学工作人员。从理论上说，这种行政强制性的任务分配具有很高的管理效率，如团队理论研究所揭示的那样。然而，由于整个社会体制方面的因素以及任命制所体现的教师与国家这样一种抽象关系，因此，行政强制性的任务分配机制的管理效率实际上是取决于管理者个人的权威与能力。在很多情况下这种任务分配机制反而呈现出低效率的特征。行政强制性教学任务分配机制因报酬情况又可细分为无剩余报酬的强制性教学任务分配机制和有报酬的强制性教学任务分配机制。

1.无剩余报酬的强制性教学任务分配

在任命制下，高校教师是国家干部，其管理严格受到政府部门的约束。教师的工资报酬差别不大，其差别主要体现在教师职级的差异上，而与教师的劳动量（教学工作量和科研工作量、兼职的管理工作量）无关。这导致教学任务分配工作中的困难。对于任何一位教师而言，任何教学工作的承担都需要承担一些私人成本，而当多承担教学任务时，则教师投入的劳动成本将会随之而增加。由于教师报酬与教学工作量无关时，多上课都意味着劳动成本的增加，则导致主观效用的降低。

2.有剩余报酬的强制性教学任务分配

在社会整体改革开放的背景下，无剩余报酬所带来的行政强制低效率，迫使高校管理者尝试通过对报酬机制的改进来解决教学任务分配的低效率问题。其策略之一是引入"奖金"概念，让教师通过获得剩余利益而接受教学管理者分配的教学任务。从管理效率来看，尽管"剩余利益"增加了学校有形的成本付出，却降低了学校的无形的成本付出，同时也使得高校教师群体的整体收入能够与社会其他群体的整体收入保持某种均衡，从而达到稳定教师队伍的作用。这意味着，教师承担教学任务的激励增加，教学管理难度下降。

在任命制下，当有剩余报酬时，教师多承担教学任务的积极性明显提高。在传统和惯例的作用下，教师通常并不会去拒绝系教学管理者对教学工作的安排。因为每承担一门课的教学任务，教师就将能够获得一定份额的剩余利益，尽管这种剩余利益相对于后来发生的情况而言还很有限。这就是人们常说的"多劳多得"。

值得注意的是，剩余报酬量的大小会影响到教学任务分配机制的特质。当剩余报酬量保持在一定的限度内时，教学管理者的管理效率将会因此而提高。这主要归因于任务分配的难度降低，即教师愿意接受额外的教学工作量。然而当剩余报酬量突破一定的限度时，当且仅当教师并无其他的额外收入来源时，则教学管理效率的边际效应反而降低而不是提高。因为在此情况下教师将会通过各种手段来争取教学工作任务。这对教学管理者来也是一个棘手的问题。概言之，以行政强制的方式分配教学任务，其管理效率既与报酬量有关，也与教师的总体收入水平以及教师收入的来源有关。例如，当一节课的报酬定价为十元时，教师可能愿意接受被分配的教学任务，却不一定会去争教学任务；而当一节课的报酬定价为一百元时，则教师在无其他收入来源的情况下，就会争着承担教学任务。这时教学任务分配的难度就会增加。因此，一个教学单元的报酬价格的合理定位，并不是以其他相似学校的课酬为参照标准，而是需要根据学校教师的实际收入情况而定。

这种情况的出现表明，就高校教学管理来说，恐怕要慎重地对待物质激励。应当看到，高质量的教学产出，并不是完全靠钱烧出来的。套用一句俗语钱不是万能的"。当钱成为万能的时候，管理者就变成无能的了。

（二）完全市场化教学任务分配机制

1.完全市场化教学任务分配模型

随着教师人事制度改革的不断深入，教师的流动性将会日益增强。教师收入的横向比较不是教学管理者愿不愿意的事，而是一个必须予以重视的事。人际流动的频繁以及通讯工具的发达，都使得这种横向比较变得越来越容易。原来为空间所阻隔的某些信息，则因为现代通讯技术而既消除了空间上的阻隔性，也消除了时间上的延迟性。校际间收入差距的增大，将会引发一些高学历高职称的、学术成就显著、教学效果好的教师从收入低的学校流向收入高的学校。因此，单从教学管理效率着眼看，教学报酬量的高低是不完全的。我国现行的教师工资报酬的结构化表现意味着，教师总体收入的增长，除带有普遍性的正常晋级外，主要依靠学校内的剩余报酬的增长。随着各高校分配制度改革，教学报酬量的增加已成为一个显著的趋势。然而正如我们前面所分析的，随着教学报酬量的增加，教学管理效率的边际效应则呈递减趋势。那么如何解决这种教学任务分配中的管理困境呢？

完全市场化的教学任务分配机制可用两个"选择"来表示，其模型为教师提供课程、学生选择课程并且选择教师。教师提供课程是将自己能够承担的知识领域以课程的形式而呈现给学生。这种提供是教师自我限定工作范围。在教学组织单位内，任何教师都可以根据教学计划的要求而提供符合相应要求的课程。对此，教学管理者不能因主观上的好恶而附加任何条件。但是关于学生的选择，则问题似乎要复杂一些。因为学生面临着双重选择，即既选择课程又选择教师。在许多情况下，课程的选择与教师的选择是同步的；而在另外一些情况下，则课程的选择与教师的选择是不同步的。例如同门课程由两个教师来提供，在这种情况下，学生就面临着选择教师的问题；或者两个教师提供了两门以上不同的课程，则教师和课程都成为学生选择的对象。理论上讲，能够提供良好教育服务的教师将成为优先被选择者。教学任务选择模型的运行条件是：每名教师至少选择两门以上的课程作为自己的教学领域；每门课程至少有两名以上的备选教师充任课程教学；一个运行便捷高效的选课信息系统，使得学生能够自由地选择所喜欢的教师；一个满足教师能够上课的基本标准，如有多少学生作出了选择才能够为学生开课。

完全市场化选择机制将教学任务的授予权下放给学生，解决了教学管理者在教学任务分配时面临的难题，即解决了教学管理者与教学承担者两者之间可能存在的冲突。在完全市场化的选择机制下，教师是否承担教学任务并不是由教学管理者来决定，而是由学生来决定的。实际上严格说来，教师是否承担教学任务也不是由学生来决定的，而是由教师的教育教学能力和学术水平所决定的，是由教师对学生是否负责任的职业精神所决定的。从这个意义上讲，完全市场化将有力地促进教师不断地自我完善自我提高。

但是完全市场化教学任务分配模型也可能存在着不可避免的问题。显然一名教师不可能在同一个班级或年级承担很多门课程的教学任务，因为教师的知识储量总是有限的，其个人的学术志趣以及科学研究方面亦总是有一定的界限的。也许教师的课堂教学效果非常令学生满意，而导致学生重复地选择某一教师的不同课程。在这种情况下，就需要教学管理者施以一定的行政干预。当然这种行政干预不能够指向某个具体的人，而应该制定出一条普遍性的限制，即任一教师不得在同一个班级或同一个年级承担三门（比如的话，具体应当几门要视专业的性质和教学组织单位内部的教师资源情况而定）课程的教学。

2.完全市场化教学任务分配机制的不足

但是，和经济活动领域一样，完全的市场化是不可能充分实现的。其一，高校教师的专业化特征，导致教学任务的垄断与专控。这使得完全市场化变得不可能。教学管理的内部的市场化意味着自由选择，而专业化则意味着垄断。两者之间明显地存在着冲突。这种冲突的解决机制之建立，需要认真地研究与分析，同时还需要经过经验的不断验证和实践的检验。其二，即使没有专业化的垄断问题，也还有一个管理信息不对称问题，即学生如何获取教师教育教学能力与学术水平的完全信息。一个与教师接触不是很多的高校生如何能够了解掌握教师的全部教育教学与学术研究的信息呢？经验的事实表明，影响学生选择的影响如此之多，以至于教学管理者很难确定到底是什么因素对学生的选择起了主要作用。当某个教师被上个年级的学生传为好教师，而这个好教师只是因为教师在学生考试的时候好说话，那么这个被传的好教师就有可能成为最被做出先选择的教师。教学管理者应该注意，学生作为生活在现实中的人，同样也是理性的。教师对课程的提供也有这个问题。但它可以通过对教师课程门数选择的限止来解决。然而一旦将选择权授予给学生，则教学管理者就基本上失去了对教学任务分配权的控制。同时学生的选择又在多大程度上能够准确地反映教师的教育教学能力和学术水平，本身就是一个值得思考的问题。其三，教学管理的效益问题。当教学管理效率提高时，教学管理的效益问题，即教学管理成本投入与教学收益的关系便凸显出来。学生对教师相关信息的收集、选课信息系统的建立、教师未被选择后的安置、教师工作任务轻重不一所带来的各种内耗、学生对某门课程所有教师都不满意而导致的"空课"等，都值得教学管理者在事先要加以考虑的，而这种考虑也同样无形中增加了管理成本。其四，高校教师的使命的单一化问题。高校教师的使命并非以教学为唯一的使命，然而选择机制将可能导致教学使命的单一化和泛化。这种状况不利于高校学者共同体的复合使命的承担。

（三）有限市场化教学任务分配机制

有限市场化教学任务分配机制是行政强制的分配机制与市场化机制的有机结合，是学生自主选择与教学行政调控的相互补充。借助市场化的选择机制，弥补单纯行政强制的任务分配机制的不足；借助行政强制机制的优势，弥补完全市场化机制的不足。但是在不同的学校，在整个教学任务分配过程中，由于行政强制与市场化各自的强度与差异，而使得有限市场化教学任务分配机制呈现出两种形式，即行政强制为主市场选择为辅的任务分配机制和市场选择为主行政强制为辅的任务分配机制。

内部市场化有限资源是管理绩效主义在改革中的反映。"效率与发展"愈来愈成为我们这个甚嚣尘上的主导性观念。教学改革也脱不了这个社会观念的影响。消费主义所流行的顾客至上更反映在"选择"的概念中。然而，从教学管理者也是理性人这个角度看，有限地引入市场竞争机制，既符合这个社会的主流观念，也无疑是有利于教学管理者的个人选择。然而，一旦引入选择，对于教学管理者来说则意味着行政权力的授予与部分地被削弱。"当存在利益冲突时，权力就是实现利益的能力"，因此，教学任务分配中的选择机制又往往是教学管理者所不愿发生的。在此情况下，教学管理者在任务分配时是选择行政强制为主还是选择市场选择为主，这主要取决于教学管理者的人格特征及其实现自我利益的可能途径。

1.行政强制为主市场选择为辅的任务分配机制

在市场为辅的任务分配机制中，教学管理依据学生所修课程的性质而区别地运行不同的任务分配机制。学生所学课程按其可选度而区分为必修课程、限选修课程和选修课程。因此，教学任务的分配依据课程的性质而采取不同的分配机制，即对必修课程中的专业课程和限选修课程采取的是行政强制的分配机制，而对必修课程的基础课程和选修课程则采取市场机制。由于必修课中的基础课程和选修课程在课程体系中所占比例偏小，所以我们将这种任务分配方式称之为行政强制为主市场选择为辅的任务分配机制。

运行行政强制为主市场选择为辅的任务分配机制，教学管理者将属于可选择的所有课程向教师及学生公布。教师的相关学术背景信息及教育教学能力信息也随之而公布于学生。当学生作出选择后，教学管理部门则对学生所作选择进行综合归类，再依据相关的选课准则确定任课教师人选，并予以公布。而对于非选择范围内的课程，则依据教师的学术训练及院（系）传统，指定相关教师担任某门课程的教学任务。由于特定社会组织的传统惯例和教师的学术训练，这种对教学任务的指定都能够顺利的进行。

行政强制为主的任务分配机制，就行政强制分配形式而言，又可区分为独断的任务分配模式和民主的任务分配模式。独断的任务分配模式是教学任务分配者根据教学计划，将每个学期的全部教学任务的信息予以垄断性地不发布，然后根据每位教师先前的教学任务承担情况，指定该学期教师应当承担的教学任务，通过领导授权而签发教学任务书。每位教师只知道自己应承担的教学任务，除非作有目的的调查，否则教师通常并不知道其他教师承担教学任务的情况。这种任务分配模式的长处在于任务分配时的高效率，能够避免一些无关因素对教学任务分配的干扰。然而它的不足也是非常明显的。当教学任务的承担意味着教师的收益时，一些教师就可能通过"贿赂"教学任务分配者而获得多余教学工作量的好处。同时如果教学任务分配不均则会带来校内严重的分配不公问题，从而更为严重地影响地教师队伍的工作积极性。因此实际上在独断性的任务分配模式中，要求教学管理者的要具有相当程度的公正心、对教学工作的责任心以及对教育事业的忠诚感。

民主的任务分配模式的基本策略是，一个学期应当承担的全部教学任务、每位教师期望承担的教学任务都在任务分配会上公开。教学任务分配者提出任务分配的基本方案，教师对基本方案提出自己的意见——接受、拒绝或者部分接受。当意见出现分歧或者争论时，则由教学任务分配者作出决断。这种任务分配模式遵循两个基本原则，即尊重教师专业原则以及任务承担尽可能公平原则。民主模式与独断模式的典型区别有二。一是信息的公开性，所有与教学任务分配有关的信息在参与承担教学任务的教师中间公开。二是分配方案的多样性，即在整个任务分配中，可选择的方案并不是教学任务分配者唯一的方案，其中参与教学任务承担的全体教师也能够提出各自的任务分配方案。这两个特征对于将教师凝聚成一个在教学与科研上进行合作的团队具有促进作用。

依据学生所修课程的性质，区别不同的任务分配机制，将能够平衡教学管理者和教师两个方面的心理上的反差。它接近于传统的任务分配模式，却又在一定程度上引进了竞争选择机制。但是，随着管理的人本化与民主化趋势的发展，教学管理者应该认识到，即使能够通过一定的市场竞争机制解决管理上的困境，但学校管理毕竟不同于一般的企业管理，因此，应当考虑行政权威在任务分配中的作用方式问题。

2.市场选择为主行政强制为辅的任务分配机制

与行政强制为主的任务分配机制不同，市场选择为主的任务分配机制则将能够选择的所有课程教学任务都拿出来，通过学生的选择而确定相应的教学任务的承担者。教学管理者在整个市场选择的过程中，主要的责任是确定选择的标准、协调选择过程中产生的矛盾与冲突，并在适当的时候介入对教学任务的分配。其基本的运行模式机制为：向教师公布一学期根据教学计划应该开设的课程目录；向学生公布一学期根据教学计划应该开设的课程及承担不同课程教学任务的教师的基本情况（俗称教师挂牌）；统计学生的选课情况并作出初步的课程教学安排；在学生选择不能所及的一些课程教学上，通过行政强制指定授课教师；向教师公布经学生选择而产生的教学任务的分配方案，并授予教学任务书。

第八章　高校教学管理激励机制研究

　　调动教职员工的教学和教学管理的工作积极性，从而在现有的条件下最大限度地保证和提高教学质量，一直是高校教学管理实践及教学管理理论研究中的一个重要问题。这个问题归结起来实际上就是教学与教学管理的动力问题，或者说就是教学激励问题。因为没有教师的积极工作，任何良好的教学条件都将难以转化为教学质量；同样，没有高校教学管理者的积极工作，则有关教学资源的合理配置，也将成为一句空话。当然如果个体都是具有崇高的道德心和责任感，则整个管理过程便无需激励。问题是，这种假设在高校现实的教学及管理生活中并不具有普遍性。

　　本章主要讨论这样几个问题：一是对高校教学管理激励机制的认识。涉及高校教学管理激励要解决的问题，建立高校教学管理激励机制要澄清的认识误区，激励理论对于建立高校激励机制的启迪以及对教学管理激励本身限度的认识。二是分析影响高校教学管理激励的若干因素。包括组织特征、教学过程、激励对象与制度安排等因素对高校教学管理激励的影响与作用。我们认为，激励理论的研究结论对于管理具有普遍的意义，而要将激励理论的研究成果运用于高校教学管理，就必须要考虑到高校教学管理的特殊性。这种特殊性会影响到教学活动的实质性效果、工作效率及教学组织目标的实现。三是高校教学管理的组织激励。从个体的行为模式出发，探讨高校教学管理激励的基本原则、实施策略等。四是对高校教学管理激励制度的反思性分析，分别就教师聘任制、教师职务制度、教学分配制度、高校课程创新等进行分析，以期为高校教学激励机制设计提供事实性依据。

第一节　高校教学管理激励机制设计概述

　　研究高校教学激励机制，就是探讨和解释有关高校教学工作者的动力来源问题。我们将在经济学和管理心理学有关激励理论已有研究成果的基础上，结合高校教学管理理论研究的最新成果，将高校教学管理放在一个更为广阔的社会和文化视野下，思考和探讨高校有效的教学激励机制建立的问题。

一、高校教学管理激励要解决的问题

（一）高校教学管理激励何以必要

当学校将不同的教学任务分配给相应的教学管理者和教学人员时，首先带来了一个教学系统内部的教学管理信息流动问题。假定教学管理者和教学人员的个人行为目标与学校教学目标相一致，则教学管理的任务就是管理和控制信息，以使不同教学个体的行动协调一致。但这种假设只是理论上的。在现实的教学活动过程中，这种理论上的假设并不存在。激励理论研究成果表明，在一个由众多专业技术人员组成的社会群体中，存在着两个必须承认的前提，即教学信息的不完备和活动目标的不一致。关于前者，马尔沙克在研究团体问题时指出："按企业的定义，委托人选择具有不同专业知识的代理人形成一个团队，但他不可能期望完全地观察代理人的种种表现。"这种讨论所得出的结论意味着，当监控在特定的情况下变得实际不可能时，激励就变得不可缺少。虽然马尔沙克所讨论的是有关企业的委托一代理问题，以及在此条件下的委托人对代理人的激励问题，但是这种讨论的结论在一定的条件下也适用我国高校教育教学管理下的高校教学组织管理。从逻辑上讲，存在着两种可能的情况。一种情况是，当高校教学管理人员和教学人员实际上存在着目标不一致情况时，如果参与教学活动的个体没有私人信息，则高校通过与教学管理人员和教学人员签订类似于契约的合同，即可实现对两类人员的管理控制。但事实上存在着私人信息的问题。所以，拉丰等指出，"当事人之间的目标不一致和信息的分散化就成为导致激励问题的两个基本因素。"关于促使高校教学管理激励的两个基本因素中的一个因素即目标因素问题，我们已经在前面进行了探讨。我们所要承认和再次强调的一个基本事实是，个体的目标和教学管理组织的目标以及教学管理者的目标，存在着事实上的不一致，同时在整个的教学管理过程中，无论是教学本身的有关信息，还是教学管理过程中的有关信息，都不是以聚集化的方式而出现，而总是以分散的形式出现的。因此，高校教学管理激励所必需的两理者试图对各种教学及教学管理过程的信息都有所了解和掌握时，那么这种信息成本会急剧地上升和提高。信息成本包括两个方面的成本：一是所有当事人为搜寻信息而付出的时间、精力等。二是组织会为此而付出相当大的物质成本。当信息成本超一定限度的时候，那么搜寻信息就会成为当事人不堪承担的重负。教育部本科教学工作水平评估，之所以引起高校教师的抱怨和不满乃至在一些情况下的怨恨，与教师和教学管理者为此付出的信息成本太高有关。

当管理者过分地关注管理所呈现出来的过程信息时，这种关注反过来会影响课堂教学及相应的教学质量。之所以会出现这种管理者所始料不及的结果，是因为当管理者在检查评估的时候将主要的关注点集中在这些过程信息时，那么它就会形成另外一种激励，即教师和教学管理者也会把工作的精力集中在这个信息上面。其结果是，可能有相当大一部分教师和教学管理者只注重教学过程中形式的方面，如教学大纲是否符合规定的格式，学生的论文指导是否符合教学管理者所要求的各种材料形式，开题报告、论文指导过程是否有记录，记录是否符合规定的要求、试卷的封面和题型，等等。

（二）高校教学激励机制要解决的问题

高等院校并非盈利性组织，而是由政府提供财政预算和经费的非盈利性的公益性组织。由于高等院校作为社会组织所蕴含的特定功能，使得社会的结构性因素和制度安排对其成员有着较盈利性组织更为突出的影响。因此，高等院校教学管理激励机制的研究与确立，需要在批判性借.鉴经济学有关激励理论拼究成果的基础上，将其放在更为广阔的制度背景下来考察。在此方法论的考虑下，制度经济学家的理论假设——"激励是规则的结果，这些规则用于奖励和约束各种活动的收益和成本"，也是为我们研究高等院校教学激励机制的基本理论假设。

二、激励理论及其对高校教学激励机制设计的启迪

教学管理激励机制的设计，是高校教学管理实践的主要问题之一。有效地解决这个问题，需要管理理论提供坚实的理论基础和指导。由于目前有关高校教学管理激励理论研究成果还不多见，因此借鉴管理激励理论的研究成果是非常有必要的。本节试图从较成熟的巴纳德的管理激励理论、赫茨伯格的双因素激励理论的研究结论出发，来讨论有关高校教学管理激励机制的设计问题。

（一）巴纳德的激励理论与高校教学管理激励

从管理学的发展历程来看，有关人的工作动力的研究由来已久。巴纳德（Barnard，C.）是系统地研究管理激励理论的第一人。巴纳德总结了自己长期从事管理工作的经验认为，"组织的一个本质要素是团队中的个人具有将个人的努力贡献给一个合作的团队的意愿。不恰当的激励意味着淡化或改变组织目标的目的，或导致合作失败。因而，在所有类型的组织中，为成员提供恰当激励成为压倒一切的任务，而我们所看到的管理工作的失效往往就出现在这一点上"。毫无疑问，巴纳德对于所有类型的组织激励的看法是正确的。对于巴纳德来说，没有恰当的激励，就不可能有有效的管理。而不恰当的激励将导致组织目标不能够实现，或者导致不合作。因此，更直接地说，有效的管理就等于恰当的激励。组织目标的实现、组织内部成员间的合作，都有赖于管理者提供恰当的激励。关于这一点，

似乎高校的教学管理者对激励的意义和作用没有给予足够的认识。因为在我们所能够见到的日常的管理活动中，管理者总是以某种行政指令的方式而开展工作。高校教学管理者没有看到，虽然行政指令能够暂时性地使得当下的工作任务得以完成，但是在这种情况下完成工作任务的积极性是有问题的，且在工作中如果出现管理在判断上的失误，那么被管理者亦不会主动而积极地采取补救措施。然而对于巴纳德来说，激励并不是唯一的管理竿段。因为毕竟人的需要是多层次的。人有物质上的追求，亦有精神上的追求。因此，激励能够而且也应当与其他的管理手段相结合来使用。在巴纳德看来，除了激励而外，组织成员的思想和态度亦对其工作的积极性有着重要的影响。因此，巴纳德认为，"一个组织可以通过目标激励的方式或改变成员思想状况等形式确保成员努力工作。我们将提供目标激励称之为'激励的手段'，而将改变成员思想和态度的过程称之为'说服的手段'。"

从我国高校教学管理的历史来看，由于高校教学管理的各个方面都受到社会的政治体制因素的影响与制约，因而实际上我国高校教学管理或者过分地关注教职员工的思想或态度，或者走向另一个极端而过分地强调物质激励的方式来调动教职员工的工作积极性，甚而在市场观念的影响下，更提出以竞争的方式来驱使教职员工努力工作。不能说这些管理手段或管理措施有什么错误，而是要指出，单一的使用这些手段或措施，其效果总是有限的。此外，在说到激励的时候，它并不必然意味着一定是物质激励。就巴纳德的论述来看，他似乎更加注重非物质性的激励，如目标激励。因此，就激励本身而言，激励的方式亦是多样的。对此巴纳德还专门就激励的具体形式作了区分。在巴纳德看来，激励至少可以区分为以下诸种形式。这些激励或者是特定的，或者是一般性的，"特定的激励手段可以分成如下几类：（1）物质上的激励；（2）个人的晋升机会；（3）令人向往的工作条件；（4）理想的收益。一般性的激励包括：（1）团队的吸引力；（2）习惯性方法和态度的适应状况；（3）扩大参与的机会；（4）工作关系的融洽状况。"

这样来看，激励就可以从不同的维度来来划分。不同的激励对人们所产生的影响可能有差异，但最终部可以归结为工作积极性的调动。因此，就管理激励来看，管理者不仅要重视特定的激励手段，更要重视一般性的激励手段。特定的激励手段意味着某种资源的付出，而在组织系统内部，这些资源总是有限的。用于激励的物质是有限的、晋升的机会也是有限的、工作条件和理想的收益都需要一定的投入，而这些投入也是有限的。因此，单纯地依靠特定的激励手段，最终会面临资源有限性的束缚。而人的欲求又往往是无限的。随着个人生活条件的改善和物质的丰裕，这些特定的激励手段往往会产生边际效应递减的特点。所以在管理中，更要重视一般性的激励手段的运用，如让员工所生活的集体有一种家庭的感觉、良好的组织氛围、对管理决策的参与以及尊重被管理者的个人感受，等等。在关注不同的激励手段的不同作用及各种激励手段的局限性同时，还应当看到某些激励手段在特定的条件下的无效性。巴纳德认为,在对员工进行激励时,纯粹物质激励可能是无效的。甚至是在纯粹的商业组织中,除非有其他激励手段的支持,纯粹物质激励的效果几乎可以忽略不计。因此,巴纳德认为,必须平衡使用各种激励手段才能确保激励效果,并且,一个很好的激励平衡紧密地依赖于一个不稳固的地位(例如竞争)以及组织内部的演化。最后,在关于权威性的讨论中,巴纳德意识到激励契约并不能 代组织内部的所有活动,沿着一个沟通途径的权力分配对于达到协调一致和促进合作是必需的。

由于传统的激励理论解释的给定条件及其特定的内核,要用传统的激励理论来解释高等院校教学行为主体的工作行为,在很多方面都难以给出有说服力的解释,从而使得理论在一定的现实面前缺乏足够的解释力。例如,随着高校教师收入的大幅度的提高,高校教师的教学工作积极性似乎不仅没有提高,反而在某些方面有所下降。就需要的满足其实难以解释这种现象。就高校教师的生存状况而言,一般来说高校教师已经能够满足基本的需要,如生理的需要、安全的需要等。在这些能够得到满足的情况下,高校教师应当追求更高层次需要的满足,如成就的需要和自我实现的需要。而实际上有许多教师将需要的满足层次停留在那些基本的需要满足上,如社会交往的需要,而不是追求自我实现的需要满足。随着分配制度改革而带来的教师收入较之以前有很大提高的情况下,教师的工作积极性并没有明显地提升,这确实值得管理者认真地思考,也值得管理理论去探讨这一问题。问题的根源可能在于,管理者在进行提高工作积极性的管理举措时,不能仅仅关注有没有提供激励,而应当关注有没有提供恰当的激励。上述情况的出现只能说明,高校现有的教学激励机制存在着激励不当问题。其实,针对这个问题,美国的政策研究者奥斯特罗姆在其论著《制度激励与可持续发展》中即已经指出:"治理形式的现有结构为……绝大部分工作人员提供了一种不良激励",因而,"在参与发展过程中行动者中,有一部分人对奖励(或不惩罚)其行动的一系列激励措施感到满意,由此而产生非持续性的投资效果。"因此,着眼于对高校教学激励机制的研 ,我们需要针对教学管理中存在的实现问题,指出教学不当激励的表现及其产生的原因,在此基础上提出如何提供有效激励的策略建议。

(二)双因素理论与高校教学管理激励

激励就是对被管理者工作动机的激发。对工作动机的研究表明,工作动机中有三个相联系的主要构成部分及特征,这就是需求的满足、工作价值观和工作预期。人们的需要是多方面的,大致可归纳为基本需要、精神需要和社会需要。马斯洛的需求层次理论、奥德弗尔的ERG理论以及麦克里兰三重需要理论从不同角度对个体的需要进行了分析。在马斯洛那里,人的需要被划分为生理需要、安全需要、爱和归属的需要、尊严的需要和自我实现的需要等五个层次;在奥德弗尔那里，需要被划分为生存需要、关系需要和发展需要三个层次；在麦克里兰那里，需要被划分为亲和需要、权力需要和成就需要。但是否人们的需要被满足之后，就一定会形成工作动机呢？赫茨伯格的研究表明，有些需求的满足并不能形成工作动机。在此基础上，赫茨伯格提出了"激励——保健理论"（又称双因素理论）。他指出，让人满意和防止人不满意是两个不同的问题，防止人不满意只能提供保健因素，即某些因素可以防止人对工作不满意，但它不一定能够提高人们的工作积极性，而只能使得人们在工作中少发牢骚，少吃肉骂娘，少怨天尤人。保健因素只能使人减少不满，但却并不能使人感到满意；要使人们获得工作满意感，管理者就必须提供激励因素。在管理学中，这些理论通常被共同体称之类内容型激励理论。其核心是对需要的探讨，借助以探明影响组织成员动机、行为、目标的因素之内在规律。

不满意的现象乃是高校教学管理中常见的现象。这里面不仅有教师的不满意，而且也有学生的不满意和教学管理者的不满意。在我们这个不断宣称学生中心的教育环境中，学生的不满意往往并不被人们看作是问题。教师的满意也可以视而不见，听而不闻。而当教学管理者表现出不满意的情绪时，这种不满意可能会引起足够的重视。为什么会出现这种现象？可能与中国传统社会的官本位文化有关。但是从有效的教学管理出发，则必须重视教师的不满意和学生的不满意情绪。这种不满意情绪的反复表达，无疑地会影响到工作动力和工作积极性的。长期下去，它甚至可能会引发更严重的管理问题。

教师对教学管理的不满意是高校教职工不满意的最常见现象。关于教师为何有那么多不满意，迄今还没有对此的足够的研究，无论是心理学还是社会学，都甚少涉猎这方面的问题。一般来说，高校教师对教学管理的不满意，往往是过高的要求与非预期的现实之间出现的巨大反差有关。一些教师喜欢从理想出发来批评教学现状，另一些教师则喜欢通过对现实的批评来获取个人的利益。教学管理的过分细分往往会引发教师的不满意。也许教师把过分的细化理解为教学管理者对教师的不信任和不尊重，从而导致教师的各种不满。教师的不满意或者表现为牢骚，或者表现为怨恨，或者表现为诅咒，等等。在一些场合下，这些不满意会演变成教师和管理者的对抗和冲突。教学管理能力的低下也往往是教师不满意情绪产生的根源。例如一项工作，一周前是这样的要求，一周后又改为那样的要求，同时两种不同的要求指令下达后，都以行政强制的方式要求教师必须完成。在这种情况下，教师怎能够满意？学生的不满意通常直接表现为对教师的不满意。当然学生有其发泄的方式和途径，如隐性逃课或旷课，在BBS上或自己的博客上发表文章，或者干脆直接指责教师，等等。实际上，学生对教师的不满意情绪的发泄中，教师只是学生不满意情绪的替罪羊。在很多的情况下，根本的原因也许不在教师，而在于教学管理者的管理不当。例如，学校要求学生对教师的课堂教学进行评分，并填写学生评价表。很长一段时间里，这项工作由辅导员组织学生在特定的班会时间里进行。然而，随着招生规模的扩大，教学管理者改变了这一学生评价教师工作的方式，而改为学生在选课之前对教师评价。如果学生不在电脑上填写一张完整的评价表，则学生就不能够进入选课的系统。在此情况下，学生将会产生怎样的情绪呢？对于教学管理者来说，他所需要的就是一张评价表，以便获得学生对教师教学评价的原始数据，至于这种做法所产生的心理效应，则教学管理者是不会考虑的。

教管理者必须面对并认真地对待师生有关教学管理方面的不满意现象。应当看到，不满意情绪的存在，无疑地会影响到教学工作的效率和效果的。它使教师和学生产生对教学的消极态度，并且只要有可能，就会采取隐蔽的抵抗策略来应对教学管理的各种合理的举措。面对不满意，教学管理者只是通过支付有偿性的报酬是没有实质性作用的。应当通过公开的渠道和途径，来听取教师和学

生对教学管理的意见和建议，让牢骚、不满、怨恨等在适当的场合发泄出来。同时通过各种形式让教师和学生参与到教学管理决策过程中来。

三、高校教学激励机制发挥作用的边界

首先要指出的是，激励并不是万能的。激励失灵和激励不当是高校教学管理实践中常见的两种管理现象。激励失灵是指，任何激励都难以达到提高教职员工教学工作积极性以实现组织的目标；而激励不当则是教职员工采取各种违规行为追求不当之利，这种不当之利却是与激励的原则相符合的。其结果是，一部分教职员工能够在其中得到很大一部分利益，而高校教学组织内还有相当一部分人难以被激励。经济学研究已经表明，在自利行为存在的情况下，群体活动中必然会出现"搭便车"、偷懒等行为。这意味着高校教学管理激励并不是万能的。为了减少这种现象，就需要在高校教学活动过程中运用监督这一手段，然而监督作为教学管理手段也有其内在的缺陷，即监督并不一定能够使参与群体活动的个体为实现某个组织目标而竭尽全力。这主要存在两种情况。一是并非所有的高校教学行为都能够监督，换言之，一些教学行为往往是无法监督到的，在此种情况下，监督本身会失去其意义，如高校教学管理者可以监督一个教师有没有上课，一个教师有没有备课、批改作业，但无法监督其是否全力投入。二是当监督者与被监督者合谋时，监督也会失去其作用。为此，高校教学管理者就需要采取一定的激励措施以使高校教学激励与教学监督相互补充。激励的本质是通过满足教职员工的某些欲望使其向所要求的教学目标状态努力。这些欲望可以是物质的，也可以是精神的或二者兼而有之。激励是诱发人们发自内心的动力，监督则是从外部迫使人们按目标状态行事。就相互激励的主体而言，这里所讲的激励主要是高校教学管理者对被管理者的激励。其实还有一种激励，那就是被管理者之间的激励，即

人们之间的相互激励。这种人们之间的相互激励就是竞争。之所以还需要人们之间的相互激励，是因为高校教学管理者的激励在一些情况下也可能会失去作用（如生活中有一类属于"死猪不怕开水烫"的人，这类人对什么都无所谓）。但是高校教学竞争有时也不一定有效。在以下几种情况下，教学竞争本身亦可能失效。第一，当教师数量本身就不足而试图通过引进竞争机制激活工作的活力时，情况有可能适得其反。这意味着竞争本身是以高校教师资源的剩余为条件的。如果是"一个萝卜一个坑"，那无论怎样竞争都将难以有很好的效果。曾经一段时间中小学在实行教师聘任制的同时，又实行末位淘汰制，恰恰是因为教师资源不足不得已而采取的管理策略。第二，高校教学竞争必须控制在一定的强度范围之内，而不能够超越人们的承受能力。而当教学竞争强度超越人们的承受能力时，人们就会采取各种直接的或间接的策略而逃避竞争，如放弃竞争或者通过直接毁坏劳动工具而达到放松自己的目的。此外，激烈的教学竞争还会引发被管理者对管理者的不满和反对。第三，高校教学竞争还必须是公平的。即不同的人们在获得某些资源方面，所有参与的竞争者都有同等的机会。然而，高校教学竞争最大的困难在于，没有一个客观公正的标准来对教学竞争之结果加以衡量。这种教学结果的不可衡量将使得高校教学竞争失灵，因而在运用竞争于高校教学管理时，不可不慎。

综上所述，在建立激励机制时，高校教学管理者要综合地运用监控、竞争、激励和完善信息机制等手段。任何单一的教学管理手段都有其局限性。此外，高校管理者还必须建立一定的制约机制，即如果被管理者的教育教学行为背离了高校的教学组织组织目标或因其自己的过失而没有完成工作任务，就需要承担因其行为而产生的后果，即被管理者要为自己的行为付出一定的代价，如惩罚、解聘等。高校教学管理需要有激励、监督、竞争和制约；单独使用激励、监督、竞争和制约，其作用是有限的；在运用激励、监督和竞争时，需要加以认真地研究，不加研究地使用也不会有太大的效果。所以管理者应对这几种管理控制手段的巧妙运用给予足够的注意，要获得良好的运行效果，就必须对行动主体巧妙地综合使用激励、监督、竞争和制约，建立起高校教学管理的激励机制、监督机制、竞争机制和制约机制。

其次，高校教学激励是以教职员工的某种追求为条件。不管这种追求是什么，有追求就能够激励。第一，有效的激励必须以高校教职员工的真实的追求为依据，而不是以管理者对被管理者想像的追求为根据。因此，激励是以研究教职员工的需要和追求为前提的。但是如此一来，也就产生了如下的问题：人的追求是多样的，而高校教学组织系统内部的管理在通常的情况下却不能够因人而异，而必须有一个统一的要求。那么以谁的追求为激励的衡量标准呢？例如，年轻的教师和年长的教师，各自的需求是不一样的。年轻的教师更看重物质性的东西，这是因为他们所缺少的正是物质性的东西；而年长的教师可能更需要精神性的东西。面对这样的追求差异时，高校教学管理者却不能够对年轻的教师采取一种激励策略，对年长的教师采取另一种激励策略。因此，在很多情况下，高校教学管理者所采取的激励措施，都是以自己想像的教师追求为依据的。很多情况下激励失灵可能与这种想像的需求有关。第二，还要看到，在现实的高校生活世界里，总有一些教职员工没有任何追求的人。他们对什么都不感兴趣，对什么都无所谓。对于这些人，教学激励是难以有所作为的。因此，正如上文所提到的，对于组织系统内部这些毫无追求的教职工来说，就不能期望通过激励来调动他们的工作积极性，而应当借助竞争等手段，来逼迫其努力工作。

第二节　高校教学管理激励机制的若干影响因素

不能说高校没有教学激励机制。任何高校组织都有其在长期的办学实践中所形成的激励机制。然而，如前所述，激励有恰当激励和不当激励。不当教学激励不仅不会发挥其应有的管理作用，反而产生高校教学管理者无法理解的消极影响，从而影响到高校教学质量。高校教学管理为何会产生不当激励？这些不当的教学管理激励机制的存在和持续受到哪些方面因素的影响？分析这些影响因素的存在及其性质，将使得高校教学管理者能够对各种教学激励机制的性质及发生作用的条件加以准确地认识和判断，进而不断地改进不当的教学激励机制，建立更加有利于提高教职员工的工作积极性的新的激励机制。

一、高校教学管理激励与组织特征

显然，组织特征是影响高校教学激励性质的一个重要因素。同样的激励机制，运行于不同特征社会组织，就会产生完全不同的管..理效果。例如，严格的质量监控及其相应的激励措施用在企业，可能会产生很好的管理效果，而用在高校教学管理就可能会适得其反。因此，建立有效的高校教学管理激励机制，需要分析和把握高校教学组织的特征，从而使得高校教学激励与高校组织特征具有更多的适切性。

（一）社会组织的类型及主要激励特征

社会组织多种多样，大大小小，不计其数。但归纳起来大致可分为三类，即以权力为基础的行政组织、以利益为基础的市场组织和非盈利性的公益机构（第三部门）。不同类型的社会组织，其动力来源和激励方式存在着巨大的差异。在行政组织内，其成员努力工作、积极进取的主要动力和激励方式是职位阶梯上的攀升，即获得更多的权力资源和机会；在企业组织内，员工的动力来源和激励方式

主要是收益的　加，即更多的物质利益的满足；而在非盈利性的公益组织中，其动力来源和激励方式则具有综合性的特点，即既有来自行政组织的动力来源，如对权力资源的追求与获得，也有来自企业组织的利益驱动的动力来源，同时非物质性的精神激励与道德在联合国国际标准产业分类体系——ISIC体系中，所有的社会组织被划分为17大类60小类。非盈利性组织是体系中的一大类，包括教育、医疗和社会工作、其他社区社会及个人服务等3小类。其中教育包括小学教育、中学教育、高校教育、成人教育及其他教育等。明确无疑的归类，以及我国教育法所明确规定的"任何组织和个人不得以盈利为目的举办学校及其他教育机构"，表明了高等院校作为社会组织的一个基本属性，使得作为非盈利性公共部门的高校教学激励具有比单纯的行政组织和企业组织更为复杂的特征。

由于高校属于非盈利性的组织，因而高校教学管理所采取的激励机制与政府组织和盈利性组织所采取的激励机制存在着特征上的差异。在政府组织内部，对其成员的激励资源主要是权力；在盈利性组织内部，激励的主要资源是利益；而对于高校这样非盈利性组织来说，权力和利益就不能够作为对教职工进行激励的主要资源。

和企业组织的激励方式，用权力和利益来作为教学激励的主要手段。在高校内部，一名稍有成就的教师，最大的激励就是被委任为行政管理层级中的某个职位。这种行政职位的获得正是政府组织用以激励下属的常见的策略。当一名优秀的高校教师因其优秀而获得一定权力时，这种做法便会激发起其他教师获得权力的欲望，并以某种权力的获得作为其努力工作的动力。然而教学、学术研究与行政三者之间，就工作的性质和实践的逻辑来说是完全不一样的。行政工作必须要与人打交道，而学术研究恰恰要甘于寂寞，避离喧嚣的人群；教学同样需要淡泊名利，以学生的成长为自我价值实现的体现。因此，高校教学激励，必须谨慎地对待权力和利益。它们当然是激励的手段，但是却不能过分地强调这些。对于高校教师的激励来说，管理者必须将"事业"置于"权力"和"利益"之先。唯有激起教职工的事业心，努力追求一种事业上的成功，才能够真正激发起教职工的工作积极性。权力、利益和事业，三者对于教师'的激励来说，应当呈现如下的关系。利益作为保证教师基本的生理需要和安全需要的满足之根本条件，乃是教学激励的必要条件，然而这并不意味着有了利益上的激励就一定能够调动教职工的工作积极性；而事业则是教学激励的充分条件。在基本的物质生活得到保证的前提下，必须激发起教职工的事业心以及对自我价值实现的追求，只有这种激励才是长久的。而权力则必须要从教学激励中淡化出去。是否能够取得行政权力，并不应当取决于教师的教学与学术成功，而应当取决于他的行政管理能力。在这种情况下，权力本身也不应当成为人们倾慕的对象，或者说必须使得权力成为服务教学与科研的工具，而不应该成为权力者谋取自身利益的工具。

（二）高校教学组织特征

不同类型的社会组织既具有组织的共性特征，也有组织的个性特征。在这种情况下，有研究者将不同类型社会组织所具有的共同特征称之为社会组织的内部特征，而将不同类型社会组织所具有的不同的组织特征称之为社会组织的外部特征。社会组织的内部特征涉及诸如组织目标、组织的权力结构、组织沟通方式、组织中的领导与领导者、奖惩办法等。社会组织的外部特征则涉及组织的隶属、级别、规模、组织的社会功能和地位等。

在社会组织中，人们的工作动机的形成、需要的满足与组织内部与外部特征有着密切的关系。然而，现有的管理理论研究的缺陷以及组织内部管理激励机制的缺陷，在于忽略了组织的外部特征。这种忽略使得已有的管理理论研究所得出的结论只具有有限的适应意义。而应用只具有有限意义的管理理论于高校教学管理实践，往往会发现预期的结果并非如人们所事先设计的那样。这种情况在高校教学管理激励中也表现得同样突出。例如分配制度改革并没有实现预期的结果，即是一例。究其原因，高校管理者在对内部进行制度安排时，特别是组织激励制度安排时，只关注基于工商企业研究而发展出的理论之应用，即只关注组织内部特征，而忽略了高校作为非盈利性的社会事业部门，它在组织上还具有不同于工商企业的特征。高校组织外部特征与激励的不相匹配，使得看上去理想的激励机制丧失了它应有的功效。

因此，在对高校教学管理激励机制进行制度安排时，需要对高校作为社会组织的外部特征进行比较研究，以发现激励理论的适用条件。应当认识到，从工商企业研究中发展出来的激励理论，是先天地假定应用于工商企业管理激励的，因而有关工商企业的组织特征，便被研究者有意识地忽略了。这种忽略导致人们产生了这样一种错觉，即已经发展出的激励理论是可以脱离组织特征而存在的东西。改革开放后所出现的"吃肉骂娘"现象，不能不说是无条件地应用企业管理激励理论的结果。应当看到，工商企业组织的激励机制是绩效与物质报酬相结合；然而这种激励机制并不能完全地适用于高校教学的管理激励。其困难在于，高校教学质量是难以确定的；高校教学质量的难以确定性使得对"绩效"的评估变得难以操作；同时，作为公益性组织，其活动的根本目的并非追逐物质利益，而是有着更高的追求，如追求人自身的完善、人的全面发展与个性的培养等等。它的激励机制更多的是教育事业本身所带来成就感和教职员工贡献教育事业时的自我价值之实现。因此，高校教职员工自我实现的要求、个人价值的体现对于教学工作动机的激发具有更为重要的意义。

二、高校教学管理激励与教学过程

高校教学管理激励一方面要考虑到高校为非盈利性组织的特征因素，而且还要考虑到高校作为非盈利性组织与其他非盈利性组织的独特性。高校作为非盈利性组织的独特性就在于它主要通过教学活动来培养高级专门人才。因而高校教学管理激励必须符合高校教学过程的不同环节和阶段、教学任务的分配特点等。这是高校教学管理激励必须要考虑的因素之一。

（一）教学过程中的不同环节与阶段

教学是高校的中心工作之一。培养高级专门人才是高校的基本任务。建立教学激励机制，需要抓住"教学"这一核心概念，紧紧围绕教学来安排有关激励制度。"教学"在广义上可包括直接对学生的身心施加影响的活动，即人们常说的教学活动；也包括对直接教学活动开展起着支撑性的间接教学活动，如教学管理活动和其他有关活动。其中对教学质量直接发生作用的是教学活动。因此，高校教学激励机制的核心是对教师教学活动的激励。

从教学过程上看，教学活动可以分为不同的环节，大体上可包括教学计划、课堂讲授（实验教学）、教学实践、论文指导（毕业设计指导）、作业要求、考试考查等。教师在教学活动的不同环节，其教学行为有不同的表现及特点。这使得需要区别地考虑不同环节的教学激励问题。例如备课的激励、承担教学任务的激励、课堂教学效果的激励、教学实习的激励、论文指导的激励、考试考查的激励、作业评阅的激励，等等。上述教学环节的激励原则应当是相同的。然而由于不同教学环节有其自身的特点，因而具体的激励方法也应当有所差别。目前高校中激励主要指向承担教学任务。所以如此，大概是因为教学工作量容易统计，因而计算起来方便，激励也相对较公平所致。因此，每个学期的结束，教学管理部门总要统计教师的教学工作量，以便为发放奖金作准备。至于是否布置了作业、布置的作业是否批阅、备课情况如何，这些都被忽略。关于指导学生的毕业论文、指导学生的实习，都以标准的计分方法列入工作量统计。认真分析高校教学管理部门对教学环节的激励可以看出，不同的教学环节其教学激励的制度安排是相同的，它们事实上只满足激励的约束原则，而不满足激励的相容原则。将教学的各个环节均通过量化而予精确地计算，如指导一篇毕业论文计教学分若干、指导若干人数的教学实习计教学分若干、每学期规定一门课程的作业量并按某种公式计教学分若干，等等；然后根据累加的教学分再给予一定量的酬偿。这种对教学过程实行分解并对各组成部分进行精密的计算与量化，不仅割裂了教学过程的有机联系，而且也使得对教学过程的整体的质的要求的忽略变得合理。

教学过程各环节的类同激励，所反映的是经济学激励理论所提出的参与约束原则，也即人们常说的"多劳多得"，而对有效激励的另外一个重要条件——激励的相容约束原则，没有给予足够的关注。高校教学管理激励所须遵循的这两个原则，我们将在下一节中再详细讨论。这里要指出的是，激励相容约束原则在教学激励中的次要地位，一方面反映了对教学过程质量的难以衡量，另外一方面也反映了在整个教学激励中对高校教学管理者存在着某种不当激励，使得教学管理者对于教学过程质量如果过多的关注，将意味着他们将可能付出更多的劳动成本。

从教学管理过程来看，整个教学活动可以分为两个阶段，即教务任务的提供阶段和教学任务的实现阶段。工作量的易计量性（给定某种参照系即可实现量的计算）与工作质量的难确定性，需要在教学管理的不同阶段，采取不同的激励策略。"量"与"酬"的直接关系，使得作为有限理性的教师都有着对"量"的过度追求。这种过度追求不仅会影响到课堂教学效果和质量的提升，而且也会影响到教师的自我专业发展。

（二）任务的获得方式与教学激励

当完成组织的工作任务成为个人满足其需要的途径时，对工作任务的获得对个体来说就具有了决定性的意义。从高校目前的教学管理情况来看，有关教学工作任务的获得主要有三种方式。一种计划的任务分配方式，即由教学管理者根据教师的能力、知识、工作任务的性质和特点，整体地将教学工作任务分派给予各个成员。另一种方式是市场竞争的分配方式，即高校教职员工教学市场的一成员，通过自己的努力与能力，去赢得能够满足其需要的工作任务。当教学工作任务是一种稀缺资源时，工作任务就成为一种激励资源，而教学工作任务的提供方式即成为一种激励制度的安排。第三种是计划与市场相结合的任务获得方式。不同的提供方式将生不同的激励效果。这些内容已经在任务分配机制中进行了讨论。

建国以来我国高校教育的计划性，直接影响着高等学校内部的教学管理激励制度的安排和机制设计。在学年制的教学管理制度丁，决定教师一学期教学工作"量"的教学任务，是以计划的方式而分派的。这种分派通常是由学科、专业、课程以及某些习惯与传统的因素决定的。在各高校实行分配制改革之前，由于教师工作量的多少与"酬"无直接关系，因此教学任务的分派不仅难，而且还带有某种强制性。然而当高校的教师工资之外的"酬金"与其工作量具有统一性时，依然实行计划性的任务分派，就导致教师对"量"的单纯追求。这是当前高校教学激励中存在的最主要的问题之一。由此来看，教师教学任务的提供方式，直接影响到教学激励机制的有效性。从激励的制度安排来看，据"量"计酬是典型的工商企业的市场化分配资源的表现。由此而导致教学管理激励在两个阶段上的自相矛盾。这种自相矛盾的根源在于教学管理者将两个不同阶段完全的割裂，而没有将两者紧密地联系起来。

计划式提供教学任务的条件是，当教师多接受教学任务与报酬没有什么关系时，使教师接受教学任务就成为教学管理者稳定教学秩序的必要条件。然而当所承担的教学任务与报酬具有某种内在的联系时，教学管理者所面临的是一个完全不同于前一种情况所面临的问题。即教师接受教学任务变为教师要求承担教学任务。工作量计酬解决了建立激励机制在管理上的一个难题——参与约束问题。

有效的激励机制的建立必须需要满足两个条件——参与约束和激励相容约束。在教学管理激励中，参与约束只能要解决使教师接受或承担教学任务的问题，但却不能够解决使其努力工作以完成教学任务的问题。后一个问题的解决需要引入激励的"相容约束"，也就是如何使教师努力工作的效用大于他不努力开展教学工作的效用。由于搜寻教师教学工作信息的高成本与高代价，由于教学质量的难以衡量与精确量化，教学管理者就很难通过对教学结果的评价来解决激励相容问题。可供选择的策略是，如我们在上文中所提到的那样，建立课程的选择机制，将教学任务的最终决定权授予学生。通过学生的选择，而确定教师是否应当或能够承担怎样的教学任务。此外，建立有效的教学质量监控机制，通过加强对教学过程的监督与控制，而使已经发生的教学情况成为影响下一轮教学工作任务获得的条件。基于这样的指导思想，教师的教学任务的提供方式应有根本性的改变。

第三节　高校教学管理激励的行为模式、原则与实施

高校教学管理激励理论是围绕"需要——动机——行为"这一人的活动的主线而展开。它立足于激励本身，而不去关注激励与其他因素的关系。为此，高校教学管理激励机制应该围绕人的行为这一主线来设计。基于系统的激励理论和有关教学管理激励的影响因素，可以考虑从人类的基本模式出发来建立高校教学管理激励的机制。

一、高校教学管理激励的行为模式

高校教学管理激励的核心在于通过激励使得教学过程中的教职员工个体教学行为符合教学管理者的管理预期。为此，高校教学管理有必要从人类个体的行为出发，从人类个体的基本行为模式出发，并以此为依据来设计高校教学管理激励机制。

从哲学的角度来看，人类个体行为与个体的需要是紧密地联系在一起的。因为个体需要的形成驱使着个体实施一定的行为以满足其自我需要。当个体的需要以某种主观对象化的形式而出现时，个体的需要就转化为其行为目标。这其中个体的需要则是与其所生活的环境联系在一起的。各种刺激因素在各种因素的作用下，产生个体的需要。由此而导致各种行为的产生。哲学的解释对于管理学提供

了对个体行为激励的理论基础。在这里，我们要看到管理环境可能会产生的对个体行为的影响作用。当环境对于管理者来说变得难以控制时，那么能够值得管理者关注的，就只有个体在环境因素的影响下所产生的需要。当然，管理者也应看到人的思想、意识、观念、需要、动机等对人的行为所能产生的影响。

哲学对个体行为的理论阐释告诉我们，高校教学管理机制研究应当从教职员工的需要出发来思考有关激励问题。第一，个体的行为不仅受到其性格和环境的影响，而且还受到外在激励的影响。这意味着，激励的因素在高校教职员工的行为中有着非常重要的作用。管理激励的重要作用来自于组织系统内外环境的管理特征以及个体的性格特征。由于每一位高校教职员工都是带着一定的性格而进入高校教学系统的，这种具体的性格特征是个体长期生活的结果，因而通常难以改变；又由于高校外在的宏观环境也是高校教学管理者所无力改变的。因此，在这样两个因素对于教学管理者来说变得不可控时，教学管理激励就是影响高校教职员工个体行为发生的最主要的条件。简言之，仅有环境和个人性格，不存在激励，高校教职员工预期的行为之产生将会是很缓慢的，有时甚至不会产生。只有当激励存在时，高校教职员工潜在的行为意识才能被激发出来，从而产生行为需要和行为的目标。第二，环境对于激励的不可或缺性。应该看到，单个的个体离开了他赖以生存的高校生活环境和工作环境，某些特定的行为也无从产生。这是因为，对高校教职员工个体行为影响较大的环境因素，不是组织或团体所存在的一般社会环境，而是组织和团体的具体的工作、生活环境，是"觉察到"的具体环境。高校周围的外部环境在一定程度上是难以控制的。但是高校可以在一定程度上选择工作的具体环境，并主动地限定和控制它所创造的环境。在这个过程中，领导者起着重要的作用。高校教学管理的精髓就在于创造适合的教学组织环境以有利于产生实现教学管理目标的行为，使教职员工能将他们所具有的潜能释放出来。如果说性格作为管理的不可控制的因素而存在，那么至少有两个方面的因素是管理者能够控制的。这两个因素就是激励和组织内部环境。第三，高校教职员工个体行为产生差别的原因和个体的具体背景关系很大。这是因为，一个人进入高校教学组织系统开始其教学工作，并不是一无所有的，而是带着自己特定的个体素质——个性特征。尽管个体的特征对于管理来说具有不可控制的特征，但是从有效的教学管理来说，管理者还必须了解教职员工的个体特征，根据个体在不同环境下的行为表现，而采取不同的管理策略。从这一点来说，管理的目的不是要改变个体特征，而是利用个体特征，并在此基础上施以管理干预。

激励是影响教职员工行为的重要因素。当影响教职员工行为的其他方面的因素变得难以控制性时，通过施加激励因素则是改变教职员工行为表现的管理措施之一。当然管理学对人的行为模型的建构仍然存在一定的问题。它忽视了人的内在的精神境界和思想观念对人的行为影响的意义。所以在运用激励来改变人的行为表现时，管理者时刻要记住的是，除了激励，思想教育作为管理策略，同样具有改变人的行为表现的作用。与此同时，如何看待和认识激励的性质对于高校教学管理来说也是很重要的。奥斯特罗姆认为，激励并非是单纯的物质激励，而是"个人所能感觉到的在结果上的积极变化和消极变化。这种感觉很可能产生于以特定的实体和社会内容为背景并在一定制度范围内实施的特定行动。动机的其他类型包括：得到升迁、提高威信和获取个人权力的机会；对工作场所物质条件的要求，包括整洁安静的环境或一间私人办公室；本职工作的自豪感、为家人和其他人所能提供的服务、爱国主义情结和宗教情感；社会关系的舒适与满意；与习惯行为和态度的一致性；重大事件的参与感。"

二、高校教学管理激励的基本原则

激励其实质就是一种引导，促使人们自觉主动地完成工作任务。从一般的意义讲，高校教学管理激励就是激发教职员工从事教学工作的主动性、积极性，引导他们努力完成教学任务，提高教学质量。高校教学工作总涉及做什么和如何做两个问题，因此通过对一般意义上的教学激励细加分析可知，对于教职员工的激励涉及到两个方面的问题。一是教师在学校中选择怎样的工作即做什么问题，是选择教学作为自己的主业还是选择科研作为自己的主业，或者二者兼而有之。从教学管理激励的角度来看，管理者当然是希望所有的教师都能够努力从事教学工作，而不仅仅是科研工作。二是教师在工作过程中，是选择积极的工作还是选择消极的工作方式。积极的从事教学工作是教学管理者的期望，亦是完成教学任务实现教学目标的首要条件。前者涉及到教学激励的约束原则，后者涉及教学激励的相容原则。

三、高校教学管理激励的有效实施

在教学管理目标已经确定的前提下，激励的有效实施将能够极大地提高高校教学管理的效率，激励广大教职员工的教学工作积极性，从而为实现高校教学目标、完成高校教学任务而努力工作。高校教学管理激励的有效实施，需要在综合考虑到有关对高校教职员工的可能的激励作用的基础上，来制定有关教学奖惩的具体策略。

第四节　高校教学激励机制的实例分析

为了调动教师教学工作的积极性，无论是政府主管部门还是高等院校，都在高校的内部教学管理方面都做了大量工作，进行了很多改革。例如，在人事管理方面，各高校都在全面推进教师聘用制；在分配方面，根据教育部有关人事制度改革的要求，各高校都在不同程度上进行了分配制度的改革；此外，根据教育部加强本科教学改革进一步提高本科教学质量的精神，高校已经在普遍实行教授进课堂讲授基础课的刚性要求、教师在职称评定时实行教学"一票否决制"等等。这些改革措施在一定程度上提高了教师对教学工作的投入，调动了教师教学的积极性。然而在看到成效的同时，也应该看到，这些改革措施并没有从根本上改变对高校教学学生不满意、领导无可奈何的现状。这种状况在新的形势下以"高校扩招如何保证教学质量"的话题形式而表现出来。此，高校教学激励问题，仍然是一个理论需要探讨的问题。本节将围绕三个基本的制度即教师聘任制度、教师职务制度和教师分配制度中的教学激励问题来展开讨论。

一、高校教师聘任制度中的教学激励问题

教师聘任制是我国教师人事管理制度的一项重大改革，是国家在宏观上的制度安排。作为一项教师管理制度，实施教师聘任制的目的就是要调动教师的工作积极性，以全部的精力投入教学与科研工作。然而，教师聘任制自它开始实施以来，已经有近二十年的历史了。作为国家的一项宏观的人事管理制度，其实施的效果如果？特别是它对于高校教师的教学行为之积极性的调动，是否起到了应有的作用？为此，我们将根据上文中所得出的结论，对教师聘任制的运行情况作了分析。

（一）教师聘任制的背景和指导思想

中央职称改革领导小组转发了《高等学校教师职务试行条例》，高等学校开始实行教师职务聘任制度。1993年我国《教师法》第十七条规定："学校和其他教育机构应当逐步实行教师聘任制"，"实施教师聘任制的步骤、办法由国务院教育行政部门规定"。1999年，教育部发布《关于当前深化高等学校人事分配制度改革的若干意见》，其指导思想是，"引入竞争机制，建立符合高校特点的人事分配制度和运行机制。改革要有利于落实高校办学自主权，有利于高校人员结构的整体优化，有利于调动广大教职工的积极性，有利于提高教学质量、科研水平和办学效益。"基本思路是：以转换机制为核心，通过改革人事分配制度和理顺管理体制，强化岗位聘任，打破"铁饭碗"和平均主义"大锅饭"，破除职务"终身制"和人才"单位所有制"，形成"能进能出、能上能下、能高能低"的激励竞争机制，努力创设有利于优秀人才尽快成长和发挥才干的制度环境，建设高素质教师队伍和管理队伍，全面提高学校的办学效益和整体水平。推行高等学校教师聘任制和全员聘用合同制目的在于，积极引入竞争机制，破除专业技术职务和干部职务终身制。其主要内容是，教授、副教授及其他专业技术人员实行专业技术职务聘任制，党政管理人员实行教育职员聘任制和行政管理职务聘任制，后勤服务人员实行劳

动合同制。要按照相对稳定、合理流动、专兼职结合、资源共享的原则，探索和建立相对稳定的骨干层和出入有序的流动层相结合的教职工资源开发机制。2000年6月，中共中央组织部、人事部、教育部印发《关于深化高等学校人事制度改革的实施意见》，指出要进一步强化竞争机制，改革固定用人制度，破除职务终身制和人才单位所有制，按照"按需设岗、公开招聘、平等竞争、择优聘用、严格考核、合同管理"的原则，在高等学校工作人员中全面推行聘用（聘任）制度。学校根据学科建设和教学、科研任务的需要，科学合理地设置教学、科研、管理等各级各类岗位，明确岗位职责、任职条件、权利义务和聘任期限，按照规定程序对各级各类岗位实行公开招聘，平等竞争、择优聘用。学校和教职工在平等自愿的基础上，通过签订聘用（聘任）合同，确立受法律保护的人事关系。近年来教师聘任制改革的基本方向是，在坚持原有原则基础上，强调评聘分离，把教师职务聘任制和教师资格制度结合起来，坚持从具有教师资格的人员中聘用教师。专业技术职务聘任工作要理顺评审与聘任的关系，淡化"身份"评审，强化岗位聘任。

（二）教师聘任制实施的制约因素及存在问题

然而实施教师聘任制并非是无条件的。任何一项管理制度都指向人，是对人们利益关系的调整，因而制度的实施需要考虑人的因素。教师聘任制也同样如此。就一般水的高校来看，实施教师聘任制将遇到一个重要因素的制约，即有充足的高水平的、具有高校教师资格的教师存在。在现有教师数量相对不足的情况下，实施教师聘任制徒具有形式的意义而没有实质性的意义。这个问题对于一些高水平的高校来说可能并不存在。由于历史的、政治的、地缘的、经济的等因素的影响，这些高校能够在全国范围内甚至在世界范围内聘任高水平的教师。而对一些地方性高校来说，由于各种因素的制约，这些高校很难聘请高水平的教师到学校来从事教学科研工作。因此，在高水平的教师作为稀缺资源的社会背景下，教师聘任制的积极作用需要作认真分析。

从近二十年来大中小学实行的教师聘任制的实际情况来看，应该说随着聘任制的完善，产生了积极的作用和效果。但是与预想的结果相比，还有相当大的差距。就高校和中小学相比较，中小学的教师聘任制，其实质性的效果要好于高校；从时间段上来看，20世纪90年代末以来的教师聘任制，其效果要好于此前。究其原因，除了经验的积累和制度的不断完善之外，一个重要的方面是因为随着高校教育规模的扩大，教师后备人才储存有了剩余。教师后备人才的剩余使得学校作为聘任方有了更多的选择空间。反观高校，由于专业化以及由此而带来的专业垄断，高校教师聘任制在实施中便受到相当大的约束。而当教育部将学历、职称、学位点等列入本科教学工作水平评估指标时，高学历、高职称的教师更成为一种稀缺资源。在这种情况下，高校教师聘任制正在演变成对年轻教师的聘任制度。

高校教师聘任制的实施，需要一系列条件支持。这些条件包括：发育完善的社会人才市场、健全而完善的社会保障体制、科学的考核评估机制等。这些制约因素将直接影响到教师聘任制的内涵及效果。如果这些条件不具备，则教师聘任制就难以有实质性的意义。如，完善的社会保障机制乃是教师聘任制有效实施的重要条件之一。换言之，无论是高校教师还是中小学教师聘任制要以一定的社会保障机制为基础。在这种机制下，教师的流动不是单向的，而是多向的和多元的，从而确保高校始终保持着一支有活力的和高水平的师资队伍。如果社会保障机制只指向那些正式在编教师，那么按合同聘约管理，由于各种原因到期不再续聘，除非本人又调入另一单位，被解聘的教师失去养老、医疗等一切待遇。这种情况造成了学校不能轻易将不符合教学要求的教师推向社会。这在客观上使教师聘任制流于形式。

从教师职务制度本身来看，教师职务聘任制还未能真正实施到位。"教师职务"演变成了"教师职务任职资格"，"职称评审制"变成了"职务评聘制"。在聘任制只有形式意义的情况下，聘任制设计者原初的目的——调动教师工作积极性，就成为以某种外在的标准来评价教师的一项人事管理工作。它对教师并没有带来根本性的冲击。实际上，就一些已经实施教师聘任制的学校来看，情况也确实如此。这一点在中小学实施教师聘任制的同时，附加"末位淘汰制"，以作为对教师聘任制的补充，就是一个很好的说明。在现阶段，它至多具有象征意义，表现为在某种情况下对少数满足若干条件的教授的聘请。

总体上看，由于存在地区经济水平面的差异，由于存在学校等级的差异，教师聘任制的实施效果也有一定的差异。一般来说，经济发展水平较高的地区，其教师聘任制要好于经济欠发达地区的高校，教育部重点高校的教师聘任制要好于地方高校的教师聘任制。北大的人事制度改革，尽管引起了相当大的反响和争议，但副教授三年以上能晋升职称就走人的制度安排来说，也只有北大能够作出这样的规定。换了办学水平稍微差的一点的高校，哪一所高校都没有底气作出这样的规定。因为道理很简单，北大面向全国招聘，立即可以招聘到全国一流的学者。

（三）教师聘任制下的教学激励

教师聘任，主要涉及对两类教师的聘任。一类是特聘教授的聘任，另一类是普通教师的聘任。为了保证教师队伍的质量和水平，一般学校教师聘任办法都设定教师被聘所必须具备的条件。因此，就教学激励而言，这两类教师的聘任所需条件，将直接影响和决定着教师对教学、科研的态度与工作投入。

二、高校教师分配制度中的教学激励问题

分配制度改革是近年来高校内部力度较大的一项改革。分配制度改革的确在某种程度上调动了教师教学工作的积极性。然而现有的制度安排也存在不少的问题。这些问题的存在并非高校所实行的分配制度本身有问题，而是由于由此相配套的制度没有跟上。这些需要配套的制度与学校分配制度相比，更微观，更不能让人注意。然而恰恰是这些更微观的制度安排，将最终会影响到分配制度改革的结果。

所谓分配制度，在高校一般是指传统意义上的奖金分配方式。在一般的层面上对高校已经实施的分配制度作总体描述可以看到，高校分配制度大体上有两种模型，一种是"以量定酬"的奖金分配模型；另一种是"以级定酬"的奖金分配模型。前者将教学与科研分开计算，以实际的教学工作量和科研成果量为计酬的标准。与此相补充的是，在学校设立数量不多的为高水平教师提供的特殊岗位。后者则是将教学工作与科研工作"捆绑"，按照一定的标准分出若干等级，不同等级享受不同的报酬收入。不管是哪种分配模型，教师的实际收入多少均取决于学校投入的多少。两种分配模型不仅仅具有形式上的差异，而且也具有实质上的差异。在"定量计酬"的分配方式中，教学并不成为教师获得一定奖金的必要条件，教师做科研有成果也可以获得一定的报酬收入。一个不擅长教学的教师可以专心从事科学研究。而如果既无教学工作量，也无科研成果，则教师的奖金收入将趋于"零"。在"以级定酬"的分配方式中，教学则成为获得奖金收入的必要条件。即不管是处于分配的哪一级，都必须完成一定的教学工作量，才可能获得相应的报酬。

两种分配模型实际上是两种激励模型。究竟采取何种模型对教师实施激励，取决于学校的实际情况。对于研究性高校来说，由于教师可以获得更多的科研课题经费，从而使得教师无须从事课堂教学即可获得可观的实际收入，因而将"具有一定的教学工作量"作为取得报酬的必要前提，满足激励模型应符合的参与约束条件。对于教学性高校来说，将教学与科研分开计酬，同样满足激励模型应符合的参与约束条件。所谓激励的参与约束，是指必须使教师从事教学工作获得的效用至少等于他在别的可选择方案中可能获得的效用。换言之，教师从事教学工作，将能够使他获得从事其他活动所可能获得的收益。因此，两种激励模型都能够有效地促使教师去接受教学任务、完成一定的教学量；从而解决了在没有实施分配制度改革前教学任务无人愿意承担的管理问题。

然而单就分配方式本身来看，两种激励模式也存在着一定的不足与局限。根据委托一代理理论，任务激励模型都应符合参与约束和激励相容约束。所谓激励相容约束是指教师从事教学工作所获得的边际效用等于教师投入教学工作的边际

成本，换言之教师的报酬所得不仅要求他必须从事教学工作，而且还要求他努力地去从事教学工作。然而，就现有的分配模型看，两种方式均没有解决激励相容约束问题。现对高校教学中的激励相容问题作具体分析，即为什么高校分配制度改革没有解决激励相容问题。

量的多少并不能确定质的优劣。质的优劣则与边际成本的投入有密切的关系。因此，要提高教学质量，就必须使教师的教学边际成本能有一定的增加。透过现有的分配方式，我们来分析一下教学工作量、教学质量以及边际成本三者之间的关系，看一看分配制度的改革是否注意到边际成本与边际效用的关系。为了简明起见，我们在这里将教师的行为过程区分为两个阶段，并限定在两种条件之下。两个阶段是：从原始成本到付加成本阶段，以及取得付加成本后阶段。两种条件是：完成规定的教学工作量将获得一定的课时奖金；以及一定的教学工作量作为取得其他奖金的必要条件。在这两种情况下，教师是否会努力从事教学工作？

从教学管理的角度看，教师整个教学工作的展开可以分配三个阶段，即领受教学任务的阶段、教学过程展开阶段以及由此而产生的教学结果。教师领受一定的教学任务决定着教师教学的工作量；教学过程的展开则决定着教师的教学结果（教学质量、教学效果等，它们具体地体现在学生的身心发展等方面），它们共同取决于教师的实际工作投入（边际成本）。最为理想的管理状态是，教师不仅能够接受每一项教学任务，而且能够全身心地投入教学工作。那么在现有的分配制度下，教师是否必然会投入相当多的时间和精力（边际成本）去完成所接受的教学任务呢？

教师的教学工作量，就其表现而言，可以分为相对工作量和绝对工作量。相对工作量是可以按照一定的方法予以计算和确定的。发挥各校教学工作量的计算方法有一定的差异，但周学时数乃是构成教学工作量的主体。我们说它是相对工作量，意在表明这种工作的相对可比性。绝对工作量则是教师实际投入的工作时数，包括课时数，也包括为课堂教学而准备的时间量，以及课后作业论文的批阅所花费的时间。因此我们也可以将它称之为实际工作量。这种工作量通常是难以计算的。教师投入的实际工作量的多少，既与教师的责任心和职业首先有关，也与学校事先的制度安排有关（即激励机制）有关。

第九章　高校教学质量监控机制研究

第一节　高校教学质量监控问题的提出与概念的界定

教学管理离不开监控，这个道理似乎没有必要予以过多的讨论。真正的问题是，在建立起有效的教学运行机制和激励机制的同时，建立教学监控机制，这样的监控机制该如何发挥其作用，以及在怎样的条件下教学监控机制能够发挥其最佳的效应。为此，有必要认识和理解教学监控及存在的问题。

一、高校教学质量监控的问题提出

高校教学管理的核心是教学质量管理。如何提高教学质量，历来是国内外高校教育界研究的主要课题。伴随着高等院校规模的扩大，教学质量问题更成为人们关注的焦点问题。建国以来，我国高等院校管理者对提高教学质量方面所取得的经验，进行了不少的总结。但从理论上的提高，却做得很不够。在高校教育学里，虽然论述了教学管理问题，但多限于教学行政管理的方面，很少涉及教学管理机制方面的研究，也少见对教学质量监控机制的研究。已有的研究多在"教学质量管理"或"全面质量管理"这类的范畴下而开展。20世纪90年代以来，高等院校教学管理的研究有了长足的进步，研究领域也有很大的拓展，但多限于高校教学管理一般问题的研究，以及对教学管理系统及教学管理模式等问题的探讨，仍未见有详细地对教学质量监控机制的问题。世纪之交，有关教学管理机制问题日益受到人们的关注。周远清《在第一次全国普通高校教学工作会议上的讲话》就指出，"高等学校的教学管理坚持目标管理和过程管理相结合的方针，建立起有效的教学工作和教育质量管理机制。"然而，现有的研究文献多从教学管理实践的层面上来讨论有关教学管理机制问题，鲜有从理论的层面上，对教学管理机制作出系统的分析、综合与归纳，对教学质量监控机制的理论研究更不多见。教学质量监控机制理论研究的滞后，制约着高校教学质量监控管理的实效，也制约着高校教学质量的提高与保证。

尽管高等院校的教学管理者可以通过诸如激励、竞争等手段来解决教学管理中人的积极性与工作质量问题，但是监控及监控机制仍是一个必不可少的管理手段。"有限理性人"假设也使得在提高现教学质量的过程中，需要对教学行为主体的行为加以监督与约束。当"完全监控"变得不太可能时，设计一套自动化的监控组织与制度系统——当代理人的行为出现偏差时即自动启动某种工作程序以加以调节与制约，对教学管理者来说就变得迫切起来。这套自动化的监控组织与制度系统，就是我们所要研究的监控机制。

然而当我们把教学质量监控机制作为研究与分析的对象，并将研究的问题从"监控"转向"监控机制"时，我们就需要理解：什么是教学质量监控机制？从高校教学管理出发，高等院校教学质量监控机制研究的对象是什么？为什么要设计和建立教学质量监控机制？有效的教学质量监控机制涉及哪些方面的内容？如何建立有效的教学质量监控机制？对这些问题进行尝试性回答的目的是，通过对教学质量监控机制的研究，思考在教学管理中如何收集完备而确定的教学管理信息，对教学行为主体的教学行为加以监督与控制，以实现学校的培养目标和教学管理目标，保证和提高教学质量，从而最终保证人才培养质量。

二、高校教学质量监控机制的内涵

（一）机制与教学质量

关于机制概念的理解，我们已经在第一章中进行了讨论。这里作一个简单的回顾。"机制"，语义为有机体的构成、功能和相互关系。在通常的意义上，它是指系统内部各个要素之间、以及与系统运行密切相关的其他外部因素之间的相互关系和相互作用的工作方式。由此来看，机制是事物发展过程中内部相互促进、相互制衡的关系。席酉民认为，"从管理的角度讲，要使其管理有效运转，其真谛就是要营造这样一种机制，从而使其对象系统能向自动控制机那样，速度快了可以减慢，慢了可以加快，有了漏洞或缺陷会主动去补救"。因此，管理机制涉及管理系统内部的构成要素及其相互关系。这种相互关系和作用的方式影响着系统各构成要素之间的结构及其功能的发挥。

机制不同于体制。体制是机构与规范的结合体或统一体，涉及k织与制度两个方面的因素。机制不仅涉及组织与制度，而且还涉及组织之间、组织内部制度规范之间的相互关系。因此可以说体制是机制的静态表征，是形式；机制则是体制的动态表现，是内容。机制也不同于制度。制度是指各种带有惩罚措施、能对人们的行为产生规范影响的规则。制度只是构成机制的内容之一。而作为机制的核心内容则是制度与制度之间的关系。而无论是组织还是制度，都指向一定的个体，即人。

"教学质量"是一个公认的难以界定的多维复合的概念，一般认为它是一个由多种质量构成的质量集。迄今为止，在理论上尚未见到有关对"教学质量"的严格界定。但教育理论研究者对教育质量的诠释有助于我们准确地理解其应有之义。瑞典教育家胡森（Hus-en，T.）曾对教育质量有过比较经典的论述。他认为，教育质量是"教育的产品，而不是指生产出这些产品的资源和过程"，是"指学校里进行某些教育活动的目标达到什么程度"。这种关于教育质量的论述，值得我们关注的有两点：一方面与教育活动有关的质量主要体现在活动的最终结果或最终载体——"产品"（学生）上；另一方面与教育活动有关的质量是指目标的实现程度，即某种"标准"，是"希望达到的目的或目标"。这种对教育质量的诠释，突出点在于对教育活动结果的关注。其不足之处在于对教育工作过程质量的忽略。因为道理很简单，如果没有教学过程的质量，则便无法保证教学结果的质量。换言之，教育质量应当既表现为教育产品的质量，也表现为教育工作过程的质量，而且教育工作过程质量是教育产品质量的根本保证。教学结果的质量可以通过诸如考核以及所培养出来的人才在实践中的表现来加以衡量，而教学过程的质量的保证，就离不开教学监控。

由此来看，教学质量可以视为一系列具体的教学活动过程的产物。它既体现为教学工作过程质量上，也体现为学生的思想道德、科学文化知识、身体心理等方面的变化程度上。而"只有提高教学工作质量，才能提高教学的'产品'——学生的质量。因此，教学质量管理是贯穿于从招生至毕业分配到工作岗位上的整个教育过程，每个教学过程和环节的工作质量都影响学生的培养质量"。从这个意义上讲，"教学质量监控"就是通过用某种"预期状况或水平"作标准，对教学工作过程进行监督和控制，以保证教学工作质量，从而实现教学活动的"产品"质量——学生知识、能力和素质的发展。

（二）教学质量监控

在管理学上监控"作为学科范畴，有其特定的含义。在古典管理理论中，监控即"控制"，意指管理人员为保证实现工作能与计划一致而采取的某种行动。它涉及对下列三个问题提供解答的方法：计划和预期的结果是什么？用什么方法能将实际结果和计划结果进行比较？被授权的人适于采取什么样的纠正行动？归结起来，监控涉及三个方面的管理活动：确立标准、搜集信息、纠正偏差。其管理的重点在于使出现偏差的行为恢复常态。在现代管理理论中，人们更多地倾向于用"监控"来替代传统意义上的"控制"，用来表明施控主体对受控客体的一种能动作用，包括"监督"和"控制"两种管理活动。监督即使行为主体处于被观察状态，从而获得行为主体有关信息，其目的在于保持或维持主体的某种行为状态。控制是建立在监督基础上的纠正偏差行为，即通过不断的信息反馈与必要的强制性措施，而使行为主体偏离目标的行为得以纠正，其目的在于引导系统主体行为呈现某种预期状态，或改变行为主体的行为状态。

据此，我们认为，教学质量监控就是为保证和提高教学质量而对教学过程实施的一种管理活动，其本质就是通过某种科学的方式，搜集与教学活动有关的信息，通过一定途径和方式将所获得的教学信息加以反馈，并依据反馈信息教学工作加以矫正，而使其教学主体行为满足组织期望。这种教学信息的搜集与反馈活动，实质上根据教学质量标准，通过必要的制度和方法，把教学全过程中影响教学质量的有关因素尽可能地监控起来，建立全面质量的工作体系。它以教育目的或培养目标为标准，衡量实际的教学活动与预定目的或目标的偏差，从而有针对性地采取措施，以确保预期目的或目标的实现。

企业界的全面质量管理思想的突出特征主要在于它的全面性，即它管理的质量是全面的，包括一切质量要素——工作质量、产品质量和服务质量等。由于企业活动与教育活动之间存在着很大的不同，因而在质量管理上也呈现出某些显著的差异。早已有论者指出，教学质量管理，既包括对学生的质量管理，也包括对工作质量的管理。但是教学质量管理的重点还应是对工作质量的管理，特别是对教学工作质量的管理。因此作为全面教学质量管理的核心内容之一的教学质量监控，其重点也应是对教学工作质量的监控。

三、高校教学质量监控机制的类型及关系

（一）高校教学质量监控的分类问题

经验的观察表明，虽然在不同的时期不同的政治经济体制背景下高等学校的教学质量监控机制的侧重点不同，但其形式主要有三种。人们正是试图通过下列五种方式来实现对高等院校教学质量的保证与控制。

1.法律机制

法律机制即国家通过制定反映国家教育意志的、并通过国家强制力来保证实施的各种规定，对高等院校的教学质量加以规范和约束。法律机制是国家意志在高校教学管理工作上的体现。高校教学必须执行国家的法律规定和相关要求。近代以来高校教育的迅猛发展，使得法律机制在对高等院校教学质量的监督与约束中起着越来越重要的作用。20世纪80年代以来，随着教育法制建设进程的加快，我国颁布实施了教育法、高校教育法以及相应配套的教育行政法规和规章，从不同方面规定了高等院校作为行为主体在教学活动开展过程中的职责，明确了高等院校教学行为及有关教学的管理行为的界限和正当性的评判标准。

2.行政机制

行政机制着眼于政府主管部门对高等院校的管理关系，其核心强调主管部门对高等院校的命令、指挥、监督和控制。由于高校教育是由国家投资的一项公益性事业，为了保证教育经费的合理使用和满足公众日益扩张的对高校教育的需求，即使是在不断高涨的扩大高校办学自主权或落实高校办学自主权的呼声下，也无论政府市场化教育事业的态度如何积极，政府都通过各种形式，对高等院校的教学质量实施监督、控制与约束。所区别的是，传统行政机制强调权力集中和层级节制，强调行政指挥，使得高等院校形成服从意识和"官僚为本"教学质量监控理念。现代行政机制则以管理主义为基础，突出分权、自主权和"学术为本"，强调通过评估、经济、法律等手段实施监控。

3.社会机制

即运用社会力量对高等院校的教学质量实施监督和控制。能够发挥监督与控制的社会力量包括对高等院校教学实施评估的社会中介组织，由社区、大众传媒等所营造成的社会舆论等。社会舆论的监督与控制在于通过对高等院校教学质量所存在的问题的揭示，促使高等院校改进教学工作，从而提高教学质量。社会机制对高校教学监控的核心是媒体舆论的监督与警示。媒体是监督和控制的强大的力量。这种力量往往超出了高校所能控制的范围，因而其监控效果并不劣于政府的监控。

（二）教学质量监控机制研究的问题域

就高等院校教学质量监控主体是在高校内部还是在高校外部而论，教学质量监控机制可以区分为外部监控机制和内部监控机制。法律机制、行政机制、市场机制、社会机制等四个机制，都是外在于高等院校而对其教学质量实施监控，因而属于高等院校教学质量保证的外部约束机制。它们侧重于从外部对高等院校教学活动和教学质量加以约束与调控。自律机制则是我们在较为狭窄的意义上所说的高等院校教学质量监控机制，属于内部机制。在这里，出于事业共同体的道德良知和社会、政府赋予它的职责，高等院校有必要建立和启动一套自律机制，以保证教学质量和人才培养质量。前者属于他律，后者属于自律。从高等院校教学管理的角度来看，形成有效的内部自律机制，即教学质量监控机制，是教学管理的目标之一。

第二节　高校教学质量监控机制的影响因素及功能

教学监控涉及诸多的因素及矛盾关系需要加以考虑。从监控所需要的管理成本来看，要做到完全监控是不可能的，因此，监控必然是不完全监控的或者说是部分监控的。那么不完全监控或部分监控又该如何进行呢？进行教学监控时，又需要考虑哪些管理成本？教学监控应发挥怎样的功能，以及它实际发挥着怎样的功能？这些问题是建设教学监控机制所必须考虑的。

一、高校教学质量监控机制的影响因素

（一）"不完全监控"与监控机制

出于不同的原因（如分工的需要），高等院校教学管理者必须将若干项性质不同的教学任务分派给教学系统内部不同的成员。在这种情况下，若将高等院校作为考察对象，那么主要承担协调、组织、计划、控制、激励任务的教学管理者就是委托人承担教学任务的教师（包括各类教辅人员和在教学支持系统的工作人员）就是代理人，学生则是由委托人和代理人共同提供的教育服务的消费者（"顾客"）。那么在委托人、代理人和"顾客"之间就存在着下列两种情况。第一，高等院校教学管理者作为委托人（政府的代理人），必须向高校教育服务的消费者——作为"顾客"的学生提供高质量的教育服务。这是高校在招收学生时所要作出的承诺，尽管这种承诺与一般的消费承诺有很大的差异，但是高校必须能够尽其最大的努力，来保证学生进校后能够学得好。而高质量的教育服务的内核则是教学质量。换言之，高等院校的教学管理者必须能够确保教学质量。第二：高等院校的教学管理者并不能够直接向学生提供教学服务，而必需通过他的代理人——教学人员来实现这一目标。然而要实现这样的目标，在理论上有两个不可忽视的前提。首先尽管高等院校作为事业共同体，其成员有着更多的道德追求和事业追求，但是这并不能由此推断说，作为代理人的教师群体有着共同的目标并与学校教学组织目标相一致。其次是在委托人和代理人间存在着信息不对称的问题，即承担教学任务的教学人员（代理人）具有很多教学管理人员（委托人）无法获知的私人信息，这在教学工作系统中表现得尤为突出。不对称信息的存在，使得作为委托人的高校教学管理者所获得的有关教学信息通常是不完备的。目标不一致和信息不完备，就会给高校教学管理者很多管理上的问题。

在诸多的管理措施中，监控是其中的一个重要措施。团队理论在揭示组织内部信息分散的本质时期指出，"委托人选择具有不同专业知识的代理人形成一个团队，但他不可能期望完全地观察到代理人的种种表现。"这种分析同样适用高等院校的教学管理。"不能完全地观察"，对于高等院校的教学管理者来说意味着对教学实施"完全监控"的不可能性。它有两层意思。其一，高校教学管理者无法全面地观察到代理人的行为，如课堂教学行为；或者是无法获知代理人所拥有的关于成本和价值的私人信息。其二，即使是委托人和代理人拥有共同的信息，但也无法确认这些共同的信息就是真实的信息，即信息的不可验证性。归结起来，在

对代理人的行为实施监控时，教学管理者存在着"不完全监控"的实质性难题。

这样，下列问题就产生了，如果教学管理者要对教学实施不完全监控，那么监控就应该是抽样进行的，即对于那些可能对教学质量产生实质性影响的教学活动加以监控，那么他该监控什么，才能够达到收集信息和评估工作的目的呢？显然，从收集信息和提高教学质量的角度来看，应当是监控那些关键性的教学活动，如课堂教学、备课、毕业论文等。而且抽样监控还应当是随机的，而不应该有某种规律可循。因为如果抽样监控遵循某种规则，那么被监控者就可能在监控的时候认真而努力，而在非监控的时候则消极甚至怠工。然而，不完全监控并不完全是抽样性质的，它也括定期的监控，如定期的检查等。是采用抽样还是采取定期抽查，要视监控对象的特点来定。

（二）集体活动与监控机制

经济学的研究表明，无论是以权力为本位的政府组织、或是以利益为本位的企业组织，还是以事业为本位的第三部门组织，个体在群体活动中都会存在种种规避责任、"搭便车"、寻租、道德风险等有利于私人利益但不利于公共利益的行为。一言以蔽之，人作为理性的经济人，他总要以最小的投入来获取最大化的效用。为了保证集体的公共利益，必须对个体行为加以约束。

人在集体活动中的规避责任、搭便车等行为，奥尔森从经济学的角度作了最为精辟的分析。在《集体行动的逻辑》一书中，奥尔森指出，在一个集团范围内，集团收益是公共性的，即集团中的每一个成员都能共同且均等地分享它，而不管他是否为之付出了成本。集团收益的公共性质促俾集团的每个成员想"搭便车"而坐享其成。所以，在严格坚持经济学关于人及其行为的假定条件下，经济人或理性人都不会为集团的共同利益采取行动。奥尔森的结论是："实际上，除非一个集团中人数很少，或者除非存在强制或其他某些特殊手段以使个人按照他们的共同利益行事，有理性的、寻求自我利益的个人不会采取行动以实现他们共同的或集团的利益。"尽管奥尔森所说的"集团"是指一种很宽泛意义上有共同利益的群体，而不是指有着共同性的奋斗目标、组织规范和严密的组织机构的集体组织，即管理学意义上所讲的"社会组织"，.但社会组织中的个体与组织的关系可以视作奥尔森所描述的特例，因而也同样适用奥尔森的结论。经验的观察可以验证在一个单位内部"搭便车"的现象。一名教师不认真上课，如果没有收集其备课上课的信息机制，他同样可以获得按学校制度而安排的给予其他所有教师的利益，即他可以分享由制度安排的共同利益。因此，为了防止"搭便车"现象的出现，教学质量监控是必不可少的。人与人之间，哪怕是管理者与被管理者之间，应该彼此信任，这是一个道德问题。而由信任导致的"搭便车"现象，则是一个社会学与经济学的问题。如何防止"搭便车"现象的出现，就是一个管理学的问题。

二、高校教学质量监控机制的功能

（一）监控机制的教学管理功能

任何监控在管理上都具有两种相互不可替代的作用，即表层作用和深层作用。表层作用是约束行为主体依法活动以实现效率；深层作用体现在促使行为主体道德意识的形成。前者的目的在于"避免违规，避免不当行为"，重心是使被监控者服从和遵守教育主管部门所制定的政策、法律法规和规章。教学管理的一个重要内容，就是防止教学违规行为的出现。教学违规行为意味着，教师在进行实际的教学过程中，并不执行基本的教学规范。各种教学规范的制定，是人们对教育价值选择和教学规律认识的结果。一旦教学规范不被遵循，那么可能的后果就是教学秩序的混乱和教学效率的降低。而在现实的教学中，各种违反教学规范的行为是可能存在的，而且在没有监控和监控不力的情况下，发生的可能性还非常地大。后者的目的则是"资源的有效利用以实现所追求的目标"，重心是实现预期的结果（目标）和创新意识。通过教学监控，教学者在外部环境的约束下，会形成良好的教学习惯，这种良好的教学习惯，是教学者作为教学主体的道德意识形成的前提和条件。主体道德意识是外在的环境和个体内在的道德修养的结合。主体道德意识是以人的与生俱来的道德良知为前提的。虽然理性人的假设排除了有关主体道德意识对个体的组织行为的可能性，但是，应当看到，把人视作是有限理性的，只是说在人的整个行动中，理性的决策乃是第一位的，而不是唯一的。因此，正如我们在前面所提到的，强调教学管理中的理性人的假设的同时，还应该注意到人的责任心、事业心、道德感对人的行动的激发作用。

（二）教学质量监控的质量保证功能

绩效评价和绩效的公开化无疑会对教学行为主体起到正面的激励作用。然而教学质量监控机制的最重要的作用在于保证高校教学质量。

第三节　高校教学质量监控机制的维度分析

可以从不同的维度来分析教学质量监控机制。从不同的维度来分析教学质量监控机制，理论上的意义在于确定监控过程中的各种内部关系、界限以及教学系统的内部结构，发现其中的制约因素；实践上的意义在于制定能够反映各种关系与结构的制度规范，以及在执行制度规范过程中各种非制度性因素如何影响干扰教学质量监控机制的有效运行。

、高校教学质量监控系统

（一）监控系统及其构成要素

从广义上讲，任何社会系统都可以分为功能系统和监控系统两个子系统。功能所表达的是系统与外部环境相互作用的效果。功能系统强调系统的活动方面。而监控系统则强调被控制的对象。教学质量监控系统一般由控制部分、被控制部分以及它们之间的各种信息传输通道构成。直观地说，监控活动就是监控主体对受监控客体的一种能动作用。监控作为一种作用，至少要有作用者（即监控主体）与被作用者（监控客体）以及作用的传递者（即监控媒介）三个因素。三个部分组成一个整体，相对于环境而言具有监控功能，即为控制系统。

高校教学质量监控活动是通过教学组织的监控系统来完成的。教学质量监控系统主要包括以下几方面：一是教学质量监控的目标，即进行教学质量监控活动的目的取向。教学管理部门在进行教学监控时，首先必须要明确，为什么要进行教学监控？在实际的监控工作中，许多充当监控者角色的人员，如教学监督团、教学领导者乃至教学管理者，其实对于教学监控的目的往往是含糊不清的。监控成为教学管理的一个外在的要求。因此，建立教学监控机制并进而对教学实施监控活动，必#!要明确教学监控的目的之所在。在制定教学监控目的时，要防止偏离教学本身的监控目的，即教学监控只是为了做给上级有关部门看的。这种现象在中国的高校中还不少见。二是监控主体，狭义上它主要指各级教学管理者及其所属的各职能部门；广义上它还包括被监控者对监控者的反向监控。一般来说，主要的监控主体是教学管理部门及教学管理者，其中也包括教学监督团及其成员。从层次上看，它可以分为学校教学监控主体、院（系）教学监控主体和学生教学监控主体。后者往往是在自发的状态下对教师的教学、对学校的教学管理实施监控。对于前两个层级的教学监控主体来说，要形成对教学监控正确的认识，即不能将教学监控视为任务。任务型教学监控者在高校较为常见。这会使得教学监控流于形式。三是教学质量监控对象，主要是教学主体行为，包括整个高校教学整个工作，既包括教学行为，也包括教学管理行为。所有与教学有关的行为，都应当在监控的范围之内。从现实的情况来看，存在一种片面的认识，即教学监控就是监控教师的教学。如果把教学监控仅作这样的理解，那么这样的教学监控将为此而付出巨大的心理成本。教学监控对象，应当包括直接的教学行为、教学管理行为以及间接的教学的支撑性行为，如教学投入、教学的设施设备条件、实习基地等。没有基础教学设施，则难以有高质量的课堂教学。此外，教学监控还包括学生的学习行为。对于教学监控者来说，必须要认识到，学生的不学习或学习不努力不刻苦，不能仅仅视为教师的过错。四是教学质量监控方法和手段，即为达到有效的监控，所采用的各种科学方法和手段。

教学监控的上述四个要素，彼此之间具有相互制约的关系。教学管理者采取何种监控手段和方法，既取决于教学监控的目的，也取决于教学监控的对象和监控者的身份与角色。这里要提及的是，虽然都是教学监控者，但监控者在学校中固有的角色不同，则教学监控就可能会表现出很大的差异。学生、教师、教学管理者都可以

成为教学监控者，但是他们各自所采用的监控方法和手段可能会有着根本性的不同。因此，有关教学监控机制的建立，就必须要科学地考虑监控必然要涉及到的四个要素之间的关系。

（二）教学质量监控的层级结构

任何系统都是有结构的。所谓结构是指诸要素在该系统范围内的内在形式和方式。从静态意义上看，结构即是构成，是空间的表现。而从动态的意义上看，结构就是时间的表现。结构明显地含有一定的动态。换言之，结构不仅是空间的表现，也是时间的表现。因此，社会系统的结构，都是空间结构和时间结构的统一，都是稳定性结构和可变性结构的统一。

教学质量监控，是发生在教学系统内部的管理活动。对高校教学监控系统的经验观察表明，高校教学监控系统是由教学管理系统、教学实施系统和教学接受系统三部分构成。教务处及其职能科室、院（系）及其教学办公室构成教学监控的管理系统。教研室、教师个体、实验室、图书馆等构成教学实施系统。班级、学生及其他受教育者等构成教学接受系统。从学校教学管理这个层面来看，教务处为教学管理单位，而院（系）为教学实施单位。参与教学实施活动的个体包括：分管校长、教务处处长、各科室管理人员、教学副院长（系主任）、教学办公室秘书、教师、学生及教室、实验室的管理人员等。这使得教学系统成为学校最为复杂的系统和最为重要的系统。

将上述诸种因素加以整合，则可以发现教学质量监控结构呈现出多层级特征。从高校教学监控的实际运作情况来看，高校教学监控至少有三个层级。第一个层级是学校层级。它以学校的职能管理部门——教务处的教学监控为主体，学校教学委员会、学校教学监督团等共同参与教学监控。不同的监控主体承担着不同的教学监控任务，实现不同的监控目标。第二个层级是院（系）层级。由于院（系）属于教学组织和实施单位，因而院（系）的教学监控更多的是侧重于具体的教学活动的开展情况。第三个层级是师生层级。这个层级表现为两方面的内容。一方面是教师在教学过程中的自我监控。另一方面则是学生在课堂教学中对教￥的教学监控。真正的教学监控，是来自于教师教学的自我监控。因为只有这样的监控才是自觉的监控，也是监控成本最低且效果最好的监控。学生对教师的教学监控具有最真实性和原生态的特征。不过，学生对教师的教学监控也有其自身的不足。第一，它需要教学管理部门和院（系）通过一定的途径和方式将学生所了解到的情况反映上来。因此，要发挥学生的教学监控职能，就需要经常组织学生的座谈

会和调研会。第二，学只能监控课堂教学的那个时间段的情况，而不能够了解教学的其他情况，且学生所反馈的意见，也需要作一番认真的分析和研究。这种多层级的教学质量监控就是高校教学质量监控中常见的分层监控，也叫多级监控。它是按照一定的目标，对教学系统内部不同层次的教学行为及教学管理行为作出相应的监控的一种方式。

二、高校教学质量监控关系

按管理层次分，教学系统可以分为这样几个层次：学校教学管理层次、院（系）教学管理层次、教学实施层次和教学接受层次。

第四节　高校教学质量监控机制的建立与运行分析

学校教学实施过程中的监控活动是通过教学组织的监控系统来完成的。教学质量监控系统内部有机的内在的联系与关系，就构成教学监运行机制。

一、高校教学质量监控机制设计的指导思想与运行原则

（一）教学质量监控机制设计的指导思想教学质量监控

从其作为教学管理活动的意图而言，是以教学管理者对所有参与各个教学环节的人员的"不信任"为其出发点的。然而，学校作为共同体，其存在的目标追求之一，是谋取集体利益（社会的、经济的和教育的）的最大化。要实现这样的目标，条件之一就是共同体成员之间的合作。而合作则是以"信任"为其前提的。不信任则会破坏合作，从而阻碍学校组织目标的实现。根据博弈理论，个体追求自己利益的最大化，同时人与人之间又不存在信任或者说合作精神时，最终的结果可能是对所有人都不理想，即从个体利益出发的行为不仅不能实现团体的最大利益，而且最终也不一定能真正实现个体自身的最大利益。由此所导致的一个逻辑上的结论是：期望实现教学管理目标的监控活动，反而最终有损教学管理目标的实现。因此，教学质量监控机制的设计，在指导思想上必须解决由"监控"而带来的心理环境问题：，即解决管理层与被管理者之间的互相不信任或不合作问题。

不管怎样，现代社会还是普遍存在着各种形式、各种内容的合作行为。人们之所以能够在隐含的不信任的环境下开展合作，并非是由于人们的道德觉悟水平的提高，也并非人们的职业良知的发现，而是现代社会普遍设立的强有力的制度。"一个拥有内部合作的成功组织需要一个制度来保证合作的可重复性和特定性。制度是任何一个组织所以具有强大力量的原因，而成功的制度必须是一个公正的制

度，只有公正的制度才能形成巨大的力量。"由此来看，由监控而引发的"不信任"，需要通过强制性的制度性安排，来促成人们之间的彼此合作。在制度性安排下，学校参与教学活动的所有人员之间的合作，不是愿意不愿意的问题，而是非合作不可的事，哪怕是彼此之间存在着不信任，也非合作下去不可。

然而从心理学的角度来看，通过制度性的安排而迫使人们从事他所不愿意的活动，往往会导致效率不高的局面，从而会影响教学管理目标实现的程度。因此，即使通过制度性安排解决了是否合作问题，教学监监控机制的设计还必须解决如何合作得更好这样一个问题。

（二）教学质量监控机制设计与运行的原则

要使教学管理监控工作有效，在设计教学管理监控机制和进行教学管理监控时，必须遵循一些基本的原则。

第一，保证教学目标实现的原则。教学质量监控的目的是保证完成教学任务。其任务就是发现偏离于计划目标的误差，并采取有效措施纠正发生的偏差，从而确保教学计划与教学目标的实现。因此教学质量监控不是对教学人员的监控，而是对教学行为以及教学管理行为的监控。

第二，监控的适用性与预防性原则。教学质量监控机制，要求随着环境的变迁、战略目标的转移、教育成效的变化而不断作出相应的自我调整；要求基于每所学校自己独特的环境和办学特色、战略目标定位与功能定位，构建具有适用性的监控机制；同时，教学质量监控机制，要求以预防为基本原则，强调"预防为主，防检结合"，对一切可能影响教学质量的因素、预先作出周到的控制安排，从而使教学质量管理获得最大的效益。

第三，监控组织系统性与适宜性原则。一方面，教学质量监控机制的建立，要求具有完备的、特定的组织系统，包括制定一套完备的指导性文件、明确的责权要求、相应的管理制度；要求校内外各有关部门及其人员的广泛参与，因此应建立有关教学质量监控的各种小组、委员会及跨部门的工作小组，包括引进其他学校、用人单位、行政部门的专家及有关社区资源等，来协助开展质量监控活动。另一方面，教学质量监控必须反映教学组织结构的类型。在设计教学质量监控机制时，教学组织结构运行图是必可少的工具。这里的主要任务是教学质量监控系统的建立。所设计的教学管理监控系统尽可能地符合教学组织机构中的职务和职责的要求，以有利于纠正偏离计划的误差。

第四，对关键点实施监控原则。影响教学效率与教学质量的主要因素可以从大量的复合的因素中析解出来。我们将这些析解出来的影响教学质量与教学任务完成的主要因素称之为关键点（关键因素）。因此所谓对关键点实施监控，就是在设计教学质量监控机制时，抓住那些影响教学工作效率与质量的关键因素，并将注意力集中于这些主要因素上。

第五，例外原则。管理学理论与管理实践都在昭示着这样一个道理：管理的成败在狼大程度上不完全是取决于主流行为（关键点），而是受制于少数、特殊情况、不受重视的细节。教学质量监控的例外原则就是在注意那些关键点（主流行为）时，还需要特别将注意力集中在对关键点的例外情况（即超出一般情况的特别好或特别坏的情况）的监控上。而在实际实施教学质量监控的过程中，例外原则须与控制关键点原则相结合。既要突出重点，又要强调例外。

第六，正式监控与非正式监控相结合原则。传统的教学质量监控更强调正式监控，即通过正式的监控系统的运作来实施监控。正式系统是通过组织正式的结构或层次来正式运行的。现在人们越来越认识到除正式的监控系统之外，非正式的监控系统也正在发挥其作用。非正式的监控系统是通过正式监控系统以外的途径来进行的。非正式教学质量监控系统往往是伴随着正式的监控系统而出现的。因此，在对教学实施监控时，应当将正式监系统与非正式监控系统紧密地结合起来，将非正式监系统作为正式监控系统的重要补充。

二、高校教学质量监控机制运行模式分析

（一）教学质量监控模式

如前所述，高等院校教学质量需要一个由多重机制相互作用而予保证。其外部监控机制包括法律机制、行政机制、市场机制和社会机制。对于高校教学管理者而言，如何建立有效的高等教学质量监控机制运行模式（即内部机制），则是一个不可回避的管理责任。

（二）教学质量监控对象

在设计教学质量监控机制时，还应该监控什么。简单地回答，教学质量监控就是监控教学。然而"教学"则是一个非常抽象的概念。它可以指与教学有关的一切活动，也可以指与"教育"相对的教学过程。从高校教学质量监控的实际情况看，它更主要的是指前者，即与教学有关的一切活动。与教学有关的一切活动又可以分为两大类。一类是直接的教学活动。从活动的意向性上看，活动的展开目的在于影响活动对象的身心发展。这里我们将其简称为"教学活动"。另一类是保证教学活动有效有序展开的活动，其意向性在于对各种资源的配置而实现最佳的产出。这里我们将其称为教学管理活动。教学质量监控就是对教学活动和教学管理活动的监控。

参考文献

［1］高月春，马红霞，王丽娜著.高校教育教学管理改革与教学实践创新研究［M］.长春：吉林大学出版社.2017.

［2］杨金佩，刘永腾，王娜著.现代教育观念下高校教学管理探索［M］.长春：吉林大学出版社.2017.

［3］刘阳著.现代教育观念下高校教学管理探索［M］.长春：东北师范大学出版社.2017.

［4］詹姆斯·麦克拉夫，乔治·本森，特里·辛西奇.教育部高校工商管理类教学指导委员会双语教学推荐教材工商管理经典教材核心课系列商务与经济统计学英文版第12版［M］.北京：中国人民大学出版社.2017.

［5］褚蝶花，黄丽芳，朱丽娜主编.教育管理与教学艺术［M］.中国原子能出版社.2017.

［6］任婷婷著.高校体育教学管理改革与模式构建［M］.长春：吉林大学出版社.2017.

［7］董波著.高校体育管理研究［M］.西安：西安交通大学出版社.2017.

［8］胡飒，奚冬梅主编.高校思想政治教育教学与实践研究［M］.北京：光明日报出版社.2017.

［9］孔夏萌.高校职业生涯教育课程研究［M］.重庆：西南师范大学出版社.2017.

［10］陈雪玲主编；教育部中南教育管理干部培训中心；华中师范大学公共管理学院组编.高校管理案例永启示第1辑［M］.武汉：华中师范大学出版社.2017.

［11］洪柳著.创新创业教育视域下高校公共事业管理专业实践教学体系改革研究与探索［M］.长春：吉林大学出版社.2018.

［12］魏巍著.高校教育教学管理理论与实践研究［M］.北京：中国纺织出版社.2018.

［13］杜晶著.新形势下高校教育教学管理创新研究［M］.哈尔滨：哈尔滨工程大学出版社.2018.

［14］王潇音著.互联网时代下高校教育教学管理的创新研究［M］.中国原子能出版社.2018.

［15］孔风琴著.高校教育教学与教学管理的实践探索［M］.长春：吉林人民出版社.2018.

［16］斯蒂芬·罗斯，伦道夫·威斯特菲尔德，杰弗利·贾菲，布拉德福德·乔丹著；李长青译.工商管理经典教材会计财务教育部高校工商管理类教学教材公司理财英文版第5版［M］.北京：中国人民大学出版社.2018.

［17］唐小兵编著.高校干部教育培训项目管理研究［M］.武汉：武汉大学出版社.2018.

［18］陈雪玲，魏寅主编.高校管理案例与启示第2辑［M］.武汉：华中师范大学出版社.2018.

［19］奚冬梅，胡飒主编.高校思想政治教育教学与实践研究［M］.北京：光明日报出版社.2018.

［20］陈时见著.高校教师教学发展概论［M］.重庆：西南师范大学出版社.2018.

［21］靳浩著.高校教育与教学管理［M］.北京：北京工业大学出版社.2019.

［22］郭晓雯著.高校教育教学管理创新发展研究［M］.北京：北京工业大学出版社.2019.

［23］朱爱青著.素质教育背景下高校教学管理制度改革的研究［M］.北京：中国纺织出版社.2019.

［24］林珊编.应用型本科高校教育教学改革之课程标准工程管理专业课程标准1［M］.北京：北京理工大学出版社.2019.

［25］丁兵著.当代高校教育管理研究［M］.西安：西北工业大学出版社.2019.

［26］夏越著.现代高校体育教学研究［M］.北京：北京理工大学出版社.2019.

［27］杨鑫悦著.网络时代高校心理健康教育的探索与实现［M］.沈阳：辽宁大学出版社.2019.

［28］王东，陈先著.新时期高校思想政治教育理论与实践［M］.北京：九州出版社.2019.